〔北齊〕魏收撰

點校本二十四史修訂本

魏書

第四册

卷五一至卷六八

中華書局

2018 年 8 月北京第 1 版　　2018 年 8 月北京第 1 次印刷

ISBN 978-7-101-13362-2

魏書卷五十一

列傳第三十九

韓茂　皮豹子　封敕文　呂羅漢　孔伯恭

韓茂，字元興，安定安武人也〔一〕。父耆，字黄老〔二〕。永興中自赫連屈丐來降，拜綏遠將軍，遷龍驤將軍、常山太守，假安武侯。仍居常山之九門。卒，贈齊州刺史〔三〕，謚曰成侯。

茂年十七，膂力過人，尤善騎射。太宗曾親征丁零翟猛，茂爲中軍執幢。時有風〔四〕，諸軍旌旗皆偃仆，茂於馬上持幢，初不傾倒。太宗異而問之，徵茂所屬，具以狀對。太宗謂左右曰：「記之。」尋徵詣行在所，試以騎射，太宗深奇之，以茂爲虎賁中郎將。後從世祖討赫連昌，大破之。世祖謂諸將曰：「今若窮兵極武，非弔民之道，明年當共卿等取之。」徙其民而還。以軍功賜茂爵蒲陰子，加彊弩將軍，遷侍輦郎。又從征統萬，大破之。從平平涼，當茂所衝，莫不應弦而殪。由是世祖壯之，拜內侍長，進爵九門侯，加冠軍將軍。後從征蠕蠕，頻戰大捷。與樂平王丕等伐和龍，徙其居民。從平涼州，茂爲前鋒都將，戰功居多。遷司衞監。錄前後功，拜散騎常侍、殿中尚書，進爵安定公，加平南將軍。從破薛永宗，伐蓋吴。轉都官尚書。從征懸瓠，頻破賊軍。車駕南征，分爲六道，茂與高涼王那出青州。諸軍渡淮，降者相繼，拜茂徐州刺史以撫之。車駕還，以茂爲侍中、尚書左僕射，加征南將軍。世祖崩，劉義隆遣將檀和之寇濟州，南安王余令茂討之。至濟州，和之遁走。

高宗踐祚，拜尚書令，加侍中、征南大將軍。茂沉毅篤實，雖無文學，每論議合理。爲將，善於撫衆，勇冠當世，爲朝廷所稱。太安二年夏，領太子少師，冬卒。贈涇州刺史、安定王，謚曰桓王。

長子備，字延德。初爲中散，賜爵江陽男，加揚烈將軍。又進爵行唐侯，拜冠軍將軍、太子庶子。遷寧西將軍，典遊獵曹，加散騎常侍。襲爵安定公、征南大將軍。卒，贈雍州刺史，謚曰簡公。

備弟均，字天德。少而善射，有將略。初爲中散，賜爵范陽子，加寧朔將軍。遷金部尚書，加散騎常侍。兄備卒，無子，均襲爵安定公、征南大將軍。出爲使持節、散騎常侍、本將軍、定州刺史，轉青冀二州刺史，餘如故。恤民廉謹，甚有治稱。廣阿澤在定、冀、相三州之界，土廣民稀，多有寇盜，乃置鎮以靜之。以均在冀州，劫盜止息，除本將軍、廣阿鎮大將，加都督三州諸軍事。均清身率下，明爲耳目，廣設方略，禁斷姦邪，於是趙郡屠各、西山丁零聚黨山澤以劫害爲業者，均皆誘慰追捕，遠近震跼。先是，河外未賓，民多去就，故權立東青州爲招懷之本，新附之民，咸受優復。然舊人姦逃者，多往投焉。均表陳非便，朝議罷之。後均所統，劫盜頗起，顯祖詔書誚讓之。又以五州民户殷多，編籍不實，以均忠直不阿，詔均檢括，出十餘萬户。復授定州刺史，輕徭寬賦，百姓安之。延興五年卒，謚曰康公。子寶石襲爵。

均弟天生，爲内厩令，後典龍牧曹。出爲持節、平北將軍、沃野鎮將。

皮豹子，漁陽人。少有武略。泰常中，爲中散，稍遷内侍左右。世祖時，爲散騎常侍，賜爵新安侯，加冠軍將軍。又拜選部尚書，餘如故。出除使持節、侍中、都督秦雍荆梁四州諸軍事、安西將軍、開府儀同三司，進爵淮陽公，鎮長安。尋加征西將軍。後坐盜官財，徙於統萬。

真君三年，劉義隆遣將裴方明等侵南秦王楊難當，遂陷仇池。世祖徵豹子，復其爵位。尋拜使持節、仇池鎮將，督關中諸軍，與建興公古弼等分命諸將，十道並進。四年正月，豹子進擊樂鄉，大破之，擒義隆將王奐之、王長卿等六人，斬首三千餘級，俘獲二千人。豹子進軍下辨，義隆將强玄明、辛伯奮棄城遁走，追斬之，悉獲其衆。義隆使其秦州刺史胡崇之鎮仇池，至漢中，聞官軍已西，懼不敢進，方明益其兵而遣之。豹子與司馬楚之至於濁水，擊擒崇之，盡虜其衆。進至高平，義隆將姜道祖降，仇池平。

未幾，諸氐復反，推楊文德爲主以圍仇池。古弼率諸軍討平之。時豹子次于下辨，聞圍解，欲還。弼遣使謂豹子曰：「賊恥其負敗，必求報復，後舉爲難，不如陳兵以待之。」豹子以爲然。尋除都督秦雍荆梁益五州諸軍事，進號征西大將軍，開府、仇池鎮將、持節、公如故。十一月，義隆復遣楊文德、姜道盛率衆二萬人寇濁水，别遣將青陽顯伯守斧山以拒豹子。濁水城兵射殺道盛，豹子至斧山，斬顯伯，悉俘其衆。豹子又與河間公元齊俱會于濁水，賊衆震恐，棄其兵甲夜遁。初，南秦王楊難當歸命，詔送楊氏子弟詣京師，文德以行賂得留，亡奔漢中。義隆以文德爲武都王，給兵二千人守葭蘆城，招誘氐羌，於是武都、陰平五部氐民叛應文德。詔豹子率諸軍討之，文德阻兵固險拒豹子。文德將楊高來降，引諸軍向其城，文德棄城南走，收其妻子、寮屬、軍資及故武都王保宗妻公主送京師。義隆白水太守郭啓玄率衆救文德，豹子分軍逆擊，大破之，啓玄、文德走還漢中。

興安二年正月，義隆遣其將蕭道成、王虬、馬光等入漢中，别令楊文德、楊頭等率諸氐羌圍武都。城中拒之，殺賊二百餘人。豹子分兵將救之，至女磊，聞賊停軍，豹子遣人於祁山取馬，欲往赴援。文德謂豹子欲斷其糧運，回軍還入覆津，據險自固。義隆恐其輒回，又增兵益將，令晉壽、白水送糧覆津，漢川、武興運粟甘泉，皆置倉儲。豹子表曰：「義隆增兵運糧，剋必送死。臣所領之衆，本自不多，唯仰民兵，專恃防固。其統萬、安定二鎮之衆，從戎以來，經三四歲，長安之兵，役過朞月，未有代期，衣糧俱盡，形顏枯悴，窘切戀家，逃亡不已，既臨寇難，不任攻戰。士民姦通，知臣兵弱，南引文德，共爲脣齒。計文德去年八月與義隆梁州刺史劉秀之同征長安，聞臺遣大軍，勢援雲集，長安地平，用馬爲便，畏國騎軍，不敢北出。但承仇池局人〔五〕，稱臺軍不多，戍兵尠少，諸州雜人，各有還思，軍勢若及，必自奔逃，進軍取城，有易返掌。承信其語，回趣長安之兵，遣文德、蕭道成、王虬等將領，來攻武都、仇池，望連秦隴。進圍武都，已經積日，畏臣截後，斷其糧路，關鎮少兵，未有大損。今外寇兵彊，臣力寡弱，拒賊備敵，非兵不擬，乞選壯兵，增戍武都，牢城自守，可以無患。今事已切急，若不馳聞，損失城鎮，恐招深責。願遣高平突騎二千，賫糧一月，速赴仇池。且可抑折逆民，支對賊虜。須長□、上邽、安定戍兵至〔六〕，可得自全。糧者，民之命也，雖有金城湯池，無糧不守。仇池本無儲積，今歲不收，苦高平騎至，不知云何以得供援。請遣秦州之民，送軍祁山，臣隨迎致。」詔高平鎮將苟莫于率突騎二千以赴之，道成等乃退。徵豹子爲尚書，出爲内都大官〔七〕。

劉駿遣其將殷孝祖修兩當城於清東以逼南境，天水公封敕文擊之，不剋。詔豹子與給事中周丘等助擊之。豹子以南寇城守，攻圍費日，遂略地至高平。劉駿瑕丘鎮遣步卒五千助戍兩當，去城八里，與豹子前鋒候騎相遇，即便交戰，豹子軍繼至，大破之。縱騎追擊殺之，至於城下，其免者十餘人而已。城内恐懼，不敢出救。既而班師。

先是，河西諸胡，亡匿避命。豹子及前涇州刺史封阿君督河西諸軍南趣石樓，與衛大將軍、樂安王良以討羣胡。豹子等與賊相對，不覺胡走，無捷而還，又坐免官〔八〕。尋以前後戰功，復擢爲内都大官。和平五年六月，卒。高宗追惜之，贈淮陽王，謚曰襄，賜命服一襲。

子道明襲爵。

道明第八弟喜。高宗以其名臣子，擢爲侍御中散，遷侍御長。高祖初，吐谷渾拾寅部落飢窘，侵掠澆河〔九〕，大爲民患。詔假喜平西將軍、廣川公，領涼州、枹罕、高平諸軍，與上黨王長孫觀討拾寅。又拜爲使持節、侍中、都督秦雍荆梁益五州諸軍事、本將軍、開府、仇池鎮將，假公如故，以其父豹子昔鎮仇池有威信故也。喜至，申恩布惠，夷民大悦，酋帥强奴子等各率户歸附，於是置廣業、固道二郡以居之。徵爲南部尚書，賜爵南康侯，加左將軍。

太和元年，劉準葭蘆戍主楊文度遣弟鼠竊據仇池，詔喜率衆四萬討鼠。軍到建安，鼠棄城南走。進次濁水，遣平西將軍楊靈珍擊文度所置仇池太守楊真，真衆潰，僅而得免。喜遂軍於覆津。文度將强大黑固守津道，懸崖險絶，偏閣單行。喜部分將士，攀崖涉水，衝擊大黑，大黑潰走，追奔西入。攻葭蘆城，拔之，斬文度，傳首京師，殺一千餘人。詔曰：「夫忠臣生於德義之門，智勇出於將相之族。往年氐羌放命，侵竊邊戍，都將皮喜、梁醜奴等，或資父舊勳，或身建殊效，威名著於庸漢，公義列於天府，故授以節鉞，委閫外之任。並罄力盡鋭，克荷所司，霜戈始動，蟻賊奔散，仇池旋復，民夷晏安。及討葭蘆，又梟凶醜。元惡俱殲，闚闟永息，朕甚嘉之。其所陳計略，商校利害，料其應否，寧邊益國，專之可也。今軍威既振，羣愚慴服，革弊崇新，有易因之勢，寬猛之宜，任其量處，應立郡縣者，亦聽銓置。其楊文度、楊鼠親屬家累，部送赴臺。仇池，南秦之根本，守禦資儲，特須豐積，險阻之要，尤宜守防，令奸覘之徒，絶其僥倖。勉勤戎務，綏靜新俗，懷民安土，稱朕意焉。」

又詔喜等曰：「卿受命專征，薄伐邊寇，軍威所及，即皆平蕩，復仇池之舊鎮，破葭蘆之新邦，梟擒首逆，剋剪凶黨，勳庸之美，朕無間然。仇池國之要蕃，防守事宜，尤須完實。從前以來，駱谷置鎮，是以姦賊息闚闟之心，邊城無危敗之禍，近由徙就建安，致有往年之役。前敕卿等，部率兵將，駱谷築城，雖有一時之勤，終致永延之固。而卿等不祗詔命，至于今日，徒使兵人稽頓，無事閑停，方復曲辭，表求罷下，豈是良將忘身、憂國盡忠之謂也？諸州之兵，已復一歲，宜暫戮力，成此要功。卿等表求來年築城，豈不更勞兵將？孰若因今兵勢，即令就之，一勞永逸，事不再舉也。今更給軍糧一月，速於駱谷築城，使四月盡必令成就訖。若不時營築，乃築而不成〔一〇〕，成而不固，以軍法從事。」

南天水郡民柳旓據險不順，喜率衆討滅之。轉散騎常侍、安南將軍、豫州刺史。詔讓其在州寬怠，以飲酒廢事，威不禁下，遣使者就州決以杖罰。七年卒，贈以本官，謚曰恭公。子承宗襲爵。

喜弟雙仁，冠軍將軍、仇池鎮將。

封敕文，代人也。祖豆，皇始初領衆三萬東征幽州，平定三郡，拜幽州刺史。後爲使持節、都督冀青二州諸軍事、前將軍、開府、冀青二州刺史、關内侯。父涅，太宗時爲侍御長。卒，贈龍驤將軍、定州刺史、章武侯，謚曰隱。

敕文，始光初爲中散，稍遷西部尚書。出爲使持節、散騎常侍、鎮西將軍、開府、領護西夷校尉、秦益二州刺史，賜爵天水公，鎮上邽。詔敕文率步騎七千征吐谷渾慕利延兄子拾歸於枹罕，衆少不能制，詔遣安遠將軍、廣川公乙烏頭等二軍與敕文會隴右。軍次武始，拾歸夜遁。敕文引軍入枹罕，虜拾歸妻子及其民户，分徙千家於上邽，留烏頭守枹罕。

金城邊冏、天水梁會謀反，扇動秦益二州雜人萬餘户，據上邽東城〔一〕，攻逼西城。敕文先已設備，殺賊百餘人，被傷者衆，賊乃引退。冏、會復率衆四千攻城。氐羌一萬屯於南嶺，休官、屠各及諸雜户二萬餘人屯於北嶺，爲冏等形援。敕文遣二將領騎二百設備門内，别令騎出擊之。既而僞退，冏率衆騰逐，敕文輕騎横衝，大破之，斬冏。而北嶺之賊，從高射敕文軍人，飛矢如雨，梁會得奔北嶺，騎乃引還。復推會爲主。敕文分兵二百人突入南城，燒其門樓，賊見火起，衆皆驚亂。又遣步卒攻門，剋之，便率騎士馳入，賊餘衆開門出走，奔入東城，乘背追擊，殺千餘人。

安豐公閭根率軍助敕文。敕文表曰：「安定逆賊帥路那羅遣使齎書與逆帥梁會，會以那羅書射於城中，那羅稱纂集衆旅，剋期助會。又仇池城民李洪，自稱應王，天授玉璽，擅作符書，誑惑百姓。梁會遣使招引楊文德，而文德遣權壽胡將兵二十人來到會間，扇動州土，云李洪自稱應王，兩雄不並，若欲須我，先殺李洪，我當自往。梁會欲引致文德，誘說李洪來入東城，即斬洪首，送與文德。仇池鎮將、淮陽公臣豹子遣使潛行，以今月二十四日來達臣鎮，稱楊文德受劉義隆職爵，領兵聚衆，在仇池境中，沮動民人，規竊城鎮。且梁會反逆以來，南勾文德，援勢相連，武都氐羌盡相脣齒，爲文德起軍，所在屯結，兵衆已集，剋來不遠。臣備邊鎮，與賊相持，賊在東城，隔牆而已。但以腹背有敵，攻城有疑，討度文德〔一三〕，剋來助會。若文德既至，百姓響應，賊黨遂甚，用功益難。今文德未到，麥復未熟，事宜速擊，於時爲便。伏願天鑒，時遣大軍，助臣誅翦。」

表未及報，梁會謀欲逃遁。先是，敕文掘重壍於東城之外，斷賊走路。夜中，會乃車陳飛梯，騰壍而走。敕文先嚴兵於壍外拒鬭，從夜至旦。敕文謀於衆曰：「困獸猶鬭，而況於人。賊衆知無生路，人自致死，必傷士衆，未易可平。若開其生路，賊必上下離心，剋之易矣。」衆咸以爲然。初，敕文以白虎幡宣告賊衆曰：「若能歸降，原其生命。」應時降者六百餘人。會知人心沮壞，於是分遁。敕文縱騎躡之，死者太半，俘獲四千五百餘口。

略陽王元達因梁會之亂，聚衆攻城，招引休官、屠各之衆，推天水休官王官興爲秦地王。敕文與臨淮公莫真討之，軍次略陽，敕文遣使慰喻。而元達等三千餘人屯於松多川。乃部分諸軍，三道並攻。賊出營拒戰，大破之，俘三千人。高宗時，與新平公周盆擊劉駿將殷孝祖於清東，不克。天安元年五月卒。

長子萬護，讓爵於弟翰。於時讓者惟萬護及元氏侯趙辟惡子元伯讓其弟次興，朝廷義而許之。

翰族孫靜，世宗時，歷位征虜將軍、武衛將軍、太子左衛率，以幹用稱。延昌中，遷平北將軍、恒州刺史，臨朐子。後坐事免。卒。

子熙，奉朝請。遷員外散騎侍郎、給事中，與薛曇尚迎蠕蠕主婆羅門於涼州。又除鎮遠將軍、河陰令。卒，贈輔國將軍、朔州刺史。

子纘，武定末，潁川太守。

呂羅漢，本東平壽張人。其先，石勒時徙居幽州。祖顯，字子明。少好學，性廉直，鄉人有分爭者皆就而質焉。慕容垂以爲河間太守。皇始初，以郡來降，太祖嘉之，賜爵魏昌男，拜鉅鹿太守。清身奉公，務存贍卹，妻子不免飢寒。民頌之曰：「時惟府君，剋己清明。緝我荒土，民胥樂生。願壽無疆，以享長齡。」卒官。父温，字晞陽。善書，好施，有文武才略。世祖伐赫連昌，以温爲幢將。先登陷陳，每戰必捷，以功拜宣威將軍、奉車都尉。出爲秦州司馬，遷上黨太守，善勸課，有治名。卒，贈平遠將軍、豫州刺史、野王侯，謚曰敬。

羅漢仁篤慎密，弱冠以武幹知名。父温之佐秦州，羅漢隨侍。隴右氐楊難當率衆數萬寇上邽，秦民多應之。鎮將元意頭知羅漢善射，共登西城樓，令羅漢射難當隊將及兵二十三人，應弦而殪。賊衆轉盛，羅漢進計曰：「今若不出戰，示敵以弱，衆情攜貳，大事去矣。」意頭善之，即簡千餘騎令羅漢出戰。羅漢與諸騎策馬大呼，直衝難當軍，衆皆披靡。殺難當左右隊騎八人，難當大驚。會世祖賜難當璽書，責其跋扈，難當乃引還仇池。意頭具以狀聞，世祖嘉之，徵爲羽林中郎〔三〕。

上邽休官呂豐、屠各王飛廉等八千餘家〔四〕，據險爲逆，詔羅漢率騎一千討擒之。從征懸瓠，羅漢與琅邪王司馬楚之駕前招慰，降者九千餘户。比至盱眙，頻破賊軍，擒其將顧儼、李觀之等。以功遷羽林中郎、幢將，賜爵烏程子，加建威將軍。及南安王余立，羅漢猶典宿衞，高宗之立，羅漢有力焉。遷少卿，仍幢將，進爵野王侯，加龍驤將軍。拜司衞監，遷散騎常侍、殿中尚書，進爵山陽公，加鎮西將軍。及蠕蠕犯塞，顯祖討之，羅漢與右僕射南平公元目振都督中外軍事[一五]。

出爲鎮西將軍、秦益二州刺史。時仇池氐羌反，攻逼駱谷，鎮將吴保元走登百頃，請援於羅漢。羅漢帥步騎隨長孫觀掩擊氐羌，大破之，斬其渠帥，賊衆退散。詔羅漢曰：「卿以勞勤獲敍，才能致用，内總禁旅，外臨方岳，褒寵之隆，可謂備矣。自非盡節竭誠，將何以垂名竹帛？仇池接近邊境，兵革屢興，既勞士卒，亦動民庶，皆由鎮將不明，綏禁不理之所致也。卿應機赴擊，殄此兇醜。隴右土險，民亦剛悍，若不導之以德，齊之以刑，寇賊莫由可息，百姓無以得靜。朕垂心治道，欲使遠近清穆，卿可召集豪右，擇其事宜，以利民爲先，益國爲本，隨其風俗，以施威惠。其有安土樂業、奉公勤私者，善加勸督，無奪時利。明相宣告，稱朕意焉。」

涇州民張羌郎扇惑隴東，聚衆千餘人，州軍討之不能制。羅漢率步騎一千擊羌郎，擒之。仇池氐羌叛逆遂甚，所在蜂起，道路斷絶。其賊帥蛩廉、符祈等皆受劉昱官爵、鐵券。略陽公伏阿奴爲都將，與羅漢赴討，所在破之，生擒廉、祈等。秦益阻遠，南連仇池，西接赤水，諸羌恃險，數爲叛逆。自羅漢莅州，撫以威惠，西戎懷德，土境怗然。高祖詔羅漢曰：「朕總攝萬幾，統臨四海，思隆古道，光顯風教，故内委羣司，外任方牧，正是志士建節之秋，忠臣立功之會。然赤水羌民，遠居邊土，非卿善誘，何以招輯？卿所得口馬，表求貢奉，朕嘉乃誠，便敕領納。其馬印付都牧，口以賜卿。」徵拜内都大官，聽訟察獄，多得其情。太和六年，卒於官。高祖深悼惜之，賜命服一襲，贈以本官，謚曰莊公。

長子興祖，襲爵山陽公，後例降爲侯。景明元年卒。

興祖弟伯慶，爲中散，咸陽王禧郎中令。

伯慶弟世興，校書郎。

羅漢弟大檀，爲中散、恒農太守。

大檀弟豹子，東萊鎮將。後改鎮爲州，行光州事。

豹子弟七寶，侍御中散。遷少卿，出爲假節、龍驤將軍、東雍州刺史。

孔伯恭，魏郡鄴人也。父昭，始光初，以密皇后親，賜爵汝陰侯，加安東將軍，徙爵魏縣侯，遷安南將軍。昭性柔曠，有才用。出爲趙郡太守，治有能名。徵拜光禄大夫，轉中都大官，善察獄訟，明於政刑。遷侍中、鎮東將軍、幽州刺史，進爵魯郡公。和平二年卒，謚曰康公。長子羅漢，東宮洗馬。次伯恭，以父任拜給事中。後賜爵濟陽男，加鷹揚將軍。出爲安南將軍、濟州刺史，進爵城陽公。入爲散騎常侍。

顯祖初，劉彧徐州刺史薛安都以彭城内附，彧遣將張永、沈攸之等擊安都，安都上表請援。顯祖進伯恭號鎮東將軍，副尚書尉元救之。軍次于秺，賊將周凱聞伯恭等軍至，棄衆遁走。張永仍屯下磕，永輜重在武原，伯恭等攻而剋之。永計無所出，引師而退。時皇興元年正月，天大寒雪，泗水冰合，永與攸之棄船而走，伯恭等進擊，首虜及凍死甚衆。八月，伯恭以書喻下邳、宿豫城内曰：「劉彧肆逆滔天，弗鑒靈命，猶謂絶而復興，長江可恃，敢遣張永、周凱等率此蟻衆，送死彭城。大軍未臨，逆首奔潰。今乘機電舉，當屠此城，遂平吳會，弔民伐罪。幸時歸款，自求多福。」時攸之、吳憘公等率衆數萬來援下邳，屯軍焦墟曲，去下邳五十餘里。伯恭遣子都將侯汾等率騎五百在水南，奚升等五百餘騎在水北，南北邀之。伯恭密造火車攻具，欲水陸俱進。攸之等既聞，將戰，引軍退保樊階城。伯恭又令子都將孫天慶等步騎六千向零中峽，斫木斷清水路。劉彧寧朔將軍陳顯達領衆二千溯清而上，以迎攸之，屯于睢清合口。伯恭率衆渡水，大破顯達軍，俘斬十九。攸之聞顯達軍敗，順流退下。伯恭部分諸將，俠清南北尋攸之軍後。伯恭從睢陵城東向零中峽，分軍爲二道，遣司馬范師子等在清南，伯恭從清西，與攸之合戰，遂大破之，斬其將姜産之、高遵世及丘幼弼、丘隆先、沈榮宗、陸道景等首，攸之、憘公等輕騎遁走。乘勝追奔八十餘里，軍資器械，虜獲萬計。進攻宿豫，劉彧戍將魯僧遵棄城夜遁。又遣將孔太恒等領募騎一千南討淮陽，彧太守崔武仲焚城南走，遂據淮陽。二年，以伯恭爲散騎常侍、都督徐南兖州諸軍事〔一六〕、鎮東將軍、彭城鎮將、東海公。三年十月卒，贈鎮東大將軍、東海王，謚曰桓。

伯恭弟伯孫，爲中書□士〔一七〕，襲父爵魯郡公。拜鎮東將軍、東萊鎮將，轉本將軍、東徐州刺史。坐事免官，卒于家。

史臣曰：韓茂、皮豹子、封敕文、吕羅漢、孔伯恭之爲將也，皆以沈勇篤實，仁厚撫衆。功成事立，不徒然矣。與夫苟要一戰之利，僥幸暫勝之名，豈同年而語也。

校勘記

〔一〕安定安武人也　「安武」，原作「武安」，據北史卷三七韓茂傳乙正。按武安縣屬魏郡，見本書卷一〇六上地形志上，不屬安定。卷一〇六下地形志下豳州西北地郡屬縣有安武，注云：

「前漢屬安定，後漢晉罷，後復，屬。」此處郡稱「安定」，當是用漢舊名以示郡望。下云「假安武侯」，亦可證。

〔二〕父耆字黃老　「黃老」，北史卷三七韓茂傳作「黃耉」。

〔三〕卒贈齊州刺史　「齊州」，三朝本、南監本、北監本、殿本、北史卷三七韓茂傳並作「涇州」，疑是。按安定屬涇州，或是以本州爲贈。

〔四〕時有風　北史卷三七韓茂傳、御覽卷二四一及卷三四一引後魏書、册府卷八四五並作「時大風」。

〔五〕但承仇池局人　「局」下原有注云：「本或作『句』，或作『勾』，皆疑。」册府卷四三〇作「句」。今删注文。

〔六〕須長□上邽安定戍兵至　「□」，原注「闕」，今代以一方圍。按所闕疑爲「安」字。

〔七〕出爲内都大官　「出」，册府卷三五三作「尋」。

〔八〕又坐免官　「又」，册府卷四二八無。

〔九〕侵掠澆河　「侵掠」，原作「侵涼」，據北史卷三七皮豹子傳改。按「涼」字於此無義，本書卷一〇一吐谷渾傳：「拾寅部落大饑，屢寇澆河。」知作「掠」是。又「澆」字下原有注云：「一作『洮』。」按澆河城見水經注卷二河水二，吐谷渾傳及北史並作「澆河」。隋書卷二九地理志上澆河郡下注云「後周置洮河郡」，是「洮河」之名後起，作「澆」是，今删注文。

〔一〇〕乃築而不成　「乃」，北史卷三七皮豹子傳附皮歡喜傳、册府卷一二四作「及」，疑是。

〔一一〕據上邽東城　「東城」下北史卷三七封敕文傳有「南城」二字，疑是。按下文稱敕文「分兵二百人突入南城」，知邊冏、梁會佔領上邽東、南二城。

〔一二〕討度文德　「討」，殿本考證及李慈銘俱言乃「計」字之訛。嚴可均全後魏文卷二六乞遣大軍助擊梁會表即録此文，也作「計」，當是以意改。

〔一三〕羽林中郎　北史卷三七呂羅漢傳作「羽林郎」，按下云「以功遷羽林中郎」，疑此處衍「中」字。

〔一四〕王飛廉　北史卷三七呂羅漢傳、册府卷四二六作「王飛鹿」，按册府録魏書而與北史同，疑是。

〔一五〕右僕射南平公元目振　「右僕射」，疑爲「左僕射」之訛。「元目振」，疑爲「元目辰」之訛。按本書卷一四宜都王目辰傳，言其爲尚書左僕射，封南平公。

〔一六〕都督徐南兗州諸軍事　「南」下北史卷三七孔伯恭傳、册府卷三五三有「北」字，則所督爲三州。

〔一七〕爲中書□士　「□」，原作一字空格，南監本注「闕一字」，北監本、殿本、局本注「闕」，今代以一方圍。按所闕疑是「博」字。

魏書卷五十二

列傳第四十

趙逸 胡方回 胡叟 宋繇 張湛 宗欽 段承根 闞駰 劉昞 趙柔 索敞 陰仲達

趙逸，字思羣，天水人也。十世祖融，漢光禄大夫。父昌，石勒黄門郎。逸好學夙成，仕姚興，歷中書侍郎。爲興將齊難軍司，征赫連屈丐。難敗，爲屈丐所虜，拜著作郎。世祖平統萬，見逸所著，曰：「此豎無道，安得爲此言乎！作者誰也？其速推之。」司徒崔浩進曰：「彼之謬述，亦猶子雲之美新，皇王之道，固宜容之。」世祖乃止。拜中書侍郎。神䴥三年三月上巳，帝幸白虎殿，命百寮賦詩，逸製詩序，時稱爲善。久之，拜寧朔將軍、赤城鎮將，綏和荒服，十有餘年，百姓安之。頻表乞免，久乃見許。性好墳素，白首彌勤，年踰七十，手不釋卷。凡所著述，詩賦銘頌，五十餘篇。逸兄温，字思恭。博學有高名，姚泓天水太守。劉裕滅泓，遂没於氐。氐王楊盛，盛子難當，既有漢中，以温爲輔國將軍、秦梁二州刺史。及難當稱蕃，世祖以温爲難當府司馬。卒于仇池。

長子廣夏，中書博士。第三子琰。語在孝感傳。

初，姚萇以逸伯父遷爲尚書左僕射，卒于長安。劉裕滅姚泓，徙遷子孫於建業。遷玄孫翼，翼從子超宗、令勝、遐、叔隆、穆等，太和、景明中，相尋歸降。

翼，粗涉書傳，通率有器藝。初爲平昌太守，甚有治稱。入歷軍校，加鎮遠將軍長史，深爲領軍元乂所知待。遷光禄大夫[一]。卒，贈左將軍、齊州刺史。

超宗，身長八尺，頗有將略。太和末，爲豫州平南府長史，帶汝南太守，加建威將軍，賜爵尋陽伯。入爲驍騎將軍。超宗在汝南，多所受納，貨賂太傅北海王詳，詳言之於世宗，除持節、征虜將軍、岐州刺史。徙河東太守，卒官。超宗在河東，更自修厲，清靖愛民，百姓追思之。贈本將軍、華州刺史，謚曰成伯。

子懿，襲爵。歷員外常侍、尚書郎。

超宗弟令勝，亦長八尺，疎狂有膂力。歷河北、恒農二郡太守，並坐貪暴，爲御史所彈，遇赦免。神龜末，自後將軍、太中大夫出爲恒農太守，卒官。令勝寵惑妾潘，離棄其妻羊氏，夫妻相訟，迭發陰私，醜穢之事，彰於朝野。

遐，初爲軍主，從高祖征南陽。景明初，爲梁城戍主，被蕭衍將攻圍。以固守及戰功，封牟平縣開國子，食邑二百户。

後以左軍將軍、假征虜將軍、督巴東諸軍事，鎮南鄭。時蕭衍冠軍將軍、軍主姜脩衆二萬屯羊口，輔國將軍姜白龍據南城，龍驤將軍泉建率士民北入桑坯，姜脩又分軍據興勢，龍驤將軍譚思文據夾石，司州刺史王僧炳頓南安，並扇動夷獠，規翻南鄭。遐率甲士九千，所在衝擊，數百里中，莫不摧靡，前後斬首五千餘級。

還，以輔國將軍出爲滎陽太守。時蕭衍將馬仙琕率衆攻圍朐城，戍主傅文驥嬰城固守。以遐持節、假平東將軍爲別將，與劉思祖等救之。次於鮑口，去朐城五十里，夏雨頻降，厲涉長驅，將至朐城。仙琕見遐營壘未就，徑來逆戰。思祖率彭沛之衆，望陳奔退。遐孤軍奮擊，獨破仙琕，斬其直閤將軍、軍主李魯生，直後軍主葛景羽等。仙琕先分軍於朐城之西，阻水列柵，以圍固城。遐身自潛行，觀水深淺，結草爲筏，銜枚夜進，破其六柵，遂解固城之圍。進救朐城，都督盧昶率大軍繼之。未幾而文驥力竭，以城降賊，衆軍大崩。昶棄其節傳，輕騎而走，惟遐獨握節而還。時仲冬寒盛，兵士凍死者，朐山至於郯城二百里間僵尸相屬。昶儀衞失盡，於郯城借遐節以爲軍威〔二〕。遐坐失利，免官。延昌中，起爲光祿大夫、使持節、假前將軍爲別將，防捍西荆，又爲別將隸蕭寶夤，東征淮堰。熙平初，出爲平西將軍、汾州刺史，在州貪濁，聞於遠近。卒，贈安南將軍、豫州刺史，謚曰襄。

子子獻，襲爵。子獻第四弟子素，司空長流參軍。

叔隆，步兵校尉。永平初，同懸瓠城民白早生之逆。鎮南邢巒平豫州，獲而宥之。後以貨自通，得爲秦州□西府長史〔三〕，加鎮遠將軍。秦州殷富，去京懸遠，叔隆與敕使元脩義同心聚斂，納貨巨萬。拜冠軍將軍、中散大夫。尋遷左軍將軍、太中大夫。賂司空劉騰，出爲中山內史，在郡無德政，專以貨賄爲事。叔隆姦詐無行，忘背恩義。懸瓠之免，是其族人前軍將軍趙文相之力，後無報德之意，更與文相斷絕，文相長者，不以爲恨。及文相爲汝南內史，猶經紀其家。後文相卒，叔隆了不恤其子弟，時論賤薄之。

穆，善書記，有刀筆之用。爲汾州平西府司馬。翼臨亡，以穆託領軍元叉，以穆爲汝南内史。

胡方回，安定臨涇人。父義周，姚泓黄門侍郎。方回，赫連屈丏中書侍郎。涉獵史籍，辭彩可觀，爲屈丏統萬城銘、蛇祠碑諸文，頗行於世。世祖破赫連昌，方回入國。雅有才尚，未爲時所知也。後爲北鎮司馬，爲鎮脩表，有所稱慶。世祖覽之，嗟美，問誰所作。既知方回，召爲中書博士，賜爵臨涇子。遷侍郎，與太子少傅游雅等改定律制。司徒崔浩及當時朝賢，並愛重之。清貧守道，以壽終。

子始昌，亦長者，有父風。歷位至南部主書。

子醜孫，中書學生、祕書郎、中散。世不治産業，家甚貧約。兄弟並早亡。

胡叟，字倫許，安定臨涇人也。世有冠冕，爲西夏著姓。叟少聰敏，年十三，辨疑釋理，知名鄉國，其意之所悟，與成人交論，尠有屈焉。學不師受，友人勸之，叟曰：「先聖之言，精義入神者，其唯易乎？猶謂可思而過半。末世腐儒，粗别剛柔之位，寧有探賾未兆者哉。就道之義，非在今矣。」及披讀羣籍，再閱於目，皆誦於口。好屬文，既善爲典雅之詞，又工爲鄙俗之句。以姚政將衰，遂入長安觀風化，隱匿名行，懼人見知。時京兆韋祖思少閱典墳，多蔑時輩，知叟至，召而見之。祖思習常，待叟不足，叟聊與敍溫涼，拂衣而出。祖思固留之，曰：「當與君論天人之際，何遽而反乎？」叟對曰：「論天人者其亡久矣，與君相知，何夸言若是也。」遂不坐而去。至主人家，賦韋杜二族，一宿而成，時年十有八矣。其述前載，無違舊美，敍中世有協時事，而末及鄙黷。人皆奇其才，畏其筆。世猶傳誦之，以爲笑狎。

叟孤飄坎壈，未有仕路，遂入漢中。劉義隆梁秦二州刺史馮翊吉翰，以叟才士，頗相禮接。授叟末佐，不稱其懷。未幾，翰遷益州，叟隨入蜀，多爲豪儁所尚。時蜀沙門法成，鳩率僧旅，幾于千人，鑄丈六金像。劉義隆惡其聚衆，將加大辟。叟聞之，即赴丹陽，啓申其美，遂得免焉。復還於蜀。法成感之，遺其珍物，價直千餘匹。叟謂法成曰：「緯蕭何人，能棄明珠？吾爲德請，財何爲也？」一無所受。

在益土五六載，北至楊難當，乃西入沮渠牧犍，遇之不重。叟亦本無附之之誠，乃爲詩示所知廣平程伯達。其略曰：「羣犬吠新客，佞闇排疎賓。直途既以塞，曲路非所遵。望衞惋祝鮀，眄楚悼靈均。何用宣憂懷，託翰寄輔仁。」伯達見詩，謂叟曰：「涼州雖地居戎域，然自張氏以來，號有華風。今則憲章無虧，曷祝鮀之有也？」叟曰：「古人有言：君子聞鞞鼓之聲，則思戰爭之士。貴主奉正朔而弗淳，慕仁義而未允，地陋僻而僭徽號。居小事大，寧若茲乎？徐偃之轍，故不旋踵矣。吾之擇木，夙在大魏，與子暫違，非久闊也。」歲餘，牧犍破降。

叟既先歸國，朝廷以其識機，拜虎威將軍，賜爵始復男。家於密雲，蓬室草筵，惟以酒自適。謂友人金城宗舒曰：「我此生活，似勝焦先，志意所栖，謝其高矣。」後叟被徵至，謝恩，并獻詩一篇。高宗時召叟及舒，並使作檄劉駿、蠕蠕文。舒文劣於叟，舒尋歸家。

叟不治產業，常苦飢貧，然不以爲恥。養子字螟蛉，以自給養。每至貴勝之門，恒乘一牸牛，弊韋袴褶而已。作布囊，容三四斗，飲噉醉飽，便盛餘肉餅以付螟蛉。見車馬榮華者，視之蔑如也。尚書李敷嘗遺之以財，都無所取。初，叟一見高允，曰：「吴鄭之交，以紵縞爲美談，吾之於子，以弦韋爲幽贄，以此言之，彼可無愧也。」於允館見中書侍郎趙郡李璨，璨被服華靡，叟貧老衣褐，璨頗忽之。叟謂之曰：「老子今若相許，脱體上袴褶衣帽，君欲作何計也？」譏其惟假盛服。璨惕然失色。

叟少孤，每言及父母，則淚下，若孺子之號。春秋當祭之前，則先求旨酒美膳，將其所知廣寧常順陽、馮翊田文宗、上谷侯法儁，攜壺執榼，至郭外空靜處，設坐奠拜，盡孝思之敬。時敦煌氾潛，家善釀酒，每節，送一壺與叟。著作佐郎博陵許赤虎、河東裴定宗等謂潛曰〔四〕：「再三之惠，以爲過厚，子惠於叟，何其恒也？」潛曰：「我恒給祭者，以其恒於孝思也。」論者以潛爲君子矣。順陽等數子，稟叟獎示，頗涉文流。

高閭曾造其家，值叟短褐曳柴，從田歸舍，爲閭設濁酒蔬食，皆手自辦集。其館宇卑陋，園疇褊局，而飯菜精潔，醯醬調美。見其二妾，並年衰跛眇，衣布穿弊。閭見其貧約，以物直十餘匹贈之，亦無辭愧。閭作宣命賦，叟爲之序。密雲左右皆祗仰其德，歲時奉以麻布穀麥，叟隨分散之，家無餘財。年八十而卒。

叟元妻敦煌宋氏，先亡，無子，後庶養者，亦皆早夭，竟以絕後。叟死，無有家人營主凶事，胡始昌迎而殯之于家，葬於墓次，即令一弟繼之，襲其爵始復男、虎威將軍。叟與始昌雖爲宗室，而性氣殊詭，不相好附，於其存也，往來乃簡，及亡而收恤至厚，議者以爲非必敦哀疎宗，或緣求利品秩也。

宋繇，字體業，敦煌人也。曾祖配，祖悌，世仕張軌子孫。父寮〔五〕，張玄靚龍驤將軍、武興太守。繇生而寮爲張邕所誅。五歲喪母，事伯母張氏以孝聞。八歲而張氏卒，居喪過禮。繇少而有志尚，喟然謂妹夫張彥曰：「門户傾覆，負荷在繇，不衔膽自厲，何以繼承先業！」遂隨彥至酒泉，追師就學，閉室誦書，晝夜不倦，博通經史，諸子羣言，靡不覽綜。吕光時，舉秀才，除郎中。後奔段業，業拜繇中散、常侍。繇以業無經濟遠略，西奔李暠，歷位通顯。家無餘財，雅好儒學，雖在兵難之間，講誦不廢，每聞儒士在門，常倒屣出迎，停寢政事，引談經籍。尤明斷決，時事亦無滯也。

沮渠蒙遜平酒泉，於繇室得書數千卷，鹽米數十斛而已。蒙遜歎曰：「孤不喜剋李歆，欣得宋繇耳。」拜尚書吏部郎中，委以銓衡之任。蒙遜之將死也，以子牧犍委託之。牧犍以繇爲左丞，送其妹興平公主於京師。世祖拜繇爲河西王右丞相，賜爵清水公，加安遠將軍。世祖并涼州，從牧犍至京師。卒，謚曰恭。

長子巖，襲爵，改爲西平侯。

巖子蔭，中書議郎、樂安王範從事中郎。卒，贈輔國將軍、咸陽太守。

子超，尚書度支郎。

超弟稚，字季預。師事安邑李紹伯，受諸經傳。性清嚴，治家如官府。太和中，拜司徒屬。又以例降，除西中府户曹參軍，轉并州城陽王鸞城局參軍。景明二年，拜白水縣令。在縣十一年，頗得民和。遷青州勃海太守。正光三年，卒。

子遊道，武定末，太尉長史。

張湛，字子然，一字仲玄，敦煌人，魏執金吾恭九世孫也。湛弱冠知名涼土，好學能屬文，沖素有大志。仕沮渠蒙遜，黄門侍郎、兵部尚書。涼州平，入國，年五十餘矣，賜爵南浦男，加寧遠將軍。司徒崔浩識而禮之。浩注易，敍曰：「國家西平河右，敦煌張湛、金城宗欽、武威段承根三人，皆儒者，並有儁才，見稱於西州。每與余論易，余以左氏傳卦解之，遂相勸爲注。故因退朝之餘暇，而爲之解焉。」其見稱如此。湛至京師，家貧不粒，操尚無虧，浩常給其衣食。每歲贈浩詩頌，浩常報答。及浩被誅，湛懼，悉燒之。

兄懷義，閑粹有才幹。遭母憂，哀毁過人，服制雖除，而蔬糲弗改。卒于征西參軍。

長子廣平，高平令。

宗欽，字景若，金城人也。父爕，字文友，吕光太常卿。欽少而好學，有儒者之風，博綜羣言，聲著河右。仕沮渠蒙遜，爲中書郎、世子洗馬。欽上東宫侍臣箴曰：「恢恢玄古，悠悠生民。五才迭用，經敍彝倫。匡父維子，弼君伊臣。顛而能扶，屈而能申。昔在上聖，妙鑒厥趣。不曰我明，而乖其度。不曰我新，而忽其故。如彼在泉，臨深是懼〔六〕。如彼覆車，望途改步。是以令問宣流，英風遠布。及於三季，道喪純遷。桀起瓊臺，紂醞糟山。周滅妖姒，羿喪以田。險詖蔽其耳目，鄭衞陳於其前。怙才肆虐，異端是纏。豈伊害身，厥胤殲焉。茫茫禹跡，畫爲九區。昆蟲鳥獸，各有巢居。雲歌唐后，垂橫美虞。疎網改祝，殷道攸敷。龍盤應德，隨虵銜珠。勿謂無心，識命不殊。勿謂理絕，千載同符。爰在子桓，靈數攸臻。儀形徐阮，左右劉陳。披文採友，叩典問津。用能重離襲曜，魏鼎維新。於昭儲后，運應玄籙。夕惕乾乾，虛衿遠屬。外撫幽荒，内懷煢獨。猶懼思不逮遠，明不遐燭。君有諍臣，庭立謗木。本枝克昌，永符天禄。微臣作箴，敢告在僕。」

世祖平涼州，入國，賜爵臥樹男，加鷹揚將軍，拜著作郎。欽與高允書曰：「昔皇綱未振，華裔殊風，九服分隔，金蘭莫遂，希懷寄契，延想積久。天遂其願，爰遘京師。才非季札，而眷深孫喬；德乖程子，而義均傾蓋。曠齡罕遇，會之一朝。比公私理異，訕諂路塞，端拱蓬宇，歎慨如何？不量鄙拙，貢詩數韻。若夫泉江相忘之談〔七〕，遺言存意之美，雖莊生之所尚，非淺識所宜循。愛敬既深，情期往返，思遲德意，以祛鄙吝。若能紆鳳彩以燿榛薈，迴連城以映瓦礫者，是所望也。」詩曰：「嵬峨恒嶺，滉瀁滄溟。山挺其和，水燿其精。啓茲令族，應期誕生。華冠衆彥，偉邁羣英。其一　於穆吾子，含貞藉茂。如彼松竹，陵霜擢秀。味老思沖，翫易體復。戢翼九皋，聲溢宇宙。其二　我皇龍興，重離疊映。剛德外彰，柔明內鏡。乾象奄氣，坤厚山競。風無殊音，俗無異徑。其三　經緯曰文，著述曰史。斟酌九流，錯綜幽旨。帝用訓諮，明發虛擬。廣闢四門，披延髦士。其四　爾應其求，翰飛東觀。口吐瓊音，手揮霄翰。彈毫珠零，落紙錦粲。墳無疑割，典無滯泮。其五　山降則謙，含柔爲信。林崇日漸，明升斯進。有邈夫子，兼茲四慎。弱而難勝，通而不峻。其六　南、董邈矣，史功不申。固傾佞實，雄穢美新。遷以陵腐，邕由卓泯。時無逸勒，路盈摧輪。其七　尹佚謨周，孔、明述魯。抑揚羣致，憲章三五。昂昂高生，纂我遐武。勿謂古今，建規易矩。其八　自昔索居，沉淪西藩。風馬既殊，標榜莫緣。開通有運，闇遇當年。披衿暫面，定交一言。其九　諮疑祕省，訪滯京都。水鏡叔度，洗吝田蘇。望儀神婉，即象心虛。悟言禮樂，採研詩書。其十　履霜悼遷，撫節感變。嗟我年邁，迅踰激電。進乏由賜，退非回憲。素髮掩玄，枯顏落蒨。其十一　文以會友，友由知己。詩以明言，言以通理。盻坎迷流，覿艮闇止。伊爾虬光，四鱗曲水。其十二」

允答書曰：「頃因行李，承足下高問，延佇之勞，爲日久矣。王途一啓，得敍其懷，欣於相遇，情無有已。足下兼愛爲心，每能存顧，養之以風味，惠之以德音。執翫反覆，銘於心抱。吾少乏尋常之操，長無老成之致，憑賴賢勝，以自克勉，而來喻褒飾，有過其分。既承雅贈，即應有答，但唱高則難和，理深則難訓，所以留連日月，以至於今。今往詩一篇，誠不足標明來旨，且表以心。幸恕其鄙滯，領其至意。」詩曰：「湯湯流漢，藹藹南都。載稱多士，載擢靈珠。邈矣高族，世記丹圖。啓基郢城，振彩涼區。其一 吾生朗到，誕發英風。紹熙前緒，奕世克隆。方圓備體，淑德斯融。望傾羣儁，響駭華戎。其二 響駭伊何？金聲允著。匡贊西藩，拯厥時務。肅志琴書，恬心初素。潛思淵渟，秀藻雲布。其三 上天降命，祚鍾有代。協燿紫宸，與乾作配。仁邁春陽，功隆覆載。招延隱叟，永貽大賚。其四 伊余櫟散，才至庸微。遭緣幸會，忝與樞機。竊名華省，厠足丹墀。愧無螢燭，少益天暉。其五 明升非諭，信漸難兼。體卑處下，豈曰能謙。進不弘道，退失淵潛。既慚朱闕，亦愧閭閻。其六 史、班稱達，楊、蔡致深。負荷典策，載蹈於心。四轍同軌，覆車相尋。敬承嘉誨，永佩明箴。其七 遠思古賢，內尋諸己。仰謝丘明，長揖南史。遐武雖存，高蹤難擬。夙興夕惕，豈獲恬止。其八 世之圮矣，靈運未通。風馬殊隔，區域異封。有懷西望，路險莫從。王澤遠灑，九服來同。其九 在昔平吴，二陸稱寶。今也剋涼，吾生獨矯。道映儒林，義爲羣表。我思與之，均於紵縞。其十 仁乏田蘇，量非叔度。韓生屬降，林宗仍顧。千載曠遊，遘茲一遇。藻詠風流，鄙心已悟。其十一 年時迅邁，物我俱逝。任之斯通，擁之則滯。結駟貽塵，屢空亦弊。兩間可守，安有回、賜。其十二　詩以言志，志以表丹。慨哉刎頸，義已中殘。雖曰不敏，請事金蘭。爾其勵之，無忘歲寒〔八〕。」

崔浩之誅也，欽亦賜死。欽在河西，撰蒙遜記十卷，無足可稱。

弟舒，字景太。蒙遜庫部郎中。與兄同歸國，賜爵句町男，加威遠將軍。名亞於兄。子孫皆衰替。

段承根，武威姑臧人，自云漢太尉熲九世孫也。父暉，字長祚，身長八尺餘，師事歐陽湯，湯甚器愛之。有一童子，與暉同志。後二年，童子辭歸，從暉請馬。暉戲作木馬與之。童子甚悅，謝暉曰：「吾太山府君子，奉敕遊學，今將欲歸。煩子厚贈，無以報德。子後位至常伯，封侯。非報也，且以爲好。」言終，乘木馬騰空而去。暉乃自知必將貴也。乞伏熾磐以暉爲輔國大將軍、涼州刺史、御史大夫、西海侯。磐子暮末襲位，國政衰亂，暉父子奔吐谷渾暮璝，暮璝内附，暉與承根歸國。世祖素聞其名，頗重之，以爲上客。後暉從世祖至長安，有人告暉欲南奔，世祖問曰：「何以知之？」告者曰：「暉置金於馬韉中，不欲逃走，何由爾也？」世祖密遣視之，果如告者之言，斬之於市，曝尸數日。時有儒生京兆林白奴欽暉德音，夜竊其尸，置之枯井。女爲敦煌張氏婦，久而聞之，乃向長安收葬。

承根好學、機辯，有文思，而性行疎薄，有始無終。司徒崔浩見而奇之，以爲才堪注述，言之世祖，請爲著作郎，引與同事。世咸重其文而薄其行。甚爲敦煌公李寶所敬待，承根贈寶詩曰：「世道衰陵，淳風殆緬。衢交問鼎，路盈訪璽。徇競爭馳，天機莫踐。不有真宰，榛棘誰揃。其一 於皇我后，重明襲焕。文以息煩，武以靜亂。剖蚌求珍，搜巖采幹。野無投綸，朝盈逸翰。其二 自昔涼季，林焚淵涸。矯矯公子，鱗羽靡託。靈慧雖奮，袄氛未廓。鳳戢岷丘，龍潛玄漠。其三 數不常擾，艱極則夷。奮翼幽裔，翰飛京師。珥蟬紫闥，杖節方畿。弼我王度，庶績緝熙。其四 自余幽淪，眷參舊契。庶庇餘光，優游卒歲。忻路未淹，離轡已際。顧難分歧，載張載繼。其五 聞諸交舊，累聖疊曜。淳源雖漓，民懷餘劭。思樂哲人，靜以鎮躁。藹彼繁音，和此清調。其六 詢下曰文，辨訐曰明。化由禮洽，政以寬成。勉崇仁教，播德簡刑。傾首景風，遲聞休聲。其七」

浩誅，承根與宗欽等俱死。承根外孫長水校尉南陽張令言，美鬚髯，言談舉止，有異武人。李琰之、李神儁，一時名士，並稱美之。

闞駰，字玄陰，敦煌人也。祖倞，有名於西土。父玟〔九〕，爲一時秀士，官至會稽令。駰博通經傳，聰敏過人，三史羣言，經目則誦，時人謂之宿讀。注王朗易傳，學者藉以通經。撰十三州志，行於世。蒙遜甚重之，常侍左右，訪以政治損益。拜祕書考課郎中，給文吏三十人，典校經籍，刊定諸子三千餘卷。加奉車都尉。牧犍待之彌重，拜大行，遷尚書。姑臧平，樂平王丕鎮涼州，引爲從事中郎。王薨之後，還京師。家甚貧弊，不免飢寒。性能多食，一飯至三升乃飽。卒，無後。

劉昞，字延明，敦煌人也。父寶，字子玉，以儒學稱。昞年十四，就博士郭瑀學。時瑀弟子五百餘人，通經業者八十餘人。瑀有女始笄，妙選良偶，有心於昞。遂別設一席於坐前，謂諸弟子曰：「吾有一女，年向成長，欲覓一快女壻，誰坐此席者，吾當婚焉。」昞遂奮衣來坐，神志肅然，曰：「向聞先生欲求快女壻，昞其人也。」瑀遂以女妻之。昞後隱居酒泉，不應州郡之命，弟子受業者五百餘人。李暠私署，徵爲儒林祭酒、從事中郎。暠好尚文典，書史穿落者親自補治，昞時侍側，前請代暠。暠曰：「躬自執者，欲人重此典籍。吾與卿相值，何異孔明之會玄德。」遷撫夷護軍，雖有政務，手不釋卷。暠曰：「卿注記篇籍，以燭繼晝。白日且然，夜可休息。」昞曰：「朝聞道，夕死可矣，不知老之將至，孔聖稱焉。昞何人斯，敢不如此。」昞以三史文繁，著略記百三十篇、八十四卷，涼書十卷，敦煌實録二十卷，方言三卷，靖恭堂銘一卷，注周易、韓子、人物志、黄石公三略，並行於世。

蒙遜平酒泉，拜祕書郎，專管注記。築陸沈觀於西苑，躬往禮焉，號「玄處先生」，學徒數百，月致羊酒。牧犍尊爲國師，親自致拜，命官屬以下皆北面受業焉。時同郡索敞、陰興爲助教，並以文學見舉，每巾衣而入。

世祖平涼州，士民東遷，夙聞其名，拜樂平王從事中郎。世祖詔諸年七十以上聽留本鄉，一子扶養。昞時老矣，在姑臧，歲餘，思鄉而返，至涼州西四百里韭谷窟〔一〇〕，遇疾而卒。昞六子。

長子僧衍，早亡。

次仲禮，留鄉里。

次字仲，次貳歸，少歸仁，並遷代京。後分屬諸州，爲城民。歸仁有二子，長買奴，次顯宗。

太和十四年，尚書李沖奏，昞河右碩儒，今子孫沈屈，未有禄潤，賢者子孫宜蒙顯異。

於是除其一子爲郢州雲陽令。正光三年，太保崔光奏曰：「臣聞太上立德，其次立功、立言。死而不朽，前哲所尚；思人愛樹，自古稱美。故樂平王從事中郎敦煌劉昞，著業涼城，遺文茲在，篇籍之美，頗足可觀。如或愆釁，當蒙數世之宥，況乃維祖逮孫，相去未遠，而令久淪皂隸，不獲收異，儒學之士，所爲竊歎。臣忝職史教，冒以聞奏〔二〕，乞敕尚書，推檢所屬，甄免碎役，用廣聖朝旌善繼絶。敦化厲俗，於是乎在。」四年六月詔曰：「昞德冠前世，蔚爲儒宗，太保啓陳，深合勸善。其孫等三家，特可聽免。」河西人以爲榮。

趙柔，字元順，金城人也。少以德行才學知名河右。沮渠牧犍時，爲金部郎。世祖平涼州，内徙京師。高宗踐阼，拜爲著作郎。後以歷効有績，出爲河内太守，甚著仁惠。柔嘗在路得人所遺金珠一貫，價直數百縑，柔呼主還之。後有人與柔鏵數百枚者，柔與子善明鬻之於市。有從柔買，索絹二十匹。有商人知其賤，與柔三十匹，善明欲取之。柔曰：「與人交易，一言便定，豈可以利動心也。」遂與之。搢紳之流，聞而敬服焉。其推誠秉信，皆此類也。隴西王源賀採佛經幽旨，作祇洹精舍圖偈六卷，柔爲之注解，咸得理衷，爲當時儁僧所欽味焉。又憑立銘讚，頗行于世。

子默，字沖明。武威太守。

索敞，字巨振，敦煌人。爲劉昞助教，專心經籍，盡能傳昞之業。涼州平，入國，以儒學見拔，爲中書博士。篤勤訓授，肅而有禮。京師大族貴遊之子，皆敬憚威嚴，多所成益，前後顯達，位至尚書牧守者數十人，皆受業於敞。敞遂講授十餘年。敞以喪服散在衆篇，遂撰比爲喪服要記。其名字論文多不載。後出補扶風太守，在位清貧，未幾卒官。時舊同學生等爲請〔一二〕，詔贈平南將軍、涼州刺史，謚曰獻。

敞子僧養，中書議郎、京兆太守。

僧養子演貴，征東府參軍。

演貴子懷真，字公道。武定末，侍御史。

初，敞在州之日〔一三〕，與鄉人陰世隆文才相友。世隆至京師，被罪徙和龍，屆上谷，困不前達，土人徐能抑掠爲奴五年〔一四〕。敞因行至上谷，遇見世隆，語其由狀，對泣而别。敞爲訴理，得免。世隆子孟貴，性至孝，每向田耘耨，早朝拜父，來亦如之。鄉人欽其篤於事親。

陰仲達，武威姑臧人。祖訓，字處道，仕李暠爲武威太守。父華，字季文，姑臧令。仲達少以文學知名。世祖平涼州，内徙代都。司徒崔浩啓仲達與段承根云，二人俱涼土才華，同修國史。除祕書著作郎。卒。

華次子周達，徐州平南司馬、太山太守。

周達子遵和，小名虎頭。好音律，尚武事。初爲高祖挽郎，拜奉朝請，後廣平王懷取爲國常侍。遵和便辟善事人，深爲懷所親愛。轉司空法曹、太尉中兵參軍。又爲汝南王悦郎中令，復被愛信。稍遷龍驤將軍、驍騎將軍、豫州都督，鎮懸瓠。孝莊末，除左將軍、行豫州刺史。時前行州事元崇禮被徵將還，既聞尒朱兆入洛，遂矯殺遵和，擅攝州任。後追贈平南將軍、涼州刺史。

遵和兄子道方，性和雅，頗涉書傳，深爲李神儁所知賞。神儁爲前將軍、荆州刺史，請道方爲其府長流參軍。神儁曾使道方詣蕭衍雍州刺史蕭綱論邊事，道方風神沉正，爲綱所稱。正光末，蕭綱遣其軍主曹義宗等擾動邊蠻，神儁令道方馳傳向新野，處分軍事。於路爲土因村蠻所掠，送於義宗，義宗又傳致襄陽，仍送於蕭衍，因之尚方。孝昌中，始得還國。既至，拜奉朝請，轉員外散騎侍郎。孝莊初，遷尚書左民郎中，修起居注。永安二年，詔道方與儀曹郎中王元旭使於蕭衍。至南兗州，有詔追還。轉安東將軍、光禄大夫，領右民郎中。太昌初卒，年四十二。人士咸嗟惜之。贈撫軍將軍、荆州刺史。

史臣曰：趙逸等皆通涉經史，才志不羣，價重西州，有聞東國，故於流播之中，拔泥滓之上。人之不可以無能，信也。胡叟顯晦之間，優遊無悶，亦一世之異人乎？

校勘記

〔一〕遷光禄大夫　「夫」字原重，顯衍其一，據他本删。

〔二〕於郯城借遐節以爲軍威　「遐」，原作「假」。張森楷云：「『假』當作『遐』。上云『以遐持節、假平東將軍』，則假者將軍，非假節也。」按上文云「昶棄其節傳，輕騎而走，惟遐獨握節而還」。通鑑卷一四七梁紀三天監十年十二月作「借趙遐節以爲軍威」，即用此傳語，則司馬光所見魏書正作「遐」。今據改。

〔三〕秦州□西府長史　「□」，原注「闕」，按當時秦州刺史例帶安西、平西或鎮西將軍號，不詳所闕竟何軍號，今代以方圍。

〔四〕河東裴定宗　「河東」，原作「江東」，據三朝本、南監本、殿本、北史卷三四胡叟傳改。按裴氏是河東大姓，「江」字訛。

〔五〕父寮　「寮」，三朝本、南監本、殿本、北史卷三四宋繇傳作「僚」。

〔六〕如彼在泉臨深是懼　「泉」，本當作「淵」，用詩「如臨深淵」語，當是唐人避諱追改。

〔七〕若大泉江相忘之談　李慈銘云：「『泉江』本當作『湖江』，此魏收避北齊祖高湖名改『泉』。」

〔八〕無忘歲寒　殿本考證云：「詩凡十三章，此句下應如前注『其十三』三字。」

〔九〕父玟　「玟」，汲本、局本同，殿本、北史卷三四闞駰傳作「玖」。

〔一〇〕至涼州西四百里韭谷窟　「韭」，原作「悲」，注云：「本或作『悲』，亦作『匪』。」他本並作「韭」，所注亦同。北史卷三四劉延明傳作「韮」。按晉書卷九四郭瑀傳：「隱於臨松薤谷，鑿石窟而居。」「薤」即「韭」或「韮」，臨松在涼州西，敦煌東，劉昞死地當即郭瑀隱居之處。「悲」字不見字書，今據三朝本、南監本、殿本改，並刪注文。

〔一一〕臣忝職史教冒以聞奏　「教」，三朝本同，南監本、北監本、汲本、殿本、局本並作「敢」。按「史教」中古似不爲專詞，「敢冒」爲其時習用語。疑「職史」爲「史職」誤倒，「教」當作「敢」，屬下讀。崔光長期領秘書監、典著作，掌國史之任，故得稱「忝史職」。

〔一二〕時舊同學生等爲請　「請」下北史卷三四索敞傳有「謚」字，疑此處脱去。

〔一三〕初敞在州之日　「州」上北史卷三四索敞傳、册府卷八八二有「涼」字。

〔一四〕士人徐能　「徐能」，原作「陰能」，據他本及北史卷三四索敞傳、册府卷八八二、卷九五三改。

魏書卷五十三

列傳第四十一

李孝伯　李沖

李孝伯，趙郡人也，高平公順從父弟。父曾，少治鄭氏禮、左氏春秋，以教授爲業。郡三辟功曹不就，門人勸之，曾曰：「功曹之職，雖曰鄉選高第，猶是郡吏耳。北面事人，亦何容易。」州辟主簿，到官月餘，乃歎曰：「梁叔敬有云：『州郡之職，徒勞人耳。』道之不行，身之憂也。」遂還家講授。太祖時，徵拜博士，出爲趙郡太守，令行禁止，劫盜奔竄。太宗嘉之。并州丁零數爲山東之害，知曾能得百姓死力，憚不入境。賊於常山界得一死鹿，謂趙郡地也，賊長責之，還令送鹿故處。隣郡爲之謠曰：「詐作趙郡鹿，猶勝常山粟。」其見憚如此。卒，贈平南將軍、荆州刺史、栢仁子，謚曰懿。

孝伯少傳父業，博綜羣言。美風儀，動有法度。從兄順言之於世祖，徵爲中散，世祖見而異之，謂順曰：「真卿家千里駒也。」遷祕書奏事中散，轉侍郎、光禄大夫，賜爵南昌子，加建威將軍，委以軍國機密，甚見親寵。謀謨切祕，時人莫能知也。遷北部尚書。以頻從征伐規略之功，進爵壽光侯，加建義將軍。

真君末，車駕南伐，將出彭城。劉義隆子安北將軍、徐州刺史、武陵王駿，遣將馬文恭率步騎萬餘至蕭城。前軍擊破之，文恭走免，執其隊主蒯應。義隆聞大駕南巡，又遣其弟太尉、江夏王義恭率衆赴彭城。世祖至彭城，登亞父冢以望城内，遣送蒯應至小市門，宣世祖詔，勞問義恭等〔一〕，并遣自陳蕭城之敗。義恭等問應：「魏帝自來以不？」應曰：「自來。」又問：「今在何處？」應曰：「在城西南。」又問：「士馬多少？」應曰：「中軍四十餘萬。」駿遣人獻酒二器、甘蔗百梃，并請駱駝。

世祖明旦復登亞父冢，遣孝伯至小市，駿亦遣其長史張暢對孝伯。孝伯遥問暢姓，暢曰：「姓張。」孝伯曰：「是張長史也。」暢曰：「君何得見識？」孝伯曰：「既涉此境，何容不悉。」暢問孝伯曰：「君復何姓？居何官也？」孝伯曰：「我戎行一夫，何足致問。然足與君相敵。」孝伯曰：「主上有詔：『太尉、安北可暫出門，欲與相見，朕亦不攻彭城，何爲勞苦將士，城上嚴備？』今遣賜駱駝及貂裘雜物。」暢曰：「有詔之言，政可施於彼國，何得稱之於此？」孝伯曰：「卿家太尉、安北，是人臣不？」暢曰：「是也。」孝伯曰：「我朝廷奄有萬國，率土之濱，莫敢不臣，縱爲隣國之君，何爲不稱詔於隣國之臣？」孝伯又問暢曰：「何至忽遽杜門絶橋？」暢曰：「二王以魏帝壁壘未立，將士疲勞，此精甲十萬，人思致命，恐輕相淩踐，故且閉城耳。待休息士馬，然後共治戰場，剋日交戲。」孝伯曰：「令行禁止，主將常事，宜當以法裁物，何用發橋杜門？窮城之中，復何以十萬誇大？我亦有良馬百萬，復可以此相矜。」暢曰：「王侯設險，何但法令而已也。我若誇君，當言百萬，所以言十萬者，正是二王左右素所畜養者耳。此城内有數州士庶，工徒營伍猶所未論。我本鬬人，不鬬馬足。且冀之北土，馬之所生，君復何以逸足見誇也？」孝伯曰：「王侯設險，誠如來言，開閉有常，何爲杜塞？絶橋之意，義在何也？此城守君之所習，野戰我之所長，我之恃馬，猶如君之恃城耳。」城内有貝思者〔二〕，嘗至京師，義恭遣視之，思識是孝伯。思前問孝伯曰：「李尚書行途有勞。」孝伯曰：「此事應相與共知。」思答曰：「緣共知，所以仰勞。」孝伯曰：「感君至意。」

既開門，暢屏人却仗，出受賜物。孝伯曰：「詔以貂裘賜太尉，駱駞、騾、馬賜安北，蒲萄酒及諸食味當相與同進。」暢曰：「二王敬白魏帝，知欲垂見，常願面接，但受命本朝，忝居藩任，人臣無境外之交，故無容私覿。」義恭獻皮袴褶一具，駿奉酒二器、甘蔗百梃。孝伯曰：「又有詔：『太尉、安北，久絶南信，殊當憂悒。若欲遣信者，當爲護送，脱須騎者，亦當以馬送之。』」暢曰：「此方間路甚多，使命日夕往復，不復以此勞魏帝也。」孝伯曰：「亦知有水路，似爲白賊所斷。」暢曰：「君著白衣，稱白賊也。」孝伯大笑曰：「今之白賊，似異黄巾、赤眉。」暢曰：「黄巾、赤眉，不在江南。」孝伯曰：「雖不在江南，亦不離徐方也。」孝伯曰：「向與安北相聞，何以久而不報？」暢曰：「二王貴遠，啓聞爲難。」孝伯曰：「周公握髮吐餔，二王何獨貴遠？」暢曰：「握髮吐餐，不謂鄰國之人也。」孝伯曰：「本邦尚爾，鄰國彌應盡恭。且賓至有禮，主人宜以禮接。」暢曰：「昨見衆賓至門，未爲有禮。」孝伯曰：「非是賓至無禮，直是主人怱怱，無待賓調度耳。」孝伯又言：「有詔：『程天祚一介常人，誠知非江南之選，近於汝陽，身被九槍，落在溵水，我使牽而出之。凡人骨肉分張，並思集聚，聞其弟在此，如何不遣暫出？尋自令反，豈復苟留一人。』」暢曰：「知欲程天祚兄弟集聚，已勒遣之，但其固辭不往。」孝伯曰：「豈有子弟聞其父兄而反不肯相見，此便禽獸之不若。貴土風俗，何至如此。」

世祖又遣賜義恭、駿等氈各一領，鹽各九種，并胡豉。孝伯曰：「有後詔：『凡此諸鹽，各有所宜。白鹽食鹽，主上自食；黑鹽治腹脹氣滿，末之六銖，以酒而服；胡鹽治目痛；戎鹽治諸瘡；赤鹽、駮鹽、臭鹽、馬齒鹽四種，並非食鹽。太尉、安北何不遣人來至朕間？彼此之情，雖不可盡，要復見朕小大，知朕老少，觀朕爲人。』」暢曰：「魏帝久爲往來所具，李尚書親自銜命，不患彼此不盡，故不復遣信。」義恭獻蠟燭十梃，駿獻錦一匹。

孝伯曰：「君南土士人，何爲著屩？君而著此，將士云何？」暢曰：「士人之言，誠爲多愧。但以不武，受命統軍，戎陳之間，不容緩服。」孝伯曰：「永昌王自頃恒鎮長安，今領精騎八萬直造淮南，壽春亦閉門自固，不敢相禦。向送劉康祖首，彼之所見。王玄謨甚是所悉，亦是常才耳。何意作如此任使，以致奔敗。自入境七百餘里，主人竟不能一相拒抗。鄒山之險，彼之所憑，前鋒始得接手，崔邪利便爾入穴，將士倒曳出之。主上丐其生命，今從在此。復何以輕脱，遣馬文恭至蕭縣，使望風退撓也。彼之民人，甚相忿怨，言清平之時，賦我租帛，至有急難，不能相拯。」暢曰：「知永昌已過淮南。康祖爲其所破，比有信使，無此消息。王玄謨南土偏將，不謂爲才，但以其北人，故爲前驅引導耳。大軍未至，而河冰向合，玄謨量宜反旆，未爲失算，但因夜回歸，致戎馬驚亂耳。我家懸瓠小城，陳憲小將，魏帝傾國攻圍，累旬不剋。胡盛之偏裨小帥，衆無三旅，始濟翮水〔三〕，魏國君臣奔散，僅得免脱。滑臺之師，無所多愧。鄒山小戍，雖有微險，河畔之民，多是新附，始慕政化，姦盜未息，示使崔邪利撫之而已〔四〕。今雖陷没，何損於國。魏帝自以十萬之師而制一崔邪利，乃復足言也？近聞蕭縣百姓並依山險，聊遣馬文恭以十隊迎之耳。文恭前以三隊出，還走彼大營。嵇玄敬以百舸至留城，魏軍奔敗。輕敵致此，亦非所卹。王境人民，列居河畔，二國交兵，當互加撫養。而魏師入境，事生意外，官不負民，民亦何怨。知入境七百里，無相捍拒，此自上由太尉神筭，次在武陵聖略，軍國之要，雖不預聞，然用兵有機間，亦不容相語。」孝伯曰：「君藉此虛談，支離相對，可謂遁辭知其所窮。且主上當不圍此城，自率衆軍直造瓜步。南事若辦，城故不待攻圍；南行不捷，彭城亦非所欲也。我今當南，欲飲馬江湖耳。」暢曰：「去留之事，自適彼懷。若魏帝遂得飲馬長江，便爲無復天道。」孝伯曰：「自北而南，實惟人化，飲馬長江，豈獨天道？」暢將還城，謂孝伯曰：「冀蕩定有期，相見無遠。君若得還宋朝，今爲相識之始。」孝伯曰：「今當先至建業以待君耳。恐爾日君與二王面縛請罪，不暇爲容。」

孝伯風容閑雅，應答如流，暢及左右甚相嗟歎。世祖大喜，進爵宣城公。興安二年，出爲使持節、散騎常侍、平西將軍、秦州刺史〔五〕。太安五年卒，高宗甚悼惜之。贈鎮南大將軍、定州刺史，謚曰文昭公。

孝伯體度恢雅，明達政事，朝野貴賤，咸推重之。恭宗曾啓世祖廣徵俊秀，世祖曰：「朕有一孝伯，足治天下，何用多爲？假復求訪，此人輩亦何可得。」其見賞如此。性方慎忠厚，每朝廷大事有不足，必手自書表，切言陳諫，或不從者，至於再三。削滅藁草，家人不見。公庭論議，常引綱紀，或有言事者，孝伯恣其所陳，假有是非，終不抑折。及見世祖，言其所長，初不隱人姓名以爲己善，故衣冠之士，服其雅正。自崔浩誅後，軍國之謀，咸出孝伯。世祖寵眷有亞於浩，亦以宰輔遇之。獻替補闕，其迹不見，時人莫得而知也。卒之日，遠近哀傷焉。孝伯美名，聞於遐邇，李彪使於江南，蕭賾謂之曰：「孝伯於卿遠近？」其爲遠人所知若此。孝伯妻崔賾女，高明婦人，生一子元顯。崔氏卒後，納翟氏，不以爲妻也。憎忌元顯。後遇劫，元顯見害，世云翟氏所爲也。元顯志氣甚高，爲時人所傷惜。翟氏二子，安民、安上，並有風度。

安民，襲爵壽光侯，司徒司馬。卒，贈鄆州刺史。無子，爵除。

安上，鉅鹿太守，亦早卒。

安民弟豹子。正光三年上書曰：

竊惟庸勳賞勞，有國恒典；興滅繼絕，哲后所先。是以積德累忠，春秋許宥十世；立功著節，河山誓其永久。伏惟世祖太武皇帝，英叡自天，籠罩日域，東清遼海，西定玉門，凌滅漠北，飲馬江水。臣亡父故尚書、宣城公先臣孝伯，冥基感會，邀幸昌辰，綢繆幃幄，繾綣侍從，廟算嘉謀，每蒙顧採。于時儲后監國，奏請徵賢，詔報曰：「朕有一孝伯，足以治天下，何用多爲？」其見委遇，乃至於此。是用寵以元凱，爵以公侯，詔册曰：「江陽之巡，奇謀屢進，六師大捷，亦有勳焉。」出内勤王，寵遇隆厚，方開大賞，而世祖登遐。梓宫始遷，外任名岳。高宗沖年纂運，未及追敍。

臣行舛百靈，先臣棄世，微績未甄，誠志長奪，搢紳僉傷早世，朝野咸哀不永。臣亡兄襲，無子封除。永惟宗構，五情崩圮。先臣榮寵前朝，勳書王府，同之常倫，爵封堙墜，準古量今，實深荼苦。竊惟朝例：廣川王遵、太原公元大曹等，並以勳重先朝，世絶繼祀，或以傍親，或聽弟襲，皆傳河山之功，垂不世之賞。況先臣在蒙委任〔六〕，運籌幃帟，勳著於中，聲傳於外。事等功均，今古無易。是以漢賞信布，裁重良平；魏酬張徐，不棄荀郭。今數族追賞於先朝之世，先臣絶封於聖明之時，瞻流顧侶，存亡永恨。竊見正始中，爰發存亡之詔，褒賢報功之旨。熙平元年，故任城王澄所請十事，復新前澤，成一時之盛事，垂曠代之茂典，凡在纓紱，誰不感慶？蓋以奬勸來今，垂範萬古。且劉氏僞書，翻流上國，尋其訕謗，百無一實，前後使人，不書姓字，亦無名爵。至於張暢傳中，略敍先臣對問，雖改脱略盡，自欲矜高，然逸韻難虧，猶見稱載，非直存益於時，没亦有彰國美。乞覽此書，昭然可見。則微微衰構，重起一朝，先臣潛魂，結草於千載矣。

卒不得襲。

孝伯兄祥，字元善。學傳家業，鄉黨宗之。世祖詔州郡舉賢良，祥應貢，對策合旨，除中書博士。時南土未賓，世祖親駕，遣尚書韓元興率衆出青州，以祥爲軍司。略地至于陳汝，淮北之民詣軍降者七千餘户，遷之於兗豫之南，置淮陽郡以撫之，拜祥爲太守，加綏遠將軍，流民歸之者萬餘家，勸課農桑，百姓安業。世祖嘉之，賜以衣馬。遷河間太守，有威恩之稱。太安中，徵拜中書侍郎，民有千餘上書，乞留數年，高宗不許。卒官，追贈定州刺史、平棘子，謚曰憲。

子安世〔七〕，幼而聰悟。興安二年，高宗引見侍郎、博士之子，簡其秀儁者欲爲中書學生。安世年十一，高宗見其尚小，引問之。安世陳説父祖，甚有次第，即以爲學生。高宗每幸國學，恒獨被引問。詔曰：「汝但守此至大，不慮不富貴。」居父憂以孝聞。天安初，拜中散，以温敏敬慎，顯祖親愛之。累遷主客令。

蕭賾使劉纘朝貢，安世美容貌，善舉止，纘等自相謂曰：「不有君子，其能國乎？」纘等呼安世爲典客，安世曰：「三代不共禮，五帝各異樂，安足以亡秦之官，稱於上國。」纘曰：「世異之號，凡有幾也？」安世曰：「周謂掌客，秦改典客，漢名鴻臚，今曰主客。君等不欲影響文武，而殷勤亡秦。」纘又指方山曰：「此山去燕然遠近？」安世曰：「亦由石頭之於番禺耳。」國家有江南使至，多出藏内珍物，令都下富室好容服者貨之，令使任情交易。使至金玉肆問價，纘曰：「北方金玉大賤，當是山川所出？」安世曰：「聖朝不貴金玉，所以賤同瓦礫。又皇上德通神明，山不愛寶，故無川無金，無山無玉。」纘初將大市，得安世言，慚而罷。遷主客給事中。

時民困飢流散，豪右多有占奪，安世乃上疏曰：「臣聞量地畫野，經國大式；邑地相參，致治之本。井税之興，其來日久；田萊之數，制之以限。蓋欲使土不曠功，民罔游力。雄擅之家，不獨膏腴之美；單陋之夫，亦有頃畝之分。所以恤彼貧微，抑兹貪欲，同富約之不均，一齊民於編户。竊見州郡之民，或因年儉流移，棄賣田宅，漂居異鄉，事涉數世。三長既立〔八〕，始返舊墟，廬井荒毁，桑榆改植。事已歷遠，易生假冒。彊宗豪族，肆其侵凌，遠認魏晉之家〔九〕，近引親舊之驗。又年載稍久，鄉老所惑，羣證雖多，莫可取據。各附親知，互有長短，兩證徒具，聽者猶疑，爭訟遷延，連紀不判。良疇委而不開，柔桑枯而不採，僥倖之徒興，繁多之獄作。欲令家豐歲儲，人給資用，其可得乎！愚謂今雖桑井難復，宜更均量，審其徑術，令分藝有準，力業相稱，細民獲資生之利，豪右靡餘地之盈。則無私之澤，乃播均於兆庶；如阜如山，可有積於比户矣。又所爭之田，宜限年斷，事久難明，悉屬今主。然後虚妄之民，絕望於覬覦；守分之士，永免於凌奪矣。」高祖深納之，後均田之制起於此矣。

出爲安平將軍、相州刺史、假節、趙郡公。敦勸農桑，禁斷淫祀。西門豹、史起，有功於民者，爲之修飾廟堂。表薦廣平宋翻、陽平路恃慶，皆爲朝廷善士。初，廣平人李波，宗族彊盛，殘掠生民。前刺史薛道𢷋親往討之，波率其宗族拒戰，大破𢷋軍。遂爲逋逃之藪，公私成患。百姓爲之語曰：「李波小妹字雍容，褰裙逐馬如卷蓬，左射右射必疊雙。婦女尚如此，男子那可逢！」安世設方略誘波及諸子姪三十餘人，斬于鄴市，境内肅然。以病免。太和十七年卒于家。安世妻博陵崔氏，生一子瑒。崔氏以妬悍見出，又尚滄水公主，生二子，謐、郁。

瑒，字琚羅。涉歷史傳，頗有文才，氣尚豪爽，公彊當世。延昌末，司徒行參軍，遷司徒長兼主簿。太師、高陽王雍表薦瑒爲其友，正主簿。

于時民多絶户而爲沙門，瑒上言：「禮以教世，法導將來，跡用既殊，區流亦别。故三千之罪，莫大不孝，不孝之大，無過於絶祀。然則絶祀之罪，重莫甚焉。安得輕縱背禮之情，而肆其向法之意也？正使佛道，亦不應然，假令聽然，猶須裁之以禮。一身親老，棄家絶養，既非人理，尤乖禮情，堙滅大倫，且闕王貫。交缺當世之禮，而求將來之益，孔子云『未知生，焉知死』，斯言之至，亦爲備矣。安有棄堂堂之政，而從鬼教乎！又今南服未靜，衆役仍煩，百姓之情，方多避役。若復聽之，恐捐棄孝慈，比屋而是。」沙門都統僧暹等忿瑒鬼教之言，以瑒爲謗毀佛法，泣訴靈太后，太后責之。瑒自理曰：「竊欲清明佛法，使道俗兼通，非敢排棄真學，妄爲訾毀。且鬼神之名，皆通靈達稱，自百代正典，敍三皇五帝，皆號爲鬼。天地曰神祇，人死曰鬼。易曰『知鬼神之情狀』，周公自美，亦云『能事鬼神』，禮曰『明則有禮樂，幽則有鬼神』。是以明者爲堂堂，幽者爲鬼教。佛非天非地，本出於人，應世導俗，其道幽隱，名之爲鬼，愚謂非謗。且心無不善，以佛道爲教者，正可未達衆妙之門耳〔一〇〕。」靈太后雖知瑒言爲允，然不免暹等之意，獨罰瑒金一兩〔一一〕。

轉尚書郎，加伏波將軍。隨蕭寶夤西征，以瑒爲統軍，假寧遠將軍。瑒德洽鄉閭，招募雄勇，其樂從者數百騎，瑒傾家賑恤，率之西討。寶夤見瑒至，乃拊瑒肩曰：「子遠來，吾事辦矣。」故其下每有戰功，軍中號曰「李公騎」。寶夤又啓瑒爲左丞，仍爲別將，軍機戎政，皆與參決。寶夤又啓爲中書侍郎。還朝，除鎮遠將軍、岐州刺史，坐辭不赴任免官。建義初，於河陰遇害，時年四十五。初贈鎮東將軍、尚書右僕射、殷州刺史，太昌中重贈散騎常侍、驃騎大將軍、儀同三司、冀州刺史。

瑒俶儻有大志，好飲酒，篤於親知，每謂弟郁曰：「士大夫學問，稽博古今而罷，何用專經爲老博士也？」與弟謐特相友愛，謐在鄉物故，瑒慟哭絶氣，久而方蘇，不食數日，朞年之中〔一二〕，形骸毁悴。人倫哀歎之。瑒三子。

長子義盛，武定中，司徒倉曹參軍。

瑒弟謐，字永和。在逸士傳。

謐弟郁，字永穆。好學沈靜，博通經史。自著作佐郎爲廣平王懷友，懷深相禮遇。時學士徐遵明教授山東，生徒甚盛，懷徵遵明在館，令郁問其五經義例十餘條，遵明所答數條而已。稍遷國子博士。自國學之建，諸博士率不講説，朝夕教授，惟郁而已。謙虚雅寬，甚有儒者之風。遷廷尉少卿，加冠軍將軍，轉通直散騎常侍。建義中，以兄瑒卒，遂撫育孤姪，歸於鄉里。永熙初，除散騎常侍、大將軍〔一三〕、左光禄大夫、兼都官尚書，尋領給事黄門侍郎。三年春，於顯陽殿講禮，詔郁執經，解説不窮，羣難鋒起，無廢談笑。出帝及諸王公凡預聽者，莫不嗟善。尋病卒，贈散騎常侍、都督定冀相滄殷五州軍事、驃騎大將軍、尚書左僕射、儀同三司、定州刺史。

子士謙，儀同開府參軍事。

李沖，字思順，隴西人，敦煌公寶少子也。少孤，爲長兄滎陽太守承所攜訓。承常言：「此兒器量非恒，方爲門户所寄。」沖沈雅有大量，隨兄至官。是時牧守子弟多侵亂民庶，輕有乞奪，沖與承長子韶獨清簡皎然，無所求取，時人美焉。顯祖末，爲中書學生。沖善交遊，不妄戲雜，流輩重之。高祖初，以例遷祕書中散，典禁中文事，以脩整敏惠，漸見寵待。遷内祕書令、南部給事中。

舊無三長，惟立宗主督護，所以民多隱冒，五十、三十家方爲一户。沖以三正治民，所由來遠，於是創三長之制而上之。文明太后覽而稱善，引見公卿議之。中書令鄭羲、祕書令高祐等曰：「沖求立三長者，乃欲混天下一法。言似可用，事實難行。」羲又曰：「不信臣言，但試行之，事敗之後，當知愚言之不謬。」太尉元丕曰：「臣謂此法若行，於公私有益。」咸稱方今有事之月，校比民户，新舊未分，民必勞怨，請過今秋，至冬閑月，徐乃遣使，於事爲宜。沖曰：「民者，冥也，可使由之，不可使知之。若不因調時，百姓徒知立長校户之勤，未見均徭省賦之益，心必生怨。宜及課調之月，令知賦税之均。既識其事，又得其利，因民之欲，爲之易行。」著作郎傅思益進曰：「民俗既異，險易不同，九品差調，爲日已久，一旦改法，恐成擾亂。」太后曰：「立三長，則課有常準，賦有恒分，苞蔭之户可出，僥倖之人可止，何爲而不可？」羣議雖有乖異，然惟以變法爲難，更無異義。遂立三長，公私便之。

遷中書令，加散騎常侍，給事中如故。尋轉南部尚書，賜爵順陽侯。沖爲文明太后所幸，恩寵日盛，賞賜月至數千萬〔一四〕，進爵隴西公，密致珍寶御物以充其第，外人莫得而知焉。沖家素清貧，於是始爲富室。而謙以自牧，積而能散，近自姻族，逮于鄉閭，莫不分及。虚己接物，垂念羈寒，衰舊淪屈由之躋敍者，亦以多矣。時以此稱之。

初，沖兄佐與河南太守來崇同自涼州入國，素有微嫌。佐因緣成崇罪，餓死獄中。後崇子護又糾佐贓罪，佐及沖等悉坐幽繫，會赦乃免，佐甚銜之。至沖寵貴，綜攝内外，護爲南部郎，深慮爲沖所陷，常求退避，而沖每慰撫之。護後坐贓罪，懼必不濟。沖乃具奏與護本末嫌隙，乞原恕之，遂得不坐。沖從甥陰始孫孤貧，往來沖家，至如子姪。有人求官，因其納馬於沖，始孫輒受而不爲言。後假方便，借沖此馬，馬主見沖乘馬而不得官，後乃自陳始末。沖聞之，大驚，執始孫以狀款奏，始孫坐死。其處要自厲，不念愛惡，皆此類也。

是時循舊，王公重臣皆呼其名，高祖常謂沖爲中書而不名之。文明太后崩後，高祖居喪，引見待接有加。及議禮儀律令，潤飾辭旨，刊定輕重，高祖雖自下筆，無不訪決焉。沖竭忠奉上，知無不盡，出入憂勤，形於顏色，雖舊臣戚輔，莫能逮之，無不服其明斷慎密而歸心焉。於是天下翕然，及殊方聽望，咸宗奇之。高祖亦深相杖信，親敬彌甚，君臣之間，情義莫二。及改置百司，開建五等，以沖參定典式，封滎陽郡開國侯，食邑八百户，拜廷尉卿。尋遷侍中、吏部尚書、咸陽王師。東宮既建，拜太子少傅。高祖初依周禮，置夫、嬪之列，以沖女爲夫人。

詔曰：「昔軒皇誕御，垂棟宇之構；爰歷三代，興宮觀之式。然茅茨土堦，昭德於上代；層臺廣厦，崇威於中葉。良由文質異宜，華樸殊禮故也。是以周成繼業，營明堂於東都；漢祖聿興，建未央於咸鎬。蓋所以尊嚴皇威，崇重帝德，豈好奢惡儉，苟弊民力者哉？我皇運統天，協纂乾曆，鋭意四方，未遑建制，宮室之度，頗爲未允。太祖初基，雖粗有經式，自茲厥後，復多營改。至於三元慶饗，萬國充庭，觀光之使，具瞻有闕。朕以寡德，猥承洪緒，運屬休期，事鍾昌運，宜遵遠度，式茲宮宇。指訓規模，事昭於平日；明堂、太廟，已成於昔年。又因往歲之豐資，藉民情之安逸，將以今春營改正殿。違犯時令，行之惕然。但朔土多寒，事殊南夏，自非裁度當春，興役徂暑，則廣制崇基，莫由克就。成功立事，非委賢莫可；改制規模，非任能莫濟。尚書沖器懷淵博，經度明遠，可領將作大匠；司空、長樂公亮，可與大匠共監興繕。其去故崇新之宜，修復太極之制，朕當别加指授。」

車駕南伐，加沖輔國大將軍，統衆翼從。自發都至於洛陽，霖雨不霽，仍詔六軍發軫。

高祖戎服執鞭，御馬而出，羣臣啓顙於馬首之前。高祖曰：「長驅之謀，廟筭已定，今大軍將進，公等更欲何云？」沖進曰：「臣等不能折衝帷幄，坐制四海，而令南有竊號之渠，寔臣等之咎。陛下以文軌未一，親勞聖駕，臣等誠思亡軀盡命，効死戎行。然自離都淫雨，士馬困弊，前路尚遥，水潦方甚。且伊洛境内，小水猶尚致難，況長江浩汗，越在南境。若營舟檝，必須停滯，師老糧乏，進退爲難，矜喪反旆，於義爲允。」高祖曰：「一同之意，前已具論。卿等正以水雨爲難，然天時頗亦可知。何者？夏既炎旱，秋故雨多，玄冬之初，必當開爽。比後月十間〔一五〕，若雨猶不已，此乃天也，脱於此而晴，行則無害。古不伐喪，謂諸侯同軌之國，非王者統一之文。已至於此，何容停駕。」沖又進曰：「今者之舉，天下所不願，唯陛下欲之。漢文言，吾獨乘千里馬，竟何至也？臣有意而無其辭，敢以死請。」高祖大怒曰：「方欲經營宇宙，一同區域，而卿等儒生，屢疑大計，斧鉞有常，卿勿復言！」策馬將出。於是大司馬、安定王休，兼左僕射、任城王澄等並殷勤泣諫。高祖乃諭羣臣曰：「今者興動不小，動而無成，何以示後？苟欲班師，無以垂之千載。朕仰惟遠祖，世居幽漠，違衆南遷，以享無窮之美，豈其無心，輕遺陵壤。今之君子，寧獨有懷？當由天工人代、王業須成故也。若不南鑾，即當移都於此，光宅土中，機亦時矣，王公等以爲何如？議之所決，不得旋踵，欲遷者左，不欲者右。」安定王休等相率如右。前南安王楨進曰〔一六〕：「夫愚者闇於成事，智者見於未萌。行至德者不議於俗，成大功者不謀於衆，非常之人乃能建非常之事〔一七〕。廓神都以延王業，度土中以制帝京，周公啓之於前，陛下行之於後，故其宜也。且天下至重，莫若皇居，人之所貴，寧如遺體？請上安聖躬，下慰民望，光宅中原，輟彼南伐。此臣等願言，蒼生幸甚。」羣臣咸唱「萬歲」。

高祖初謀南遷，恐衆心戀舊，乃示爲大舉，因以脅定羣情，外名南伐，其實遷也。舊人懷土，多所不願，内憚南征，無敢言者，於是定都洛陽。沖言於高祖曰：「陛下方修周公之制，定鼎成周。然營建六寢，不可遊駕待就；興築城郛，難以馬上營訖。願暫還北都，令臣下經造，功成事訖，然後備文物之章，和玉鑾之響，巡時南徙〔一八〕，軌儀土中。」高祖曰：「朕將巡省方岳，至鄴小停，春始便還，未宜遂不歸北。」尋以沖爲鎮南將軍，侍中、少傅如故，委以營構之任。改封陽平郡開國侯，邑户如先。

車駕南伐，以沖兼左僕射，留守洛陽。車駕渡淮，别詔安南大將軍元英、平南將軍劉藻討漢中，召雍涇岐三州兵六千人擬戍南鄭，剋城則遣。沖表諫曰：「秦州險阨，地接羌夷，自西師出後，餉援連續，加氐胡叛逆，所在奔命，運糧擐甲，迄兹未已。今復豫差戍卒，懸擬山外，雖加優復，恐猶驚駭，脱終攻不剋，徒動民情，連胡結夷，事或難測。輒依旨密下刺史，待軍剋鄭城，然後差遣，如臣愚見，猶謂未足。何者？西道險阨，單徑千里，今欲深戍絶界之外，孤據羣賊之中〔一九〕，敵攻不可卒援，食盡不可運糧。古人有言，『雖鞭之長，不及馬腹』，南鄭於國，實爲馬腹也。且昔人攻伐，或城降而不取；仁君用師，或撫民而遺地。且王者之舉，情在拯民；夷寇所守，意在惜地。校之二義，德有淺深。惠聲已遠，何遽於一城哉？且魏境所掩，九州過八，民人所臣，十分而九。所未民者，惟漠北之與江外耳。羈之在近，豈急急於今日也？宜待大開疆宇，廣拔城聚，多積資糧，食足支敵，然後置邦樹將，爲吞并之舉。今鍾離、壽陽，密邇未拔；赭城、新野，跬步弗降〔二〇〕。所剋者舍之而不取，所降者撫之而旋戮。東道既未可以近力守，西蕃寧可以遠兵固？若果欲置者，臣恐終以資敵也。又今建都土中，地接寇壤，方須大收死士，平蕩江會。輕遣單寡，棄令陷没，恐後舉之日，衆以留守致懼，求其死効，未易可獲。推此而論，不成爲上。」高祖從之。

車駕還都，引見沖等，謂之曰：「本所以多置官者，慮有令僕闇弱，百事稽壅，若明獨聰專，則權勢大併〔二一〕。今朕雖不得爲聰明，又不爲劣闇，卿等不爲大賢，亦不爲大惡。且可一兩年許，少置官司。」

高祖自鄴還京，汎舟洪池，乃從容謂沖曰：「朕欲從此通渠於洛，南伐之日，何容不從此入洛，從洛入河，從河入汴，從汴入清，以至於淮？下船而戰，猶出户而鬭，此乃軍國之大計。今溝渠若須二萬人以下、六十日有成者，宜以漸修之。」沖對曰：「若爾，便是士無遠涉之勞，戰有兼人之力。」遷尚書僕射，仍領少傅。改封清淵縣開國侯，邑户如前。及太子恂廢，沖罷少傅。

高祖引見公卿於清徽堂，高祖曰：「聖人之大寶，惟位與功，是以功成作樂，治定制禮。今徙極中天，創居嵩洛，雖大構未成，要自條紀略舉。但南有未賓之豎，兼凶蠻密邇，朕夙夜悵惋，良在於茲。取南之計決矣，朕行之謀必矣。若依近代也，則天子下帷深宮之內；準上古也，則有親行，祚延七百〔三〕。魏晉不征，旋踵而殞，祚之脩短，在德不在征。今但以行期未知早晚。知幾其神乎，朕既非神，焉能知也。而頃來陰陽卜術之士，咸勸朕今征必剋。此既家國大事，宜共君臣各盡所見，不得以朕先言，便致依違，退有同異。」沖對曰：「夫征戰之法，先之人事，然後卜筮，今卜筮雖吉，猶恐人事未備。今年秋稔，有損常實，又京師始遷，衆業未定，加之征戰，以爲未可。宜至來秋。」高祖曰：「僕射之言，非爲不合。朕意之所慮，乃有社稷之憂。然咫尺寇戎，無宜自安，理須如此。僕射言人事未從，亦不必如此。朕去十七年，擁二十萬衆，行不出畿甸，此人事之盛，而非天時。往年乘機，天時乃可，而闕人事，又致不捷。若待人事備，復非天時，若之何？如僕射之言，便終無征理。朕若秋行無剋捷，三君子並付司寇〔三〕。不可不人盡其心。」罷議而出。

後世宗爲太子，高祖醼於清徽堂。高祖曰：「皇儲所以纂歷三才，光昭七祖，斯乃億兆咸悦，天人同泰，故延卿就此一醼，以暢忻情。」高祖又曰：「天地之道，一盈一虚，豈有常泰。天道猶爾，況人事乎？故有升有黜，自古而然。悼往欣今，良用深歎。」沖對曰：「東暉承儲，蒼生咸幸。但臣前忝師傅，弗能弼諧，仰慚天日，慈造寛含，得預此醼，慶愧交深。」高祖曰：「朕尚弗能革其昏，師傅何勞愧謝也。」

後尚書疑元拔、穆泰罪事，沖奏曰：「前彭城鎮將元拔與穆泰同逆，養子降壽宜從拔罪。而太尉、咸陽王禧等，以爲律文養子而爲罪，父及兄弟不知情者不坐。謹審律意，以養子於父非天性，於兄弟非同氣，敦薄既差，故刑典有降，是以養子雖爲罪，而父兄不預。然父兄爲罪，養子不知謀，易地均情，豈獨從戮乎？理固不然。臣以爲：依據律文，不追戮於所生，則從坐於所養〔二四〕，明矣。又律惟言父不從子，不稱子不從父〔二五〕，當是優尊厲卑之義。臣禧等以爲：『律雖不正見，互文起制，於乞也舉父之罪，於養也見子坐，是爲互起。互起兩明，無罪必矣。若以嫡繼，養與生同，則父子宜均，祇明不坐。且繼養之注云：若有別制，不同此律。又令文云：諸有封爵，若無親子，及其身卒，雖有養繼，國除不襲。是爲有福不及己，有罪便預坐。均事等情，律令之意，便相矛楯。伏度律旨，必不然也。』臣沖以爲：指例條尋，罪在無疑，準令語情，頗亦同式。」詔曰：「僕射之議，據律明矣；太尉等論，於典矯也〔二六〕。養所以從戮者，緣其已免所生，故不得復甄於所養。此獨何福，長處吞舟？于國所以不襲者，重列爵，特立制，因天之所絶，推而除之耳，豈復報對刑賞？于斯則應死，可特原之。」

沖機敏有巧思，北京明堂、圓丘、太廟，及洛都初基，安處郊兆，新起堂寢，皆資於沖。勤志彊力，孜孜無怠，且理文簿，兼營匠制〔二七〕，几案盈積，剞劂在手，終不勞厭也。然顯貴門族，務益六姻，兄弟子姪，皆有爵官，一家歲禄，萬匹有餘，是其親者，雖復癡聾，無不超越官次。時論亦以此少之。

年纔四十，而鬢髮班白，姿貌豐美，未有衰狀。李彪之入京也，孤微寡援，而自立不羣，以沖好士，傾心宗附。沖亦重其器學，禮而納焉，每言之於高祖，公私共相援益。及彪爲中尉、兼尚書，爲高祖知待，便謂非復藉沖，而更相輕背，惟公坐斂袂而已，無復宗敬之意也。沖頗銜之。後高祖南征，沖與吏部尚書、任城王澄並以彪倨傲無禮，遂禁止之。奏其罪狀，沖手自作，家人不知，辭甚激切，因以自劾。高祖覽其表，歎悵者久之，既而曰：「道固可謂溢也，僕射亦爲滿矣。」沖時震怒〔二八〕，數數責彪前後愆悖，瞋目大呼，投折几案。盡收御史，皆泥首面縛，詈辱肆口。沖素性温柔，而一旦暴恚，遂發病荒悸，言語亂錯，猶扼腕叫詈，稱李彪小人。醫藥所不能療，或謂肝藏傷裂。旬有餘日而卒，時年四十九。高祖爲舉哀於懸瓠，發聲悲泣，不能自勝。詔曰：「沖貞和資性，德義樹身，訓業自家，道素形國。太和之始，朕在弱齡，早委機密，實康時務。鴻漸瀍洛，朝選開清，升冠端右，惟允出納。忠肅柔明，足敷睿範，仁恭信惠，有結民心。可謂國之賢也，朝之望也。方昇寵秩，以旌功舊，奄致喪逝，悲痛于懷。既留勤應陟，兼良宿宜褒，可贈司空公，給東園祕器、朝服一具、衣一襲，贈錢三十萬、布五百匹、蠟二百斤。」有司奏謚曰文穆。葬於覆舟山，近杜預冢，高祖之意也。後車駕自鄴還洛，路經沖墓，左右以聞，高祖卧疾望墳，掩泣久之。詔曰：「司空文穆公，德爲時宗，勳簡朕心，不幸徂逝，託墳邙嶺，旋鑾覆舟，躬睇塋域，悲仁惻舊，有慟朕衷。可遣太牢之祭，以申吾懷。」及與留京百官相見，皆敍沖亡没之故，言及流淚。高祖得留臺啓，知沖患狀，謂右衛宋弁曰：「僕射執我樞衡，總釐朝務，清儉居躬，知寵已久。朕以仁明忠雅，委以台司之寄，使我出境無後顧之憂，一朝忽有此患，朕甚懷愴慨。」其相痛惜如此。

沖兄弟六人，四母所出，頗相忿鬩。及沖之貴，封禄恩賜皆以共之，内外輯睦。父亡後同居二十餘年，至洛乃别第宅，更相友愛，久無間然。皆沖之德也。始沖之見私寵也，兄子韶恒有憂色，慮致傾敗。後榮名日顯，稍乃自安。而沖明目當官，圖爲己任，自始迄終，無所避屈。其體時推運，皆此類也。子延寔等，語在外戚傳。

史臣曰：燕趙信多奇士。李孝伯風範鑒略，蓋亦過人遠甚。世祖雄猜嚴斷，崔浩已見誅夷，而入參心膂，出幹政事，獻可替否，無際可尋，故能從容任遇，以功名始卒。其智器固以優乎？安世識具通雅，時幹之良。瑒以豪俊達，郁則儒博顯。李沖早延寵眷，入幹腹心，風流識業，固乃一時之秀。終協契聖主，佐命太和，位當端揆，身任梁棟，德洽家門，功著王室。蓋有魏之亂臣也。

校勘記

〔一〕宣世祖詔勞問義恭等　「等」，原作「率」，據北史卷三三李孝伯傳、册府卷六六〇改。

〔二〕城内有貝思者　「貝思」，北監本、汲本、殿本、局本、南史卷三二張邵傳附張暢傳作「具思」。按具姓歷見元和姓纂（下簡稱姓纂）等姓氏書，此傳敍李孝伯與張暢問答語實即本宋書張暢傳，則北監本等作「具思」，亦有據。然本書卷九七島夷劉裕傳記皇興元年正月劉彧所遣使亦名「貝思」，或是同一人。

〔三〕衆無三旅始濟翮水　「三」，册府卷六六〇、宋書卷五九張暢傳作「一」，據文義，疑是。又，「翮水」，册府及宋書卷五九張暢傳並作「融水」。檢宋書卷七二南平穆王鑠傳，云鑠遣參軍胡盛之自汝南、上蔡進攻長社。汝潁一帶不聞有「翮水」或「融水」，疑有誤。

〔四〕示使崔邪利撫之而已　「示」，册府卷六六〇、南史卷三二張邵傳附張暢傳作「亦」，疑是。

〔五〕興安二年出爲使持節散騎常侍平西將軍秦州刺史　「秦州」，疑爲「泰州」之訛。按正光三年盧令媛墓誌稱祖淵，「夫人趙郡李氏，父孝伯，散騎常侍、尚書、使持節、平西將軍、泰州刺史、宣城公」。漢魏南北朝墓誌集釋卷二歷引錢大昕以來諸家之説，證本書卷一〇六下地形志下治蒲坂之秦州爲泰州之訛。參見本書卷一〇六下校記〔五二〕。

〔六〕況先臣在蒙委任　「在」，册府卷八七五作「往」，疑是。

〔七〕子安世　諸本卷末有宋人校語云：「高氏小史，魏書列傳第四十五高祐、崔挺、李安世三人。其傳云：『李安世，趙郡人也。宣城公孝伯之兄子，父祥，中書博士。』今魏書諸本，祥及安世事皆附此卷孝伯傳後。按李肇經史釋題、楊九齡經史目録，第四十五卷高祐、崔挺、李安世三人。宗諫史目、殷藏用十三代史目惟高祐、崔挺而無李安世。此卷論安世及瑒、郁與北史同，疑李延壽用魏書舊語，後人移安世傳附孝伯，因取北史論安世父子事於此篇，亦不可考證。故載之目録同異，以備傳疑。」

〔八〕三長既立　册府卷四九五作「子孫既立」，疑是。按下文稱因李安世上疏，「後均田之制起於此矣」。均田制頒佈在太和九年十月，見本書卷七上高祖紀上，安世上疏，必在其前。而立三長却在太和十年二月，見卷七下高祖紀下。安世上疏時，尚未頒佈均田制，更未立三長。

〔九〕遠認魏晉之家　「家」，册府卷四九五作「冢」。

〔一〇〕正可未達衆妙之門　「未」，册府卷五三〇無。

〔一一〕獨罰瑒金一兩　「獨」，北史卷三三李孝伯傳附李瑒傳、册府卷五三〇作「猶」。

〔一二〕朞年之中　「朞」，原作「暮」，據北史卷三三李孝伯傳附李瑒傳、册府卷八五二改。

〔一三〕永熙初除散騎常侍大將軍　「大將軍」，北史卷三三李孝伯傳附李郁傳作「衞大將軍」，疑是。按卷一一三官氏志，大將軍正一品，班在三公上，與所除之散騎常侍、左光禄大夫、都官尚書等官品不相當。且李郁死後只贈從一品之驃騎大將軍，生前無已爲大將軍之理。

〔一四〕賞賜月至數千萬　「數千萬」，他本並作「數十萬」。然「數千萬」作數千至萬解，亦通。

〔一五〕比後月十間　「月十」，册府卷五四一作「十月」。

〔一六〕前南安王楨進曰　「前」字原闕，據北史卷一〇〇序傳李沖傳、册府卷一三補。按本書卷一九下南安王楨傳，楨先以聚斂「削除官爵，禁錮終身」，後以議定遷都，復封。此時王爵未復，故稱「前」。册府採魏書而與北史同，知此處脱「前」字。

〔一七〕非常之人乃能建非常之事　「建」字原闕，據册府卷一三補。

〔一八〕巡時南徙　「巡時」，册府卷一三作「時巡」，疑是。

〔一九〕孤據羣賊之中　「中」，原作「口」，據册府卷五三〇、通鑑卷一四〇齊紀六建武二年二月改。按「中」和上句「外」對文。

〔二〇〕 赭城新野跬步弗降　「赭城」，原作「諸城」，通鑑卷一四〇齊紀六建武二年二月作「赭城」，考異無文。胡注以爲即赭陽。按本書卷一〇六中地形志中南青州東莞郡有諸縣，即漢琅邪郡之諸縣，故城在今山東諸城西南。其地久屬北魏，不得云「跬步弗降」。赭陽和新野俱是南齊邊界要地，太和二十一年始被攻佔，見本書卷七下高祖紀下。「諸」乃「赭」之形訛，今據改。

〔二一〕 若明獨聽專則權勢大併　按册府卷四六此句作：「若明，則聽斷獨專；聰，則權勢大併。」語義較明白。

〔二二〕 準上古也則有親行祚延七百　「親行」上册府卷五七有「周武」二字。按「周武親行，祚延七百」與下「魏晉不征，旋踵而殞」相對。「則有」下當有與上句「天子下帷深宫之内」之對文，然後接「周武親行」云云。册府殘存「周武」二字，然所脱或不止此。

〔二三〕 三君子並付司寇　「三」上疑脱「二」字。按上稱引見公卿，獨記李沖答語，「三君子」不詳何人。「二三君子」猶言「諸位」，漢魏以來習見。

〔二四〕 不追戮於所生則從坐於所養　「不」字原闕，據册府卷六一五補。按李沖意謂據律文，養子不因生父犯罪而連坐，則養父犯罪就當連坐。無「不」字不可通。

〔二五〕 不稱子不從父　原作「稱子不不從父」，不成句；北監本、汲本、殿本作「稱子不從父」，上下語義不貫。按册府卷六一五作「不言子不從父」，「稱」字作「言」爲異，但上亦有「不」字，知

「不」字倒在「稱子」下，北監本、汲本、殿本則徑删。今據南監本、局本改。

〔二六〕於典矯也　「典」，原作「曲」，據册府卷六一五改。

〔二七〕且埋文簿兼營匠制　「且」，原作「旦」，據北史卷一〇〇序傳李沖傳，册府卷八八四、卷九〇八改。真大成校證列舉語例云：「『且』『兼』，猶言『既』『又』。」其説是。

〔二八〕沖時震怒　「震怒」，原作「震恐」，據北史卷一〇〇序傳李沖傳、册府卷四七八改。按下文極言李沖暴怒之狀，且李彪與沖權勢不敵，沖無須「震恐」。

魏書卷五十四

列傳第四十二

游雅　高閭

游雅，字伯度，小名黄頭，廣平任人也。少好學，有高才。世祖時，與勃海高允等俱知名，徵拜中書博士、東宫内侍長，遷著作郎。使劉義隆，授散騎侍郎，賜爵廣平子，加建威將軍。稍遷太子少傅，領禁兵，進爵爲侯，加建義將軍。受詔與中書侍郎胡方回等改定律制。出爲散騎常侍、平南將軍、東雍州刺史，假梁郡公。在任廉白，甚有惠政。徵爲祕書監，委以國史之任。不勤著述，竟無所成。詔雅爲太華殿賦，文多不載。雅性剛戇，好自矜誕，陵獵人物。高允重雅文學，而雅輕薄允才，允性柔寬，不以爲恨。允將婚于邢氏，雅勸允娶于其族，允不從。雅曰：「人貴河間邢，不勝廣平游。人自棄伯度，我自敬黄頭。」

貴己賤人，皆此類也。允著徵士頌，殊爲重雅，事在允傳。雅因論議長短，忿儒者陳奇，遂陷奇至族，議者深責之。和平二年卒。贈相州刺史，謚曰宣侯。

子僧奴，襲爵。卒，子雙鳳襲。

雅弟恒，子曇護。太和中，爲中散，遷典寺令。後慰勞仇池，爲賊所害。贈肆州刺史。

高閭，字閻士，漁陽雍奴人。五世祖原，晉安北軍司、上谷太守、關中侯，有碑在薊中。祖雅，少有令名，州別駕。父洪，字季願，陳留王從事中郎。閭貴，乃贈寧朔將軍、幽州刺史、固安貞子。

閭早孤，少好學，博綜經史，文才儁偉，下筆成章。本名驢，司徒崔浩見而奇之，乃改爲閭而字焉。真君九年，徵拜中書博士。和平末，遷中書侍郎。高宗崩，乙渾擅權，内外危懼。文明太后臨朝，誅渾，引閭與中書令高允入於禁内，參決大政，賜爵安樂子。加南中郎將，與鎮南大將軍尉元南赴徐州，閭先入彭城，收管籥，元表閭以本官領東徐州刺史，與張讜對鎮團城。後還京城，以功進爵爲侯，加昭武將軍。

顯祖傳位，徙御崇光宮，閭上表頌曰：

臣聞刱制改物者，應天之聖君；齷齪順常者，守文之庸主。故五帝異規而化興，三王殊禮而致治，用能憲章萬祀，垂範百王，歷葉所以挹其遺風，後君所以酌其軌度。伏惟太上皇帝，道光二儀，明齊日月，至德潛通，武功四暢。霜威南被，則淮徐來同；齊斧北斷，則獫狁覆斃。西摧三危之酋，東引肅慎之貢，荒遐款塞，九有宅心。於是從容閑覽，希心玄奥，尚鼎湖之奇風，崇巢由之高潔，疇咨熙載，亮采羣后，爰挹大位，傳祚聖人。開古之高範，爰萃於一朝；曠葉之希事，載見於今日。昔唐堯禪舜，前典大其成功；太伯讓季，孔子稱其至德。苟位以聖傳，臣子一也。謹上至德頌一篇，其詞曰：

茫茫太極，悠悠遐古。三皇刱制，五帝垂祜。仰察璿璣，俯鑒后土。雍容端拱，惟德是與。夏殷世傳，周漢纂烈。道風雖邈，仍誕明哲。爰暨三季，下凌上替。九服三分，禮樂四缺。上靈降鑒，思皇反正。乃眷有魏，配天承命。功冠前王，德侔往聖。移風革俗，天保載定。於穆太皇，克廣聖度。玄化外暢，惠鑒内悟。遺此崇高，挹彼沖素。道映當今，慶流後祚。明明我皇，承乾紹煥。比誦熙周，方文隆漢。重光麗天，晨暉疊旦。六府孔修，三辰貞觀。功均乾造，雲覆雨潤。養之以仁，敦之以信。

綏之斯和，動之斯震。自東徂西，無思不順。禎候並應，福禄來格。嘉穀秀町，素文表石。玄鳥呈皓，醴泉流液。黄龍蜿蜿，遊鱗弈弈。沖訓既布，率土咸寧。穆穆四門，灼灼典刑。勝殘豈遠，朞月有成。翹翹東岳，庶見翠旌。先民有言，千載一泰。昔難其運，今易其會。沐浴淳澤，被服冠帶。飲和陶潤，載欣載賴。文以寫意，功由頌宣。吉甫作歌，式昭永年。唐政緝熙，康哉垂篇。仰述徽烈，被之管絃。

高允以閭文章富逸，舉以自代，遂爲顯祖所知，數見引接，參論政治。命造鹿苑頌、北伐碑，顯祖善之。承明初，爲中書令，加給事中，委以機密。文明太后甚重閭，詔令書檄碑銘贊頌皆其文也。

太和三年，出師討淮北，閭表曰：「伏見廟筭有事淮海，雖成事不説，猶可思量。臣以愚劣，本非武用，至於軍旅，尤所不學。直以無諱之朝，敢肆狂瞽，區區短見，竊有所疑。臣聞兵者凶器，不得已而用之。今天下開泰，四方無虞，豈宜盛世，干戈妄動。疑一也。淮北之城，凡有五處，難易相兼，皆須攻擊。然攻守難圖，力懸百倍，反覆思量，未見其利。疑二也。縱使如心，於國無用，發兵遠入，費損轉多。若不置城，是謂空爭。疑三也。脱不如意，當延日月，屯衆聚費，于何不有。疑四也。伏願思此四疑，時速返旆。」文明太后令曰：「六軍電發，有若摧朽，何慮四難也。」

遷尚書、中書監。淮南王他奏求依舊斷禄，文明太后令召羣臣議之。閭表曰：

天生烝民，樹之以君，明君不能獨理，必須臣以作輔。君使臣以禮，臣事君以忠。故車服有等差，爵命有分秩；德高者則位尊，任廣者則禄重。下者禄足以代耕，上者俸足以行義。庶民均其賦，以展奉上之心；君王聚其材，以供事業之用。君班其俸，垂惠則厚；臣受其禄，感恩則深。於是貪殘之心止，竭効之誠篤，兆庶無侵削之煩，百辟備禮容之美。斯則經世之明典，爲治之至術。自堯舜以來，逮于三季，雖優劣不同，而斯道弗改。自中原崩否，天下幅裂，海内未一，民户耗減，國用不充，俸禄遂廢。此則事出臨時之宜，良非長久之道。

大魏應期紹祚，照臨萬方，九服既和，八表咸謐。二聖欽明文思，道冠百代，動遵禮式，稽考舊章，準百王不易之勝法，述前聖利世之高軌，置立鄰黨，班宣俸禄，事設令行，於今已久，苛慝不生，上下無怨，姦巧革慮，闚覦絶心，利潤之厚，同於天地。以斯觀之，如何可改？

又洪波奔激，則隄防宜厚；姦悖充斥，則禁網須嚴。且飢寒切身，慈母不保其子；家給人足，禮讓可得而生。但廉清之人，不必皆富；豐財之士，未必悉賢。今給其俸，則清者足以息其濫竊，貪者足以感而勸善；若不班禄，則貪者肆其姦情，清者不能自保。難易之驗，灼然可知，如何一朝便欲去倖？淮南之議，不亦謬乎？詔從閭議。

高祖又引見王公已下於皇信堂，高祖曰：「政雖多途，治歸一體，朕每蒙慈訓，猶自昧然。誠知忠佞有損益，而未識其異同，恒懼忠貞見毀，佞人便進。寤寐思此，如有隱憂。國彥朝賢，休戚所共，宜辨斯真僞，以釋朕懷。」尚書游明根對曰：「忠佞之士，實亦難知，依古爵人，先試之以官，官定然後祿之，三載考績，然後忠佞可明。」閭曰：「竊謂袁盎徹愼夫人席，是其忠；譖殺晁錯，是其佞。若以異人言之，望之爲忠，石顯是佞。」高祖曰：「自非聖人，忠佞之行，時或互有，但忠功顯即謂之忠，佞迹成斯謂之佞。史官據成事而書，於今觀之，有別明矣。朕所問者，未然之前；卿之所對，已然之後。」閭曰：「佞者，飾智以行事；忠者，發心以附道。譬如玉石，皦然可知。」高祖曰：「玉石同體而異名，忠佞異名而同理。求之於同，則得其所以異；尋之於異，則失其所以同。出處同異之間，交換忠佞之境，豈是皦然易明哉？或有託佞以成忠，或有假忠以飾佞。如楚子綦後事顯忠，初非佞也。」閭曰：「子綦諫楚，初雖隨述，終致忠言，此適欲譏諫，非爲佞也。子綦若不設初權，後忠無由得顯。」高祖善閭對。

閭後上表曰：

臣聞爲國之道，其要有五：一曰文德，二曰武功，三曰法度，四曰防固，五曰刑賞。故遠人不服，則修文德以來之；荒狡放命，則播武功以威之；民未知戰，則制法度以齊之；暴敵輕侵，則設防固以禦之；臨事制勝，則明刑賞以勸之。用能闢國寧方，征伐四剋。北狄悍愚，同於禽獸，所長者野戰，所短者攻城。若以狄之所短，奪其所長，則雖衆不能成患，雖來不能內逼。又狄散居野澤，隨逐水草，戰則與家産並至，奔則與畜牧俱逃，不齎資糧而飲食足。是以古人伐北方，攘其侵掠而已。歷代爲邊患者，良以倏忽無常故也。六鎮勢分，倍衆不鬭，互相圍逼，難以制之。昔周命南仲，城彼朔方；趙靈、秦始，長城是築；漢之孝武，踵其前事。此四代之君，皆帝王之雄傑，所以同此役者，非智術之不長，兵衆之不足，乃防狄之要事，其理宜然故也。易稱天險不可升〔一〕，地險山川丘陵，王公設險以守其國，長城之謂歟？今宜依故於六鎮之北築長城，以禦北虜，雖有暫勞之勤，乃有永逸之益，如其一成，惠及百世。即於要害，往往開門，造小城於其側。因地却敵，多有弓弩〔二〕。狄來有城可守，其兵可捍。既不攻城，野掠無獲，草盡則走，終必懲艾。

宜發近州武勇四萬人及京師二萬人，合六萬人爲武士，於苑內立征北大將軍府，選忠勇有志幹者以充其選。下置官屬，分爲三軍，二萬人專習弓射，二萬人專習戈楯〔三〕，二萬人專習騎矟。脩立戰場，十日一習，採諸葛亮八陣之法，爲平地禦寇之方，使其解兵革之宜，識旌旗之節，器械精堅，必堪禦寇。使將有定兵，兵有常主，上下相信，晝夜如一。七月發六部兵六萬人〔四〕，各備戎作之具，敕臺北諸屯倉庫，隨近作米，俱送北鎮。至八月，征北部率所領與六鎮之兵，直至磧南，揚威漠北。狄若來拒，與之決戰，若其不來，然後散分其地，以築長城。計六鎮東西不過千里，若一夫一月之功，當三步之地，三百人三里，三千人三十里，三萬人三百里，則千里之地，彊弱相兼，計十萬人一月必就，運糧一月不足爲多。人懷永逸，勞而無怨。

計築長城，其利有五：罷遊防之苦，其利一也；北部放牧，無抄掠之患，其利二也；登城觀敵，以逸待勞，其利三也；省境防之虞，息無時之備，其利四也；歲常遊運〔五〕，永得不匱，其利五也。

又任將之道，特須委信，遣之以禮，恕之以情，閫外之事，有利輒決，赦其小過，要其大功，足其兵力，資其給用，君臣相體，若身之使臂，然後忠勇可立，制勝可果。是以忠臣盡其心，征將竭其力，雖三敗而踰榮，雖三背而彌寵。

詔曰：「覽表，具卿安邊之策。比當與卿面論一二。」

高祖又引見羣臣，議伐蠕蠕。帝曰：「蠕蠕前後再擾朔邊，近有投化人云，敕勒渠帥興兵叛之，蠕蠕主身率徒衆，追至西漠。今爲應乘弊致討，爲應休兵息民？」左僕射穆亮對曰：「自古以來，有國有家莫不以戎事爲首。蠕蠕子孫，襲其凶業，頻爲寇擾，爲惡不悛，自相違叛。如臣愚見，宜興軍討之，雖不頓除巢穴，且以挫其醜勢。」閭曰：「昔漢時天下一統，故得窮追北狄，今南有吳寇，不宜懸軍深入。」高祖曰：「先朝屢興征伐者，以有未賓之虜。朕承太平之基，何爲摇動兵革？夫兵者凶器，聖王不得已而用之。便可停也。」高祖又曰：「今欲遣蠕蠕使還，應有書問以不？」羣臣以爲宜有，乃詔閭爲書。於時蠕蠕國有喪，而書不敍凶事。高祖曰：「卿爲中書監，職典文詞，所造旨書，不論彼之凶事。若知而不作，罪在灼然，若情思不至，應謝所任。」閭對曰：「昔蠕蠕主敦崇和親，其子不遵父志，屢犯邊境，如臣愚見，謂不宜弔。」高祖曰：「敬其父則子悦，敬其君則臣悦。卿云不合弔慰，是何言歟！」閭遂引愆，免冠謝罪。高祖謂閭曰：「蠕蠕使牟提小心恭慎，甚有使人之禮，同行疾其敦厚，每至陵辱，恐其還北，必被謗誣。昔劉準使殷靈誕每禁下人不爲非禮之事，及其還國，果被譖愬，以致極刑。今爲旨書，可明牟提忠於其國，使蠕蠕主知之。」

是年冬至，高祖、文明太后大饗羣官，高祖親舞於太后前，羣臣皆舞。高祖乃歌，仍率羣臣再拜上壽。閭進曰：「臣聞：大夫行孝，行合一家；諸侯行孝，聲著一國；天子行孝，德被四海。今陛下聖性自天，敦行孝道，稱觴上壽，靈應無差，臣等不勝慶踊，謹上千萬歲壽。」高祖大悦，賜羣臣帛，人三十匹。

又議政於皇信堂，高祖曰：「百揆多途，萬機事猥，未周之闕，卿等宜有所陳。」閭對曰：「臣伏思太皇太后十八條之令，及仰尋聖朝所行，事周於百揆，理兼於庶務。孔子至聖，三年有成；子産治鄭，歷載乃就。今聖化方宣，風政驟改，行之積久，自然致治，理之必明，不患事闕。又爲政之道，終始若一，民可使由之，不可使知之。政令既宣，若有不合於民者，因民之心而改之。願終成其事，使至教必行。臣反覆三思，理畢於此，不知其他。但使令之法度，必理、必明、必行、必久，勝殘去殺，可不遠而致。」高祖曰：「刑法者，王道之所用。何者爲法？何者爲刑？施行之日，何先何後？」閭對曰：「臣聞挪制立會，軌物齊衆，謂之法；犯違制約，致之於憲，謂之刑。然則法必先施，刑必後著。自鞭杖已上至於死罪，皆謂之刑。刑者，成也，成而不可改。」高祖曰：「論語稱：『冉子退朝，孔子問曰：何晏也？對曰：有政。子曰：其事也。如有政，雖不吾以，吾其與聞之。』何者是政？何者爲事？」閭對曰：「臣聞：政者，君上之所施行，合於法度，經國治民之屬，皆謂之政；臣下奉教承旨，作而行之，謂之事。然則天下大同，風軌齊一，則政出於天子；王道衰，則政出於諸侯；君道缺，則政出於大夫。故詩敍曰：『王道衰，政教失，則國異政，家殊俗。』政者，上之所行；事者，下之所奉。」高祖曰：「若君命爲政，子夏爲莒父宰，問政，此應奉命而已，何得稱政？」尚書游明根曰：「子夏宰民，故得稱政。」帝善之。

十四年秋，閭上表曰：

奉癸未詔書，以春夏少雨，憂飢饉之方臻，愍黎元之傷瘁。同禹湯罪己之誠，齊堯舜引咎之德，虞災致懼，詢及卿士，令各上書，極陳損益。深恩被於蒼生，厚惠流于后土。伏惟陛下天啓聖姿，利見纂極，欽若昊天，光格宇宙。太皇太后以叡哲贊世，稽合三才，高明柔克，道被無外。七政昭宣於上，九功咸序於下。君人之量逾高，謙光之旨彌篤。修復祭儀，宗廟所以致敬；飾正器服，禮樂所以宣和。增儒官以重文德，簡勇士以昭武功。慮獄訟之未息，定刑書以理之；懼蒸民之姦宄，置鄰黨以穆之；究庶官之勤劇，班俸禄以優之；知勞逸之難均，分民土以齊之。甄忠明孝，矜貧恤獨，開納讜言，抑絶讒佞，明訓以體，率土移風。雖未勝殘去殺，成無爲之化，足以仰答三靈者矣。

臣聞皇天無私，降鑒在下，休咎之徵，咸由人召。故帝道昌則九疇敍，君德衰而彝倫斁。休瑞並應，享以五福，則康于其邦；咎徵屢臻，罰以六極，則害于其國。斯乃洪範之實徵，神祇之明驗。及其厄運所纏，世鍾陽九，數乖於天理，事違於人謀，時則有之矣。故堯湯逢歷年之災，周漢遭水旱之患，然立功脩行，終能弭息。今考治則有如此之風，計運未有如彼之害，而陛下殷勤引過，事邁前王。從星澍雨之徵，指辰可必；消災滅禍之符，灼然自見。雖王畿之內，頗爲少雨，關外諸方，禾稼仍茂，苟動之以禮，綏之以和，一歲不收，未爲大損。但豫備不虞，古之善政，安不忘危，有國常典。竊以北鎮新徙，家業未就，思親戀本，人有愁心，一朝有事，難以禦敵。可寬其往來，頗使欣慰，開雲中馬城之食以賑恤之〔六〕，足以感德，致力邊境矣。明察畿甸之民，飢甚者，出靈丘下館之粟以救其乏，可以安慰孤貧，樂業保土。使幽、定、安、并四州之租，隨運以溢其處〔七〕；開關弛禁，薄賦賤糴，以消其費；清道路，恣其東西，隨豐逐食，貧富相贍。可以免度凶年，不爲患苦。

又聞常士困則濫竊生，匹婦餒則慈心薄。凶儉之年，民輕違犯，可緩其使役，急其禁令。宜於未然之前，申敕外牧。又一夫幽枉，王道爲虧，京師之獄，或恐未盡。可集見囚於都曹，使明折庶獄者，重加究察。輕者即可決遣，重者定狀以聞。罷非急之作，放無用之獸。此乃救凶之常法，且以見憂於百姓。論語曰：「不患貧而患不安。」苟安而樂生，雖遭凶年，何傷於民庶也。愚臣所見，如此而已。

詔曰：「省表聞之，當敕有司依此施行。」

後詔閭與太常採雅樂以營金石，又領廣陵王師。出除鎮南將軍、相州刺史。以參定律令之勤，賜布帛千匹、粟一千斛、牛馬各三。閭上疏陳伐吴之策，高祖納之。遷都洛陽，閭表諫，言遷有十損，必不獲已，請遷於鄴。高祖頗嫌之。

蕭鸞雍州刺史曹虎據襄陽請降，詔劉昶、薛真度等四道南伐，車駕親幸懸瓠。閭表諫曰：「洛陽草創，虎既不遣質任，必非誠心，無宜輕舉。」高祖不納。虎果虚詐，諸將皆無功而還。高祖攻鍾離未剋，將於淮南修故城而置鎮戍，以撫新附之民，賜閭璽書，具論其狀。閭表曰：「南土亂亡，僭主屢易，陛下命將親征，威陵江左，望風慕化，剋拔數城，施恩布德，攜民襁負，可謂澤流邊方，威惠普著矣。然元非大舉，軍興後時，本爲迎降，戎卒實少。兵法：十則圍之，倍則攻之。所率既寡，東西懸闊，難以並稱。伏承欲留戍淮南，招撫新附。昔世祖以回山倒海之威，步騎數十萬南臨瓜步，諸郡盡降，而盱眙小城，攻而弗剋。班師之日，兵不戍一郡，土不闢一廛。夫豈無人，以大鎮未平，不可守小故也。堰水先塞其源，伐木必拔其本。源不塞，本不拔，雖翦枝竭流，終不可絶矣。壽陽、盱眙、淮陰，淮南之源本也。三鎮不剋其一，而留兵守郡，不可自全明矣。既逼敵之大鎮，隔深淮之險，少置兵不足以自固，多留衆糧運難可充。又欲脩渠通漕，路必由于泗口；泝淮而上，須經角城。淮陰大鎮，舟船素畜，敵因先積之資，以拒始行之路。若元戎旋旆，兵士挫怯，夏雨水長，救援實難。忠勇雖奮，事不可濟。淮陰東接山陽，南通江表，兼近江都、海西之資，西有盱眙、壽陽之鎮。且安土樂本，人之常情，若必留戍，軍還之後，恐爲敵擒。何者？鎮戍新立，懸在異境，以勞禦逸，以新擊舊，而能自固者，未之有也。昔彭城之役，既剋其城，戍鎮已定，而思叛外向者猶過數方〔八〕。角城蕞爾，處在淮北，去淮陽十八里，五固之役，攻圍歷時，卒不能剋。以今比昔，事兼數倍。今以向熱，水雨方降，兵刃既交，難以恩恤。降附之民及諸守令，亦可徙置淮北。如其不然，進兵臨淮，速度士卒，班師還京。踵太武之成規，營皇居於伊洛。畜力以待敵釁，布德以懷遠人，使中國清穆，化被遐裔。淮南之鎮，自効可期；天安之捷，指辰不遠。」

車駕還幸石濟，閭朝於行宮。高祖謂閭曰：「朕往年之意，不欲決征，但兵士已集，恐爲幽王之失，不容中止。發洛之日，正欲至於懸瓠，以觀形勢。然機不可失，遂至淮南。而彼諸將，並列州鎮，至無所獲，定由晚一月日故也〔九〕。」閭對曰：「人皆是其所事，而非其所不事，猶犬之吠非其主。且古者攻戰之法，倍則攻之，十則圍之。聖駕親戎，誠應大捷，所以無大獲者，良由兵少故也。且徙都者，天下之大事，今京邑甫爾，庶事造創，臣聞詩云：『惠此中國，以綏四方。』臣願陛下從容伊瀍，優遊京洛，使德被四海，中國緝寧，然後向化之徒，自然樂附。」高祖曰：「願從容伊瀍，實亦不少，但未獲耳。」閭曰：「司馬相如臨終恨不見封禪。今雖江介不賓，小賊未殄，然中州之地，略亦盡平，豈可於聖明之辰，而闕盛禮。齊桓公霸諸侯，猶欲封禪，而況萬乘。」高祖曰：「由此桓公屈於管仲。荆揚未一，豈得如卿言也。」閭曰：「漢之名臣，皆不以江南爲中國。且三代之境，亦不能遠。」高祖曰：「淮海惟揚州，荆及衡陽惟荆州，此非近中國乎？」

及車駕至鄴，高祖頻幸其州館。詔曰：「閭昔在中禁，有定禮正樂之勳；作藩於州，有廉清公幹之美。自大軍停軫，庶事咸豐，可謂國之老成，善始令終者也。每惟厥德，朕甚嘉焉。可賜帛五百匹、粟一千斛、馬一匹、衣一襲，以褒厥勤。」

閭每請本州以自効，詔曰：「閭以懸車之年，方求衣錦，知進忘退，有塵謙德，可降號平北將軍。朝之老成，宜遂情願，徙授幽州刺史，令存勸兩修，恩法並舉。」閭以諸州罷從事，依府置參軍，於治體不便，表宜復舊。高祖不悦。歲餘，表求致仕，優答不許。徵爲太常卿。頻表陳遜，不聽。又車駕南討漢陽，閭上表諫求回師，高祖不納。漢陽平，賜閭璽書，閭上表陳謝。

世宗踐祚，閭累表遜位。詔曰：「閭貞幹早聞，儒雅素著，出内清華，朝之儁老，以年及致仕，固求辭任，宜聽解宗伯，遂安車之禮，特加優授，崇老成之秩。可光禄大夫，金印、紫綬。」使散騎常侍、兼吏部尚書邢巒就家拜授。及辭，引見於東堂，賜以餚羞，訪之大政。以其先朝儒舊，告老永歸，世宗爲之流涕。詔曰：「閭歷官六朝，著勳五紀，年禮致辭，義光進退，歸軒首路，感悵兼懷。安駟籯金，漢世榮貺，可賜安車、几杖、輿馬、繒綵、衣服、布帛，事從豐厚。百寮餞之，猶昔羣公之祖二疏也。」閭進陟北邙，上望闕表以示戀慕之誠。景明三年十月，卒于家。世宗遣使弔慰，賵帛四百匹。四年三月，贈鎮北將軍、幽州刺史，謚曰文侯。

閭好爲文章，軍國書檄詔令碑頌銘贊百有餘篇，集爲三十卷。其文亦高允之流，後稱二高，爲當時所服。閭彊果，敢直諫，其在私室，言裁聞耳，及於朝廷廣衆之中，則談論鋒起，人莫能敵。高祖以其文雅之美，每優禮之。然貪褊矜慢，初在中書，好詈辱諸博士，博士、學生百有餘人，有所干求者，無不受其財貨。及老爲二州，乃更廉儉自謹，有良牧之譽。有三子。

長子元昌，襲爵。位至遼西、博陵二郡太守。

子欽，字希叔，頗有文學。莫折念生之反也，欽隨元志西討，志敗，爲賊所擒，念生以爲黃門郎。死於秦州。

子穆宗，襲祖爵。興和中，定州開府祭酒。

欽弟石頭、小石，皆早卒。

元昌弟定殷，中壘將軍、漁陽太守。卒，贈征虜將軍、安州刺史。

子洪景，少有名譽。早卒。

次子宣景，武定中，開府司馬。

定殷弟幼成，員外郎。頗有文才，性清狂，爲奴所害。

閭弟悅，篤志好學，有美於閭。早卒。

史臣曰：游雅才業，亦高允之亞歟？至於陷族陳奇，斯所以絶世而莫祀也。高閭發言有章句，下筆富文彩，亦一代之偉人。故能受逮累朝〔一〇〕，見重高祖。挂冠謝事，禮備懸輿，美矣。

校勘記

〔一〕天險不可升　「可」字原闕，據他本補。按語出易坎。

〔二〕因地却敵多有弓弩　北史卷三四高閭傳、册府卷五三〇及卷九九〇作「因施却敵多置弓弩」。

〔三〕二萬人專習戈楯　「戈楯」，北史卷三四高閭傳、通典卷一九六邊防一二作「刀楯」。

〔四〕發六部兵六萬人　北史卷三四高閭傳、册府卷五三〇及卷九九〇作「發六郡兵萬人」，通典卷一九六邊防一二作「發六部兵萬人」。

〔五〕歲常遊運「遊」，通典卷一九六邊防一二作「遞」，疑是。

〔六〕開雲中馬城之食以賑恤之「食」，冊府卷四七二作「倉」。

〔七〕隨運以溢其處「溢」，冊府卷四七二、卷五三〇作「益」。

〔八〕思叛外向者猶過數方「方」，冊府卷四〇四、卷五三〇作「万」，疑是。按作「方」不可通，「萬」之俗體「万」，與「方」字形易訛。

〔九〕定由晚一月日故也「定」，北史卷三四高閭傳作「實」，疑是。

〔一〇〕受逮累朝「逮」，北史卷三四史論於高閭全寫此傳，作「遇」，疑是。按作「逮」語澀，「受遇累朝」語亦見本書卷三一于栗磾傳附于忠傳。

魏書卷五十五

列傳第四十三

游明根　劉芳

游明根，字志遠，廣平任人也。祖鱓，慕容熙樂浪太守。父幼，馮跋假廣平太守。和龍平，明根乃得歸鄉里。游雅稱薦之，世祖擢爲中書學生。性貞慎寡欲，綜習經典。及恭宗監國，與公孫叡俱爲主書。

高宗踐阼〔一〕，遷都曹主書，賜爵安樂男、寧遠將軍。高宗以其小心敬慎，每嗟美之。假員外散騎常侍、冠軍將軍、安樂侯，使於劉駿，直使明僧暠相對。前後三返，駿稱其長者，迎送之禮，有加常使。顯祖初，以本將軍出爲東青州刺史，加員外常侍。遷散騎常侍、平東將軍、都督兗州諸軍事、瑕丘鎮將，尋就拜東兗州刺史，改爵新泰侯。爲政清平，新民樂附。

高祖初，入爲給事中，遷儀曹長，加散騎常侍。清約恭謹，號爲稱職。後王師南討，詔假安南將軍、儀曹尚書、廣平公，與梁郡王嘉參謀軍計。後兗州民叛，詔明根慰喻。敕南征沔西、仇城、連口三道諸軍〔二〕，稟明根節度。還都，正尚書，仍加散騎常侍。

詔以與蕭賾絕使多年，今宜通否，羣臣會議。尚書陸叡曰：「先以三吴不靖，荆梁有難，故權停之，將觀釁而動。今彼方既靖，宜還通使。」明根曰：「中絕行人，是朝廷之事，深築醴陽，侵彼境土，二三之理，直在蕭賾。我今遣使，於理爲長。」高祖從之。文明太后崩，羣臣固請公除，高祖與明根往復。事在禮志。遷大鴻臚卿、河南王幹師，尚書如故。隨例降侯爲伯。又參定律令，屢進讜言。

明根以年踰七十，表求致仕。詔不許，頻表固請，乃詔曰：「明根風度清幹，志尚貞敏，温恭靜密，乞言是寄，故抑其高蹈之操，至于再三。表請殷勤，不容違奪，便已許其告辨〔三〕。可出前後表付外，依禮施行。」引明根入見，高祖曰：「卿年耆德茂，服勤累朝，歷職内外，並著顯績，逮于耆老，履道不渝，是以鼇革之始，委以禮任，遲能迂德，匡贊於朕。然高尚悠邈，便爾言歸，君臣之禮，於斯而畢，眷德思仁，情何可已。夫七十致仕，典禮所稱；位隆固辭，賢者達節。但季俗陵遲，斯道弗繼。卿獨秉沖操，居今行古，有魏以來，首振頽俗，進可以光我朝化，退可以榮慰私門。」明根對曰：「臣桑榆之年，鍾鳴漏盡，蒙陛下之澤，首領獲全，待盡私庭，下奉先帝陛下大恩，臣之願也。但犬馬之戀，不勝悲塞。」因泣不自勝。高祖命之令進，言别殷勤，仍爲流涕。賜青紗單衣、委貌冠、被褥、錦袍等物。其年，以司徒尉元爲三老，明根爲五更，行禮辟雍。語在元傳。賜步挽一乘，給上卿之禄，供食之味，太官就第月送之。以定律令之勤，賜布帛一千匹、穀一千斛。後明根歸廣平，賜絹五百匹、安車一乘、馬二匹、幄帳被褥。車駕幸鄴，明根朝于行宫。詔曰：「游五更光素蓬簷，歸終衡里，可謂朝之舊德，國之老成。可賜帛五百匹、穀五百斛。」敕太官備送珍羞。後車駕幸鄴，又朝行宫，賜穀帛如前，爲造甲第。國有大事，恒璽書訪之。舊疹發動，手詔問疾，太醫送藥。太和二十三年卒於家，年八十一。世宗遣使弔祭，賻錢一十萬、絹三百匹、布二百匹，贈光禄大夫，加金章紫綬，謚靖侯。

明根歷官内外五十餘年，處身以仁和，接物以禮讓，時論貴之。高祖初，明根與高閭以儒老學業，特被禮遇，公私出入，每相追隨，而閭以才筆時侮明根，世號高、游焉。子肇襲爵。

肇，字伯始，高祖賜名焉。幼爲中書學生，博通經史及蒼、雅、林、説。高祖初，爲内祕書、侍御中散。司州初建，爲都官從事，轉通直郎、祕閣令，遷散騎侍郎、典命中大夫。車駕南伐，肇上表諫止，高祖不納。尋遷太子中庶子。

肇謙素敦重，文雅見任。以父老，求解官扶侍。高祖欲令遂禄養，乃出爲本州南安王楨鎮北府長史，帶魏郡太守。王薨，復爲高陽王雍鎮北府長史，太守如故。爲政清簡，加以匡贊，歷佐二王，甚有聲迹。數年，以父憂解任。

景明末，徵爲廷尉少卿，固辭，乃授黄門侍郎。遷散騎常侍，黄門如故。兼侍中，爲畿内大使，黜陟善惡，賞罰分明。轉太府卿，徙廷尉卿，兼御史中尉，黄門如故。肇，儒者，動存名教，直繩所舉，莫非傷風敗俗。持法仁平，斷獄務於矜恕。尚書令高肇，世宗之舅，爲百寮懾憚，以肇名與己同，欲令改易。肇以高祖所賜，秉志不許，高肇甚銜之。世宗嘉其剛梗。

盧昶之在朐山也，肇諫曰：「朐山蕞爾，僻在海濱，山湖下墊，民無居者，於我非急，於賊爲利。爲利，故必致死而爭之；非急，故不得已而戰。以不得已之衆，擊必死之師，恐稽延歲月，所費遂甚。假令必得朐山，徒致交爭，終難全守，所謂無益之田也。知賊將屢以宿豫求易朐山，臣愚謂此言可許。朐山久捍危弊，宜速審之。若必如此，宿豫不征而自伏。持此無用之地，復彼舊有之疆，兵役時解，其利爲大。」世宗將從之，尋而昶敗。

遷侍中。蕭衍軍主徐玄明斬其青冀二州刺史張稷首，以郁洲内附，朝議遣兵赴援。肇表曰：「玄明之款，雖奔救是當，然事有損益，或憚舉而功多，或因小而生患，不可必也。今六里、朐山，地實接海，陂湖下濕，人不可居。郁洲又在海中，所謂雖獲石田，終無所用。若不得連口，六里雖剋，尚不可守〔四〕，況方事連兵，而爭非要也。且六里於賊逾要〔五〕，去此閑遠。若以閑遠之兵，攻逼近之衆，其勢既殊，不可敵也。災儉之年，百姓飢弊，餓死者亦復不少。何以得宜靜之辰，興干戈之役？軍糧資運，取濟無所。唯見其損，未覩其益。且新附之民，服化猶近，特須安帖，不宜勞之。勞則怨生，怨生則思叛，思叛則不自安，不安則擾動。脱爾，則連兵難解。事不可輕。宜損茲小利，不使大損。」世宗並不納。

大將軍高肇伐蜀，肇諫曰：「臣聞：遠人不服，則修文德以來之。兵者凶器，不得已而後用。當今治雖太平，論征未可。何者？山東、關右，殘傷未復，頻年水旱，百姓空虛，宜在安靜，不宜勞役。然往昔開拓，皆因城主歸款，故有征無戰。今之據者〔六〕，雖假官號，真僞難分，或有怨於彼，不可全信。且蜀地險隘，稱之自古，鎮戍晏然，更無異趣，豈得虛承浮説，而動大軍。舉不慎始，悔將何及！討蜀之略，願俟後圖。」世宗又不納。

肅宗即位，遷中書令、光禄大夫，加金章紫綬，相州大中正。出爲使持節，加散騎常侍，鎮東將軍、相州刺史，有惠政。徵爲太常卿，遷尚書右僕射，固辭，詔不許。肇於吏事，斷決不速。主者諮呈，反覆論敍，有時不曉，至於再三，必窮其理，然後下筆，雖寵勢干請，終無回撓。方正之操，時人服之。及領軍元叉之廢靈太后，將害太傅、清河王懌，乃集公卿會議其事。於時羣官莫不失色順旨，肇獨抗言以爲不可，終不下署。正光元年八月卒，年六十九。詔給東園祕器、朝服一襲，賻帛七百匹。肅宗舉哀於朝堂。贈使持節、散騎常侍、驃騎大將軍、儀同三司、冀州刺史，謚文貞公。

肇外寬柔，内剛直，耽好經傳，手不釋書。治周易、毛詩，尤精三禮。爲易集解，撰冠婚儀、白珪論，詩賦表啓凡七十五篇，皆傳於世。謙廉不競，曾撰儒棊，以表其志焉。清貧寡欲，資仰俸禄而已。肇之爲廷尉也，世宗嘗私敕肇，有所降恕。肇執而不從，曰：「陛下自能恕之，豈足令臣曲筆也！」其執意如此。及肅宗初，近侍羣官豫在奉迎者，自侍中崔光已下並加封邑，時封肇文安縣開國侯，邑八百户。肇獨曰：「子襲父位，今古之常，因此獲封，何以自處？」固辭不應。論者高之。

子祥，字宗良，頗有學。歷祕書郎，襲爵新泰伯。遷通直郎、國子博士，領尚書郎中。肅宗以肇昔辭文安之封，復欲封祥，祥守其父意，卒亦不受。又追論肇前議清河，守正不屈，乃封祥高邑縣開國侯，邑七百户。孝昌元年卒，年三十六。贈征虜將軍、給事黄門侍郎、幽州刺史，謚曰文。

子皓，字賓多，襲。侍御史。早卒。
皓弟安居，襲爵新泰伯。武定中，司空墨曹參軍。齊受禪，爵例降。
明根叔父㶷，中書博士，濮陽、鉅鹿二郡太守。卒，贈冠軍將軍、相州刺史。
㶷孫馥，國子博士。
馥弟思進，尚書郎中。

劉芳，字伯文，彭城人也，漢楚元王之後也。六世祖訥，晉司隸校尉。祖該，劉義隆征虜將軍、青徐二州刺史。父邕，劉駿兗州長史。

芳出後伯父遜之，遜之，劉駿東平太守也。邕同劉義宣之事，身死彭城。芳隨伯母房逃竄青州，會赦免。舅元慶，爲劉子業青州刺史沈文秀建威府司馬，爲文秀所殺。芳母子入梁鄒城。慕容白曜南討青齊，梁鄒降，芳北徙爲平齊民，時年十六。南部尚書李敷妻，司徒崔浩之弟女；芳祖母，浩之姑也。芳至京師，詣敷門，崔恥芳流播，拒不見之。芳雖處窮窘之中，而業尚貞固，聰敏過人，篤志墳典。晝則傭書，以自資給，夜則讀誦，終夕不寢，至有易衣併日之弊，而澹然自守，不汲汲於榮利，不慼慼於賤貧，乃著窮通論以自慰焉。

芳常爲諸僧傭寫經論，筆迹稱善，卷直以一縑，歲中能入百餘匹，如此數十年〔七〕，賴以頗振。由是與德學大僧，多有還往。時有南方沙門惠度以事被責，未幾暴亡，芳因緣關知，文明太后召入禁中，鞭之一百。時中官李豐主其始末，知芳篤學有志行，言之於太后，太后微愧於心。會蕭賾使劉纘至，芳之族兄也，擢芳兼主客郎，與纘相接。尋拜中書博士。後與崔光、宋弁、邢產等俱爲中書侍郎，俄而詔芳與產入授皇太子經，遷太子庶子、兼員外散騎常侍。從駕洛陽，自在路及旋京師，恒侍坐講讀。芳才思深敏，特精經義，博聞强記，兼覽蒼、雅，尤長音訓，辨析無疑。於是禮遇日隆，賞賚豐渥，正除員外散騎常侍。俄兼通直常侍，從駕南巡，撰述行事，尋而除正。王肅之來奔也，高祖雅相器重，朝野屬目。芳未及相見。高祖宴羣臣於華林，肅語次云「古者唯婦人有笄，男子則無」。芳曰：「推經禮正文，古者男子婦人俱有笄。」肅曰：「喪服稱男子免而婦人髽，男子冠而婦人笄。如此，則男子不應有笄。」芳曰：「此專謂凶事也。禮：初遭喪，男子免，時則婦人髽；男子冠，時則婦人笄。言俱時變〔八〕，而男子婦人免髽、冠笄之不同也。又冠尊，故奪其笄稱。且互言也，非謂男子無笄。又禮内則稱：『子事父母，雞初鳴，櫛纚笄總。』以兹而言，男子有笄明矣。」高祖稱善者久之。肅亦以芳言爲然，曰：「此非劉石經邪？」昔漢世造三字石經於太學，學者文字不正，多往質焉。芳音義明辨，疑者皆往詢訪，故時人號爲劉石經。酒闌，芳與肅俱出，肅執芳手曰：「吾少來留意三禮，在南諸儒，亟共討論，皆謂此義如吾向言，今聞往釋，頓祛平生之惑。」芳理義精通，類皆如是。

高祖遷洛，路由朝歌，見殷比干墓，愴然悼懷，爲文以弔之。芳爲注解，表上之。詔曰：「覽卿注，殊爲富博。但文非屈宋，理慚張賈。既有雅致，便可付之集書。」詔以芳經學精洽，超遷國子祭酒。以母憂去官。高祖南征宛鄧，起爲輔國將軍、太尉長史，從太尉、咸陽王禧攻南陽。蕭鸞將裴叔業入寇徐州，疆埸之民，頗懷去就，高祖憂之，以芳爲散騎常侍、國子祭酒、徐州大中正，行徐州事。徙兼侍中，從征馬圈。高祖崩於行宮，及世宗即位，芳手加衮冕。高祖自襲斂暨于啓祖、山陵、練除，始末喪事，皆芳撰定。咸陽王禧等奉申遺旨，令芳入授世宗經。及南徐州刺史沈陵外叛，徐州大水，遣芳撫慰賑恤之。尋正侍中，祭酒、中正並如故。

芳表曰：「夫爲國家者，罔不崇儒尊道，學校爲先，誠復政有質文，茲範不易，諒由萬端資始，衆務稟法故也。唐虞已往，典籍無據；隆周以降，任居虎門。周禮大司樂云：『師氏，掌以𢧵詔王。居虎門之左，司王朝，掌國中失之事〔九〕，以教國子弟。』蔡氏勸學篇云：『周之師氏，居虎門左，敷陳六藝，以教國子。』今之祭酒，即周師氏。洛陽記：國子學宫與天子宫對〔一〇〕，太學在開陽門外。案學記云：『古之王者，建國親民，教學爲先。』鄭氏注云：『内則設師保以教，使國子學焉，外則有太學、庠序之官。』由斯而言，國學在内，太學在外，明矣。案如洛陽記，猶有仿像。臣愚謂：今既徙縣崧瀍，皇居伊洛，宫闕府寺，僉復故趾，至於國學，豈可舛替？校量舊事，應在宫門之左。至如太學，基所炳在，仍舊營構。又去太和二十年〔一一〕，發敕立四門博士，於四門置學。臣案：自周已上，學惟以一，或尚西，或尚東，或貴在國，或貴在郊。爰暨周室，學蓋有六。師氏居内，太學在國，四小在郊。禮記云周人『養庶老於虞庠，虞庠在國之四郊』〔一二〕，禮又云：『天子設四學，當入學而太子齒。』注云：『四學，周四郊之虞庠也。』案大戴保傅篇云：帝入東學，尚親而貴仁；帝入南學，尚齒而貴信；帝入西學，尚賢而貴德；帝入北學，尚貴而尊爵；帝入太學，承師而問道。周之五學，於此彌彰。案鄭注學記，周則六學。所以然者，注云：『内則設師保以教，使國子學焉，外則有太學、庠序之官。』此其證也。漢魏已降，無復四郊。謹尋先旨，宜在四門。案王肅注云：『天子四郊有學，去王都五十里。』考之鄭氏，不云遠近。今太學故坊，基趾寬曠，四郊别置，相去遼闊，檢督難周。計太學坊并作四門，猶爲太廣。以臣愚量，同處無嫌。且今時制置，多循中代，未審四學應從古不？求集名儒禮官，議其定所。」從之。

遷中書令，祭酒如故。出除安東將軍、青州刺史。爲政儒緩，不能禁止姦盜，廉清寡欲，無犯公私。還朝，議定律令。芳斟酌古今，爲大議之主，其中損益，多芳意也。世宗以朝儀多闕，其一切諸議，悉委芳修正。於是朝廷吉凶大事皆就諮訪焉。

轉太常卿。芳以所置五郊及日月之位，去城里數於禮有違，又靈星、周公之祀，不應隸太常，乃上疏曰：

臣聞國之大事，莫先郊祀，郊祀之本，寔在審位。是以列聖格言，彪炳綿籍；先儒正論，昭著經史。臣學謝全經，業乖通古，豈可輕薦瞽言，妄陳管說。竊見所置壇祠遠近之宜，考之典制，或未允衷，既曰職司，請陳膚淺。

孟春令云「其數八」，又云「迎春於東郊」。盧植云：「東郊，八里之郊也。」賈逵云：「東郊，木帝太昊，八里。」許慎云：「東郊，八里郊也。」鄭玄孟春令注云：「王居明堂。禮曰：王出十五里迎歲，蓋殷禮也。周禮，近郊五十里。」鄭玄別注云：「東郊，去都城八里。」高誘云：「迎春氣於東方，八里郊也。」王肅云：「東郊，八里，因木數也。」此皆同謂春郊八里之明據也。孟夏令云「其數七」，又云「迎夏於南郊」。盧植云：「南郊，七里郊也。」賈逵云：「南郊，火帝炎帝，七里。」許慎云：「南郊，七里郊也。」鄭玄云：「南郊，去都城七里。」高誘云：「南郊，七里之郊也。」王肅云：「南郊，七里，因火數也。」此又南郊七里之審據也。中央令云：「其數五。」盧植云：「中郊，五里之郊也。」賈逵云：「中兆，黃帝之位，并南郊之季，故云兆五帝於四郊也。」鄭玄云：「中郊，西南未地，去都城五里。」此又中郊五里之審據也。孟秋令云「其數九」，又曰：「迎秋於西郊」。盧植云：「西郊，九里郊。」賈逵云：「西郊，金帝少皞，九里。」許慎云：「西郊，九里郊也。」鄭玄云：「西郊，去都城九里。」高誘云：「西郊，九里之郊也。」王肅云：「西郊，九里，因金數也。」此又西郊九里之審據也。孟冬令云「其數六」，又云「迎冬於北郊」。盧植云：「北郊，六里郊也。」賈逵云：「北郊，水帝顓頊，六里。」許慎云：「北郊，六里郊也。」鄭玄云：「北郊，去都城六里。」高誘云：「北郊，六里之郊也。」王肅云：「北郊六里，因水數也。」此又北郊六里之審據也。宋氏含文嘉注云：「周禮，王畿千里，二十分其一以爲近郊。近郊五十里，倍之爲遠郊。迎王氣蓋於近郊。漢不設王畿，則以其方數爲郊處，故東郊八里，南郊七里，西郊九里，北郊六里，中郊在西南未地，五里。」祭祀志云：「建武二年正月，初制郊兆於雒陽城南七里。依採元始中故事，北郊在雒陽城北四里。」此又漢世南北郊之明據也。今地祇準此。至如三十里之郊，進乖鄭玄所引殷周二代之據，退違漢魏所行故事。凡邑外曰郊，今計四郊，各以郭門爲限，里數依上。

禮，朝拜日月，皆於東西門外。今日月之位，去城東西路各三十，竊又未審。禮又云：「祭日於壇，祭月於坎。」今計造如上。禮儀志云「立高禖祠于城南」，不云里數。故今仍舊。靈星本非禮事，兆自漢初，專爲祈田，恒隸郡縣。郊祀志云：「高祖五年[一三]，制詔御史，其令天下立靈星祠，牲用太牢，縣邑令長侍祠[一四]。」晉祠令云：「郡、縣、國祠稷、社、先農，縣又祠靈星。」此靈星在天下諸縣之明據也。周公廟所以別在洛陽者，蓋姬旦創成洛邑，故傳世洛陽，崇祠不絕，以彰厥庸。夷齊廟者，亦世爲洛陽界內神祠。今並移太常，恐乖其本。天下此類甚衆，皆當部郡縣修理，公私於之禱請。竊惟太常所司郊廟神祇，自有常限，無宜臨時斟酌以意，若遂爾妄營，則不免淫祀。二祠在太常，之在洛陽[一五]，於國一也，然貴在審本。

臣以庸蔽，謬忝今職，考括墳籍，博採羣議，既無異端，謂粗可依據。今玄冬務隙，野罄人閑，遷易郊壇，二三爲便。

詔曰：「所上乃有明據，但先朝置立已久，且可從舊。」

先是，高祖於代都詔中書監高閭、太常少卿陸琇并公孫崇等十餘人修理金石及八音之器。後崇爲太樂令，乃上請尚書僕射高肇，更共營理。世宗詔芳共主之。芳表以禮樂事大，不容輒決，自非博延公卿，廣集儒彥，討論得失，研窮是非，則無以垂之萬葉，爲不朽之式。被報聽許，數旬之間，頻煩三議。于時，朝士頗以崇專綜既久，不應乖謬，各嘿然無發論者。芳乃探引經誥，搜括舊文，共相難質，皆有明據，以爲盈縮有差，不合典式。崇雖示相酬答，而不會問意，卒無以自通。尚書述奏〔一六〕，仍詔委芳別更考制，於是學者彌歸宗焉。

芳以社稷無樹，又上疏曰：「依合朔儀注：日有變，以朱絲爲繩，以繞係社樹三匝。而今無樹。又周禮司徒職云：『設其社稷之壝，而樹之田主，各以其社之所宜木。』鄭玄注云：『所宜木，謂若松柏栗也。』此其一證也。又小司徒封人職云：『掌設王之社壝，爲畿封而樹之。』鄭玄注云：『不言稷者，王主於社，稷，社之細也。』此其二證也。又論語曰：『哀公問社於宰我，宰我對曰：夏后氏以松，殷人以柏，周人以栗。』是乃土地之所宜也。此其三證也。又白虎通云：『社稷所以有樹，何也？尊而識之也，使民望見即敬之〔一七〕，又所以表功也。』案此正解所以有樹之義，了不論有之與無也。此其四證也。此云『社稷所以有樹何』，然則，稷亦有樹明矣也。又五經通義云：『天子太社、王社，諸侯國社、侯社。制度奈何？曰：社皆有垣無屋，樹其中以木，有木者土，主生萬物，萬物莫善於木，故樹木也。』此其五證也。此最其丁寧備解有樹之意也。又五經要義云：『社必樹之以木。周禮司徒職曰：班社而樹之，各以土地所生。尚書逸篇曰：太社惟松，東社惟柏，南社惟梓，西社惟栗，北社惟槐。』此其六證也。此又太社及四方皆有樹别之明據也。又見諸家禮圖，社稷圖皆畫爲樹，唯誡社、誡稷無樹。此其七證也。雖辨有樹之據，猶未正所植之木。案論語稱『夏后氏以松，殷人以柏，周人以栗』，便是世代不同。而尚書逸篇則云『太社惟松，東社惟柏，南社惟梓，西社惟栗，北社惟槐』，如此，便以一代之中，而五社各異也。愚以爲宜植以松。何以言之？逸書云『太社惟松』，今者植松，不慮失禮。惟稷無成證，乃社之細，蓋亦不離松也。」世宗從之。

芳沈雅方正，槩尚甚高，經傳多通，高祖尤器敬之，動相顧訪。太子恂之在東宫，高祖欲爲納芳女，芳辭以年貌非宜。高祖歎其謙慎，更敕芳舉其宗女，芳乃稱其族子長文之女。高祖乃爲恂娉之，與鄭懿女對爲左右孺子焉。崔光於芳有中表之敬，每事詢仰。芳撰鄭玄所注周官儀禮音、干寶所注周官音、王肅所注尚書音、何休所注公羊音、范寧所注穀梁音、韋昭所注國語音、范曄後漢書音各一卷，辨類三卷，徐州人地録四十卷〔一八〕，急就篇續注音義證三卷，毛詩箋音義證十卷，禮記義證十卷，周官、儀禮義證各五卷。崔光表求以中書監讓芳，世宗不許。延昌二年卒，年六十一。詔賜帛四百匹，贈鎮東將軍、徐州刺史，謚文貞。

長子懌，字祖欣。雅有父風，頗好文翰。歷徐州别駕、兖州左軍府長史、司空諮議參軍。屢爲行臺出使，所歷皆有當官之稱。轉通直散騎常侍、徐州大中正、行郢州事，尋遷安南將軍、大司農卿。卒，贈鎮東將軍、徐州刺史，謚曰簡。無子，弟廞以第三子琰爲後。

琰，天平中，走江南。武定末，歸國，賜爵臨潁縣子。

懌弟廞，字景興。好學彊立，善事當世。高肇之盛及清河王懌爲宰輔，廞皆與其子姪交遊往來。靈太后臨朝，又與太后兄弟往還相好，太后令廞以詩賦授弟元吉。歷尚書郎、太尉屬、中書侍郎，冠軍將軍、行南青州事，尋徵安南將軍、光禄大夫。孝莊初，除國子祭酒，復以本官行徐州事。前廢帝時，除驃騎將軍、左光禄大夫。出帝初，除散騎常侍，遷驃騎大將軍，復領國子祭酒。出帝於顯陽殿講孝經，廞爲執經，雖訓答論難未能精盡，而風彩音制足有可觀。尋兼都官尚書，又兼殿中尚書。及出帝入關，齊獻武王至洛，責廞而誅之，時年五十二。

子鷟，字子昇。少有風氣，頗涉文史。弱冠，州辟主簿，奉使詣闕，見莊帝於顯陽殿，問以邊事。鷟應對閑敏，帝善之，遂敕除員外散騎侍郎。出補徐州開府從事中郎。父廞之死，鷟率勒鄉部赴兖州，與刺史樊子鵠抗禦王師，每戰流涕突陳。城陷，擒送晉陽，齊獻武王矜而赦之。文襄王之爲儀同開府，以鷟爲屬。本州大中正。武定初，轉中書舍人，加安東將軍。於時與蕭衍和通，鷟前後受敕接對其使十六人。出爲司徒右長史，未幾遷左長史。六年，受使兗州，行達東郡，暴疾卒，時人嗟惜之。追贈本將軍、南青州刺史。

廞弟悦，永安中，開府記室。

悦弟樾，武定中，鎮南將軍、金紫光禄大夫。

樾弟粹，徐州别駕、朱衣直閤。粹少尚氣俠，兄廞死，粹招合部曲，就兗州刺史樊子鵠，謀應關西。大將軍攻討〔一九〕，城陷，殺之。

芳叔撫之，孫思祖，勇健有將略。高祖末入朝，歷羽林監，梁、沛二郡太守，員外常侍。屢爲統軍南征，累著功捷。任城王之圍鍾離也，蕭衍遣其冠軍將軍張惠紹及彭甕、張豹子等率衆一萬送糧鍾離。時思祖爲平遠將軍，領兵數千邀衍餉軍於邵陽，遣其長史元龜步騎一千〔二〇〕於鍾離之北遏其前鋒，録事參軍繆琰掩其後，思祖身率精鋭横衝其陳，三軍合擊，大破之，擒惠紹及衍驍騎將軍、祁陽縣開國男趙景悦，悦弟寧遠將軍景脩、寧遠將軍梅世和、屯騎校尉任景攸、長水校尉邊欣、越騎校尉賈慶真、龍驤將軍徐敞等，俘斬數千人。尚書論功擬封千户侯。思祖有二婢，美姿容，善歌舞，侍中元暉求之不得，事遂停寢。後除揚烈將軍、遼西太守。思祖於路叛奔蕭衍，衍以思祖爲輔國將軍、北徐州刺史，頻寇淮北。數年而死。

纘子晰，歷蕭衍琅邪、東莞二郡太守，戍朐山。朐山人王萬壽斬晰，送首，以朐山内附，并晰子䟫於京師。數年後，以䟫爲給事中、汝陽太守。正光初，自郡南叛。

芳從子懋，字仲華。祖泰之，父承伯，仕於劉彧，並有名位。懋聰敏好學，博綜經史，善草隸書，多識奇字。世宗初入朝，拜員外郎。遷尚書外兵郎中，加輕車將軍。芳甚重之，凡所撰制朝廷軌儀，皆與參量。尚書博議，懋與殿中郎袁翻常爲議主。達於從政，臺中疑事，咸所訪決。受詔參議新令。性沈雅厚重，善與人交，器宇淵曠，風流甚美，時論高之，尚書李平與之結莫逆之友。遷步兵校尉，領郎中，兼東宫中舍人。轉員外常侍、鎮遠將軍，領考功郎中，立考課之科，明黜陟之法，甚有條貫。

肅宗初，大軍攻硤石，懋爲李平行臺郎中，城拔，懋頗有功。太傅、清河王懌愛其風雅，常目而送之曰：「劉生堂堂，搢紳領袖，若天假之年，必爲魏朝宰輔。」詔懋與諸才學之士，撰成儀令。懌爲宰相積年，禮懋尤重，令諸子師之。遷太尉司馬。熙平二年冬，暴病卒。家甚清貧，亡之日，徒四壁而已。太傅懌及當時才儁莫不痛惜之。贈持節、前將軍、南秦州刺史，謚曰宣簡。懋詩誄賦頌及諸文筆，見稱於時，又撰諸器物造作之始十五卷，名曰物祖。

子筠，字士貞。自員外散騎侍郎，歷河南郡丞、中散大夫、徐州大中正、祕書丞。天平初卒。贈前將軍、徐州刺史。子規，早卒。

筠弟竽，字士文。少而聰惠。年十二，詣尚書王衍，衍與語大奇之，遂與太傅李延寔、祕書李凱上疏薦之，拜祕書郎。竽亦善士。興和元年卒，年二十八。無子，兄子矩繼。

懋從叔元孫，養志丘園，不求聞達。高祖幸彭城，起家拜蘭陵太守。治以清靜爲名。卒官。

子長文，高祖擢爲南兗州冠軍府長史，帶譙郡太守。被圍糧竭，固節全城，以功賜爵下邑子。遷魯郡太守。高祖爲太子恂納其女爲孺子。卒。

子敬先，襲爵。

敬先弟徽，奉朝請，徐州治中。

長文弟永，字履南。頗有將略，累著征戰之勤。歷位中散大夫、龍驤將軍。神龜中，兼大鴻臚卿，持策拜高麗王安。還，除范陽太守。

芳族兄僧利，輕財通俠，甚得鄉情。高祖幸徐州，引見，善之，拜徐州別駕。遷沛郡太守。後遂從容鄉里，不樂臺官。積十餘年，朝議慮其有二志，徵拜輕車將軍、羽林監。卒官。

長子世雄，至太山太守。

世雄弟世明，字伯楚，頗涉書傳。自奉朝請稍遷蘭陵太守、彭城内史。屬刺史元法僧以城外叛，遂送蕭衍。衍欲加封爵，世明固辭不受，頻請衍乞還，衍聽之。肅宗時，徵爲諫議大夫。孝莊末，除征虜將軍、南兗州刺史。時尒朱世隆等威權自己，四方怨叛，城民王乞得逼劫世明，據州歸蕭衍。衍封世明開國縣侯，食邑千户，征西大將軍、郢州刺史，又加儀同三司。世明復辭不受，固請北歸。衍不奪其意，乃躬餞之於樂遊苑。世明既還，奉送所持節，身歸鄉里。自是不復入朝，常以射獵爲適。興和三年卒於家。贈驃騎大將軍、儀同三司、徐州刺史。

子禕，字彦英。武定末，冠軍將軍、中散大夫。

初，蘭陵繆儼靈奇，與彭城劉氏才望略等。及彭城内附，靈奇弟子承先隨薛安都至京師，賜爵襄賁子，尋還徐州，數十年間，了無從宦者。世宗末，承先子彦植襲爵，見敍，稍遷伏波將軍、羽林監。彦植恭慎長厚，爲時所稱。

時滎陽鄭演，仕劉彧爲琅邪太守。屬徐州刺史薛安都將謀内附，演贊成其事。顯祖初入朝，以功除冠軍將軍、彭城太守、洛陽侯。後拜太中大夫，改爵雲陽伯。卒，贈幽州刺史，謚曰懿。其子孫因此遂家彭、泗。

子長猷，以父勳起家，拜寧遠將軍、東平太守。尋轉沛郡。入爲南主客郎中、太尉屬，襲爵雲陽伯。車駕南伐，既剋宛城，拜長猷南陽太守。及鑾輿將反，詔長猷曰：「昔曹公剋荆州，留滿寵於後。朕今委卿此郡，兼統戎馬，非直綏初附，以扞城相託。」特賜縑二百匹。高祖崩於南陽，斂於其郡。尋徵護軍長史。世宗初，壽春歸欵，兼給事黄門侍郎，持節宣慰。及任城王爲揚州刺史，詔長猷爲諮議參軍，帶安豐太守。轉徐州武昌王府長史，帶彭城内史。徵拜諫議大夫，轉司徒諮議，遷通直散騎常侍。永平五年卒。謚曰貞侯。

子廓，襲。卒。

子元休，襲。興和中，睢州刺史。齊受禪，爵例降。

元休弟凴，字元祐。武定中，司徒從事中郎。

史臣曰：游明根雅道儒風，終受非常之遇，以太和之盛，當乞言之重，抑亦曠世一時。肇既聿修，克隆堂構，正情梗氣，顛沛不渝，辭爵主幼之年〔三〕，亢節臣權之日，顧視羣公，其風固以遠矣。劉芳矯然特立，沈深好古，博通洽識，爲世儒宗，亦當年之師表也。懋才流識學，有名士之風。見重於世，不虛然矣。

校勘記

〔一〕高宗踐阼　「高宗」，原作「高祖」，北史卷三四游雅傳作「文成」。按下云「使於劉駿」，宋孝武帝劉駿在位當魏高宗文成帝時。又下文歷稱「顯祖初」、「高祖初」，此處「祖」顯爲「宗」字之訛，今據改。下「高宗以其小心敬慎」同改。

〔二〕敕南征沔西仇城連口三道諸軍　「沔西」「仇城」，疑爲「海西」「朐城」之訛。按此南征「三道諸軍」指太和四年八月爭角城之戰事，據本書卷七上高祖紀上，當時魏軍有「出朐城」、「出海西」、「出連口」、「出角城」、「出下蔡」諸道。海西、朐城、連口三地當今江蘇連雲港市及淮安市境內，俱與沔西無涉。「沔西」當即紀之「海西」，「仇城」别無所見，當即紀之「朐城」。

〔三〕便已許其告辨　「告辨」，册府卷八九九作「告謝」，疑是。

〔四〕若不得連口六里雖剋尚不可守　「不得連口」，三朝本、南監本、北監本、殿本作「不待連兵」，宋本册府卷四七二作「不得田連口」。

〔五〕六里於賊逾要　「逾要」，宋本册府卷四七二作「近要」，疑是。按通鑑卷一四七梁紀三天監十二年二月作「要近」。胡注云：「要，謂海道之要；近，謂南近江淮。」「近要」與下「閑遠」對文。

〔六〕今之據者　冊府卷五三〇作「今之向化者」，文義較明白。

〔七〕如此數十年　「數十年」，北史卷四二劉芳傳作「數年」。考芳北徙當在魏皇興二年。傳稱「擢芳兼主客郎，與纘相接」，始任官。南齊書卷五七魏虜傳記劉纘使魏在永明元年，即魏太和七年。其間十六年，不只「數年」，亦無「數十年」。疑此處本作「十數年」，「十數」誤倒爲「數十」。

〔八〕言俱時變　「時」，原作「則」，據北監本、汲本、殿本、局本、北史卷四二劉芳傳改。按此處作「則」於文義不通，北監本以下疑亦是據北史改。

〔九〕掌國中失之事　「失」字原闕，據冊府卷六〇三補。按周禮大司徒有「失」字，鄭注：「中，中禮者也；失，失禮者也。」

〔一〇〕國子學宮與天子宮對　「學宮」，原作「學官」；下一「宮」字原闕，據三朝本、南監本、北監本、殿本改補。

〔一一〕又去太和二十年　「去」，原作「云」，據三朝本、汲本、局本、冊府卷六〇三改。按此追述往事，作「去」是。

〔一二〕虞庠在國之四郊　「四郊」，原作「西郊」，據北史卷四二劉芳傳改。按禮記王制、內則並作「西郊」。孫志祖讀書脞録續編引北史此傳，以爲傳本禮記作「西郊」誤。孫說是非，今可不論，但據劉芳疏，此段本說四門置學事，上文明言「四小在郊」，下文引鄭注，又言「四學，周四郊之虞庠也」。則劉芳所據禮記本作「四郊」。

〔三〕高祖五年 「五年」，疑是「八年」之誤。按史記卷二八封禪書、漢書卷二五上郊祀志上並先云「二年」，又云「後四歲」，始言「其後二歲」立靈星祠，則是八年。後漢書志第九祭祀志下、通典卷四四禮四更明記爲「漢興八年」。

〔四〕縣邑令長侍祠 「侍」，原作「得」，據北史卷四二劉芳傳、册府卷五八〇改。按後漢書志第九祭祀志下、通典卷四四禮四並作「侍」。

〔五〕二祠在太常之在洛陽 「之」，三朝本、南監本、北監本、殿本、局本、北史卷四二劉芳傳無。按册府卷五八〇亦有「之」字。

〔六〕尚書述奏 「述奏」上北史卷四二劉芳傳、册府卷五八〇有「依事」二字。按册府採魏書而與北史同，疑此脱二字。

〔七〕使民望見即敬之 「見即」，原作「即見」，據北監本、殿本、北史卷四二劉芳傳、册府卷五七七改。按白虎通社稷正作「使民望見即敬之」。

〔八〕徐州人地録四十卷 「四十卷」，北監本、汲本、殿本、局本、北史卷四二劉芳傳作「二十卷」。按册府卷六〇六作「徐州兆人録四十卷」，疑北監本以下據北史而改。

〔九〕大將軍攻討 「將」字疑衍。按「大將軍」下不具人名，本書卷八〇樊子鵠傳，當時領兵攻子鵠、劉粹者爲婁昭，乃領軍將軍而非大將軍。

〔三〇〕遣其長史元龜步騎一千　「步」，原作「少」，據册府卷三五三改。

〔三一〕辭爵主幼之年　「之」，原作一字空格，三朝本、南監本注「闕」，今據北監本、汲本、殿本、永樂大典卷八八四二引魏書列傳補。

魏書卷五十六

列傳第四十四

鄭義　崔辯

鄭義，字幼驎，滎陽開封人，魏將作大匠渾之八世孫也。曾祖豁，慕容垂太常卿。父曄，不仕，娶于長樂潘氏，生六子，粗有志氣，而羲第六，文學爲優。弱冠舉秀才，尚書李孝伯以女妻之。高宗末，拜中書博士。

天安初，劉彧司州刺史常珍奇據汝南來降，顯祖詔殿中尚書元石爲都將赴之，并招慰淮汝，遣羲參石軍事。到上蔡，珍奇率文武三百人來迎，既相見，議欲頓軍於汝北，未即入城。羲謂石曰：「機事尚速，今珍奇雖來，意未可量，不如直入其城，奪其管籥，據有府庫，雖出其非意，要以全制爲勝。」石從羲言，遂策馬徑入其城。城中尚有珍奇親兵數百人，在珍奇宅内。石既剋城，意益驕怠，置酒嬉戲，無警防之虞。義謂石曰：「觀珍奇甚有不平之色，可嚴兵設備，以待非常。」其夜，珍奇果使人燒府廂屋，欲因救火作難，以石有備，乃止。明旦，義齎白虎幡慰郭邑，衆心乃定。

明年春，又引軍東討汝陰。劉彧汝陰太守張超城守不下，石率精鋭攻之，不克，遂退至陳項，議欲還軍長社，待秋擊之。諸將心樂早還，咸稱善計。義曰：「今張超驅市人，負擔石〔一〕，蟻聚窮城，命不延月，宜安心守之。超食已盡，不降當走，可翹足而待，成擒物也。而欲棄還長社，道塗懸遠，超必修城深壍，多積薪穀，將來恐難圖矣。」石不納，遂旋師長社。至冬，復往攻超，超果設備，無功而還。歷年，超死，楊文長代戍，食盡城潰，乃剋之，竟如義策。淮北平，遷中書侍郎。

延興初，陽武人田智度，年十五，妖惑動衆，擾亂京索。以義河南民望，爲州郡所信，遣義乘傳慰諭。義到，宣示禍福，重加募賞，旬日之間，衆皆歸散。智度奔潁川，尋見擒斬。以功賜爵平昌男，加鷹揚將軍。

高祖初，兼員外散騎常侍，假寧朔將軍、陽武子，使於劉準。中山王叡〔二〕，寵幸當世，並置王官，義爲其傅。是後歷年不轉，資産亦乏，因請假歸，遂磐桓不返。及李沖貴寵，與義姻好，乃就家徵爲中書令。文明太后爲父燕宣王立廟於長安，初成，以義兼太常卿，假滎陽侯，具官屬，詣長安拜廟，刊石建碑於廟門。還，以使功，仍賜侯爵，加給事中。出爲安東將軍、西兗州刺史，假南陽公。羲多所受納，政以賄成。性又嗇吝，民有禮餉者，皆不與杯酒臠肉，西門受羊酒，東門酤賣之。以李沖之親，法官不之糾也。酸棗令鄭伯孫、鄄城令童騰、别駕賈德、治中申靈度，並在任廉貞，勤恤百姓，羲皆申表稱薦，時論多之。文明太后爲高祖納其女爲嬪，徵爲祕書監。

太和十六年卒，贈帛五百匹。尚書奏謚曰宣，詔曰：「蓋棺定謚，先典成式，激揚清濁，治道明範。故何曾幼孝，良史不改『繆醜』之名；賈充寵晉，直士猶立『荒公』之稱。羲雖宿有文業，而治闕廉清。稽古之効，未光於朝策；昧貨之談，已形於民聽。謚以善問，殊乖其衷。又前歲之選，匪由備行充舉，自荷後任，勳績未昭。尚書何乃情遺至公，愆違明典！依謚法：博聞多見曰『文』，不勤成名曰『靈』。可贈以本官，加謚文靈。」

長子懿，字景伯。涉歷經史，善當世事。解褐中散，尚書郎，稍遷驃騎長史、尚書吏部郎、太子中庶子，襲爵滎陽伯。懿閑雅有治才，爲高祖所器遇，拜長兼給事黄門侍郎、司徒左長史。世宗初，以從弟思和同咸陽王禧之逆，與弟通直常侍道昭俱坐緦親出禁。拜太常少卿，加冠軍將軍，出爲征虜將軍、齊州刺史，尋進號平東將軍。懿好勸課，善斷決，雖不潔清，義然後取，百姓猶思之。永平三年卒。贈本將軍、兗州刺史，謚曰穆。

子恭業，襲爵。武定三年，坐與房子遠謀逆，伏誅。

懿弟道昭，字僖伯。少而好學，綜覽羣言。初爲中書學生，遷祕書郎，拜主文中散，從員外散騎侍郎、祕書丞、兼中書侍郎。

從征沔漢，高祖饗侍臣於懸瓠方丈竹堂，道昭與兄懿俱侍坐焉。樂作酒酣，高祖乃歌曰：「白日光天兮無不曜〔三〕，江左一隅獨未照。」彭城王勰續歌曰：「願從聖明兮登衡會，萬國馳誠混江外。」鄭懿歌曰：「雲雷大振兮天門闢，率土來賓一正歷。」邢巒歌曰：「舜舞干戚兮天下歸，文德遠被莫不思。」道昭歌曰：「皇風一鼓兮九地匝，戴日依天清六合。」高祖又歌曰：「遵彼汝墳兮昔化貞，未若今日道風明。」宋弁歌曰：「文王政教兮暉江沼，寧如大化光四表。」高祖謂道昭曰：「自比遷務雖猥，與諸才儁不廢詠綴，遂命邢巒總集敍記。當爾之年，卿頻丁艱禍，每眷文席，常用慨然。」尋正除中書郎，轉通直散騎常侍。北海王詳爲司徒，以道昭與琅邪王秉爲諮議參軍。

遷國子祭酒，道昭表曰：「臣竊以爲：崇治之道，必也須才；養才之要，莫先於學。今國子學堂房粗置，弦誦闃爾。城南太學，漢魏石經，丘墟殘毀，藜藿蕪穢，遊兒牧豎，爲之歎息，有情之輩，實亦悼心，況臣親司，而不言露。伏願天慈回神紆眄，賜垂鑒察。若臣微意，萬一合允，求重敕尚書、門下，考論營制之模，則五雍可翹立而興，毀銘可不日而就。樹舊經於帝京，播茂範於不朽。斯有天下者之美業也。」不從。

廣平王懷爲司州牧，以道昭與宗正卿元匡爲州都。道昭又表曰：「臣聞唐虞啓運，以文德爲本；殷周致治，以道藝爲先。然則，禮樂者爲國之基，不可斯須廢也。是故周敷文教，四海宅心；魯秉周禮，彊齊歸義。及至戰國紛紜，干戈遞用，五籍灰焚，羣儒坑殄，賊仁義之經，貴戰爭之術，遂使天下分崩，黔黎荼炭，數十年間，民無聊生者，斯之由矣。爰暨漢祖，於行陳之中，尚優引叔孫通等。光武中興於撥亂之際，乃使鄭衆、范升校書東觀。降逮魏晉，何嘗不殷勤於篇籍，篤學於戎伍。伏惟大魏之興也，雖羣凶未殄，戎馬在郊，然猶招集英儒，廣開學校，用能闡道義於八荒，布盛德於萬國，教靡不懷，風無不偃。今者乘休平之基，開無疆之祚，定鼎伊瀍，惟新寶曆，九服感至德之和，四垠懷擊壤之慶。而蠢爾閩吴，阻化江湫，先帝爰震武怒，戎車不息。而停鑾佇蹕，留心典墳，命故御史中尉臣李彪與吏部尚書、任城王澄等妙選英儒，以崇文教。澄等依旨，置四門博士四十人，其國子博士、太學博士及國子助教，宿已簡置。伏尋先旨，意在速就，但軍國多事，未遑營立。自爾迄今，垂將一紀，學官凋落，四術寢廢。遂使碩儒耆德，卷經而不談；俗學後生，遺本而逐末。進競之風，寔由於此矣。伏惟陛下欽明文思，玄鑒洞遠。越會未款，務修道以來之；

遐方後服，敷文教而懷之。垂心經素，優柔墳籍。將使化越軒唐，德隆虞夏。是故屢發中旨，敦營學館，房宇既修，生徒未立。臣學陋全經，識蔽篆素，然往年刪定律令，謬預議筵。謹依準前修，尋訪舊事，參定學令，事訖封呈。自爾迄今，未蒙報判。但廢學歷年，經術淹滯。請學令并制，早敕施行，使選授有依，生徒可準。」詔曰：「具卿崇儒敦學之意，良不可言。新令尋班，施行無遠，可謂職思其憂，無曠官矣。」

道昭又表曰：「竊惟鼎遷中縣，年將一紀，縉紳褫業，俎豆闕聞，遂使濟濟明朝，無觀風之美，非所以光國宣風，納民軌義。臣自往年以來，頻請學令，並置生員，前後累上，未蒙一報，故當以臣識淺濫官，無能有所感悟者也。館宇既修，生房粗構，博士見員，足可講習。雖新令未班，請依舊權置國子學生，漸開訓業，使播教有章，儒風不墜，後生覩徒義之機，學徒崇知新之益。至若孔廟既成，釋奠告始，揖讓之容，請俟令出。」不報。

遷祕書監、滎陽邑中正。出爲平東將軍、光州刺史，轉青州刺史，將軍如故。復入爲祕書監，加平南將軍。熙平元年卒，贈鎮北將軍、相州刺史，謚曰文恭。

道昭好爲詩賦，凡數十篇。其在二州，政務寬厚，不任威刑，爲吏民所愛。

子嚴祖，頗有風儀〔四〕，粗觀文史。歷通直郎、通直常侍。輕躁薄行，不修士業，傾側勢家，乾没榮利，閨門穢亂，聲滿天下。出帝時，御史中尉綦儁劾嚴祖與宗氏從姊姦通。

人士咸恥言之，而嚴祖聊無愧色。孝靜初，除驃騎將軍、左光禄大夫、鴻臚卿。出爲北豫州刺史，仍本將軍。罷州還，除鴻臚卿。卒，贈都督豫兗潁三州諸軍事、□□將軍、司空公、豫州刺史。

嚴祖弟敬祖，性亦麤疎。起家著作佐郎。鄭儼之敗也，爲鄉人所害。

敬祖弟述祖，武定中，尚書。

述祖弟遵祖，祕書郎。卒，贈輔國將軍、光州刺史。

遵祖弟順[五]，卒於太常丞。

自靈太后預政，淫風稍行，及元叉擅權，公爲姦穢。自此素族名家，遂多亂雜，法官不加糾治，婚宦無貶於世，有識咸以歎息矣。

羲五兄：長白驎，次小白，次洞林，次叔夜，次連山。並恃豪門，多行無禮，鄉黨之内，疾之若讎。

白驎孫道慓，隨郡太守。

小白，中書博士。

子胤伯，有當世器幹。自中書博士遷侍郎，轉司空長史。高祖納其女爲嬪。出爲建威將軍、東徐州刺史，轉廣陵王征東府長史，帶齊郡内史。卒於鴻臚少卿，謚曰簡。

子希儁，未官而亡。子道育，武定中，開封太守。

希儁弟幼儒，好學修謹，時望甚優。丞相、高陽王雍以女妻之。歷尚書郎、通直郎、司州别駕，有當官之稱。卒，贈散騎常侍、安東將軍、兖州刺史，謚景。幼儒亡後，妻淫蕩兇悖，肆行無禮。子敬道、敬德，並亦不才，俱走於關右。幼儒從兄伯猷每謂所親曰：「從弟人才，足爲令德，不幸得如此婦，今死復重死，可爲悲嘆。」

胤伯弟平城，太尉諮議。廣陵王羽納其女爲妃。出爲東平原太守。性清狂使酒，爲政貪殘。卒，贈征虜將軍、南青州刺史。

長子伯猷，博學有文才，早知名。舉司州秀才，以射策高第，除幽州平北府外兵參軍，轉太學博士，領殿中御史。與當時名勝，咸申遊款。肅宗釋奠，詔伯猷録義。安豐王延明之征徐州也，引爲行臺郎中。事寧還都，遷尚書外兵郎中，典起居注，以軍功賜爵陽武子。稍遷散騎常侍、平東將軍。前廢帝初，以舅氏超授征東將軍、金紫光禄大夫，領國子祭酒。久之，爲車騎將軍、右光禄大夫，轉護軍將軍。元象初，以本官兼散騎常侍使於蕭衍。前後使人，蕭衍令其侯王於馬射之日宴對申禮。伯猷之行，衍令其領軍將軍臧盾與之相接。議者以此貶之。使還，除驃騎將軍、南青州刺史。在州貪惏，妻安豐王元延明女，專爲聚斂，貨賄公行，潤及親戚。户口逃散，邑落空虚。乃誣良民，云欲反叛，籍其資財，盡以入己，誅其丈夫，婦女配没。百姓怨苦，聲聞四方。爲御史糾劾，死罪數十條，遇赦免，因以頓廢。齊文襄王作相，每誡厲朝士，常以伯猷及崔叔仁爲論。武定七年，除太常卿。其年卒，年六十四。贈驃騎大將軍、中書監、兗州刺史。

伯猷弟仲衡，武定中，儀同開府中郎。

仲衡弟輯之，解褐奉朝請，領侍御史，以軍功賜爵城皋男。稍遷黎陽太守。屬元顥入洛，令其舅范遵鎮守滑臺，與輯之隔岸相對。遵潛軍夜渡，規欲掩襲，輯之率厲城民，拒河擊之，遵遂遁走。朝廷嘉之，除司州别駕。尋轉司空長史，遷鎮南將軍、金紫光禄大夫。孝靜初，除征南將軍、東濟北太守，帶肥城戍主，男如故。天平四年卒，時年四十九。贈都督北豫梁二州諸軍事、驃騎將軍、度支尚書、北豫州刺史。

輯之弟懷孝〔六〕，武定中，司徒諮議。

洞林子敬叔〔七〕，司州都官從事、滎陽邑中正、濮陽太守。坐貪穢除名。

子籍，字承宗。徐州平東府長史。

籍弟瓊，字祖珍，有彊幹之稱。自太尉諮議爲范陽太守，治頗有聲。卒，贈太常少卿。孝昌中，弟儼寵要，重贈安東將軍、青州刺史。瓊兄弟雍睦，其諸娣姒亦咸相親愛，閨門之内有無相通，爲時人所稱美。子道邕，歿關西。儼事在恩倖傳。

敬叔弟士恭，燕郡太守。孝昌中，因儼之勢，除衞尉少卿，尋遷左將軍、瀛州刺史。時葛榮寇竊河北，州城淪陷，不獲之鎮。尋除征北將軍、金紫光禄大夫，又遷衞將軍、右光禄大夫。永熙中卒。贈驃騎將軍、冀州刺史，重贈尚書左僕射，謚曰貞。

長子子貞，司空掾。遷從事中郎、南兗州開府司馬。

子貞弟子湛，齊濟二州長史、光禄大夫。

子湛弟昭伯，武定中，東平太守。

昭伯弟子嘉，早卒。

子大護，武定中，司空户曹參軍。

叔夜子伯夏，司徒諮議、東萊太守。卒，贈冠軍將軍、太常少卿、青州刺史。

子忠，字周子。右軍將軍、鎮遠將軍。卒，贈平東將軍、徐州刺史。

伯夏弟謹，字仲恭。琅邪太守。

弟豪，長水校尉、東平原太守。

子嵩賓，歷尚書郎、員外常侍，稍遷至左光禄大夫。卒。

連山，性嚴暴，撾撻僮僕，酷過人理。父子一時爲奴所害，斷首投馬槽下，乘馬北逝。

其第二子思明，驍勇善騎射，披髮率村義，馳騎追之，及於河。奴乘馬投水，思明止將從不聽放矢，乃自射之，一發而中，落馬隨流，衆人擒執至家，臠而殺之。思明及弟思和，並以武功自効。思明至驍騎將軍、直閤將軍，坐弟思和同元禧逆徙邊。會赦，卒於家。後贈冠軍將軍、濟州刺史。

子先護，少有武幹。解褐員外郎，轉通直郎。莊帝之居藩也，先護深自結託。及尒朱榮稱兵向洛，靈太后令先護與鄭季明等固守河梁，先護聞莊帝即位於河北，遂開門納榮。以功封平昌縣開國侯，邑七百户。轉通常侍〔八〕，加鎮北將軍。尋除前將軍、廣州刺史、假平南將軍、當州都督。時妖賊劉舉於濮陽起逆，詔先護以本官爲東道都督討舉平之。還鎮。後元顥入洛，莊帝北巡，先護據州起義兵，不受顥命。顥遣尚書令、臨淮王彧率衆討之〔九〕，先護出城拒戰。莊帝還京，嘉其誠節，除使持節、散騎常侍、都督襄廣二州諸軍事、鎮南將軍，刺史如故，進爵郡公，增邑一千三百户。尋轉征西將軍、東雍州刺史、假車騎將軍、當州都督，常侍如故。未之任，又轉都督二豫東雍三州諸軍事、征東將軍、豫州刺史，餘官如故。又兼尚書右僕射、二豫郢潁四州行臺。尋除車騎將軍、左衞將軍。及尒朱榮死，徐州刺史尒朱仲遠擁兵向洛，前至東郡。諸軍出討，不能制之。乃詔先護以本官假驃騎將軍、大都督，領所部與行臺楊昱同討之。莊帝又遣都督賀拔勝討仲遠，勝於陳降賊，戰士離心。尋聞京師不守，先護部衆逃散，遂竄伏於南境。前廢帝初，仲遠遣人招誘之，既出而害焉。出帝時，贈持節、都督青齊濟兗四州諸軍事、驃騎大將軍、儀同三司、青州刺史，開國如故。

思和，歷太尉中兵參軍。同元禧之逆，伏法。

子康業，通直郎。出帝時，坐事賜死。

子彬，武定末，齊王相國中兵參軍。

思和弟季長，太學博士。卒。

子喬，歷司州治中、驃騎將軍、左光禄大夫。

羲叔父簡，簡孫尚，壯健有將略。屢爲統軍，東西征討，以軍功賜爵汝陽男。歷位尚書郎、步兵校尉、驍騎將軍，遷輔國將軍、太尉司馬。出爲濟州刺史，將軍如故。爲政寬簡，百姓安之。卒，贈本將軍、豫州刺史，謚曰惠。

子貴賓，襲。解褐北海王國常侍，員外散騎侍郎，稍遷尚書金部郎。以公坐免官。久之，兼太尉屬。卒，贈征虜將軍、荆州刺史。

子景裕，襲。武定末，儀同開府行參軍。

貴賓弟次珍，卒於員外常侍。贈安東將軍、光州刺史。

貴賓異母弟大倪、小倪。皆麤險薄行，好爲劫盜，侵暴鄉里，百姓毒患之。普泰中，並爲尒朱仲遠所殺。

尚從父兄雲，字道漢。歷雁門、濮陽二郡，貪穢狼籍。肅宗時，納賄劉騰，得爲龍驤將軍、安州刺史。坐選舉受財，爲御史所糾，因暴病卒。

雲從父兄子敬賓，自祕書郎稍遷輔國將軍、中散大夫、魏郡太守、金紫光禄大夫。

子士淵，司空行參軍。

義從父兄德玄。顯祖初，自淮南内附，拜滎陽太守。

子穎考，太和中，復爲滎陽太守。卒，贈冠軍將軍、豫州刺史、開封侯，謚曰惠。

子洪建，太尉祭酒。同元禧之逆，與弟祖育同伏法。永安中，特追贈平東將軍、齊州刺史。

子士機，性識不周，多有短失。歷散騎侍郎、司空從事中郎、中書郎。卒。

子道蔭，武定末，開府行參軍。

祖育，太尉祭酒。亦特贈平東將軍、豫州刺史。

祖育弟仲明，奉朝請，稍遷太尉屬。以公彊當世，爲從弟儼所昵，除滎陽太守。儼慮世難，欲以東道託之。建義初，仲明弟季明遇害河陰。儼後歸之，欲與起兵，尋爲城民所殺。

仲明兄洪健，李沖女壻。建義初，莊帝以仲明舅氏之親，其弟與謀扶戴，仲明之死也，且有奉國之意，乃追封安平縣開國侯，邑七百户，贈侍中、車騎大將軍、儀同三司、尚書左僕射、雍州刺史。

長子道門，仲明初謀起義，令道門説大都督李叔仁於大梁。叔仁始欲同舉，後聞莊帝已立，叔仁子拔江乃斬道門。建義中，特贈立節將軍、瓜州刺史。

道門弟孝邕，襲。天保初，爵隨例降。

仲明弟季亮，司徒城局參軍、員外常侍。卒，贈散騎常侍、撫軍將軍、青州刺史。

季亮弟季明，釋褐太學博士。正光中，譙郡太守，帶渦陽戍主。頻爲蕭衍遣將攻圍，兵糧寡少，外援不接，季明孤城自守，卒得保全。朝廷嘉之，封安德縣開國伯，邑七百户。累遷平東將軍、光禄少卿。武泰中，潛通尒朱榮，謀奉莊帝。及在河陽，遂爲亂兵所害。事寧，追封南潁川郡開國公，食邑千五百户，贈驃騎大將軍、尚書左僕射、司空公、定州刺史。

子昌，襲。武定末，司徒城局參軍。天保初，爵隨例降。

崔辯，字神通，博陵安平人。學涉經史，風儀整峻。顯祖徵拜中書博士。散騎侍郎、平遠將軍、武邑太守。政事之餘，專以勸學爲務。年六十二，卒。贈安南將軍、定州刺史，謚曰恭。

長子景儁，梗正有高風，好古博涉。以經明行修，徵拜中書博士。歷侍御史、主文中散。受敕接蕭賾使蕭琛、范雲，高祖賜名爲逸。後爲員外散騎侍郎，與著作郎韓興宗參定朝儀。雅爲高祖所知重，遷國子博士，每有公事，逸常被詔獨進。博士特命，自逸始。轉通直散騎常侍、廷尉少卿。卒，朝廷悼惜之，贈以本官。

子巨倫，字孝宗。幼孤，及長，歷涉經史，有文學武藝。以世宗挽郎，除冀州鎮北府墨曹參軍、太尉記室參軍。

叔楷爲殷州，巨倫仍爲長史、北道別將。在州陷賊，斂恤亡存，爲賊所義。葛榮聞其才名，欲用爲黄門侍郎。巨倫心惡之。至五月五日，會集官寮，令巨倫賦詩，巨倫乃曰：

「五月五日時，天氣已大熱。狗便呀欲死，牛復吐出舌。」以此自晦，獲免。未幾，潛結死士數人，夜中南走，逢賊遊騎數百，俱恐不濟。巨倫曰：「寧南死一寸，豈北生一尺也！」便欺賊曰：「吾受敕而行。」賊不信，共爇火觀敕。火未然，巨倫手刃賊帥，餘人因與奮擊，殺傷數十人，賊乃四潰，得馬數匹而去。夜陰失道，惟看佛塔户而行。到洛，朝廷嘉之，授持節、別將北討。初，楷喪之始，巨倫收殯倉卒，事不周固，至是遂偷路改殯，并竊家口以歸。尋授國子博士。

莊帝即位，假節、中堅將軍、東濮陽太守，假征虜將軍、別將。時河北紛梗，人士避賊，多住郡界，歲儉飢乏，巨倫傾資贍恤，務相全濟，時類高之。元顥入洛，據郡不從。莊帝還宮，行西兗州事，封漁陽縣開國男，邑二百户，尋除光禄大夫。三年卒，時年四十四。子武，襲。武定中，懷州衞軍府録事參軍。齊受禪，爵例降。

初，巨倫有姊，明惠有才行，因患眇一目，内外親類莫有求者，其家議欲下嫁之。巨倫姑，趙國李叔胤之妻，高明慈篤，聞而悲感曰：「吾兄盛德，不幸早世，豈令此女屈事卑族！」乃爲子翼納之，時人歎其義。崔氏與翼書詩數十首，辭理可觀。

逸弟模，字叔軌。身長八尺，圍亦如之。出後其叔。雅有志度。起家奉朝請，歷太尉祭酒、尚書金部郎中、太尉主簿，轉中郎，遷太子家令。以公事免。神龜中，詔復本資，除冠軍將軍、中散大夫。出除魯陽太守。正光二年，襄陽民密求款附，詔模爲别將，隸淮南王世遵，率衆赴之。事覺，模焚襄陽邑郭而還。坐不剋，免官。及蕭寶夤討關隴，引模爲西征别將，屢有戰功，除持節、光禄大夫、都督别道諸軍事，加安東將軍。万俟醜奴遣將郝虎南侵，模攻破其營，擒虎。以功封槐里縣開國伯，邑五百户。於時將督敗歿者多，模挫敵持重，號爲名將。後假征東將軍、行岐州事。未幾，擊賊入深，没於陳。贈撫軍將軍、相州刺史。永熙中，追録前勳，又贈都督定相冀三州諸軍事、驃騎大將軍、儀同三司、相州刺史。子士護。

模弟楷，字季則。美風望，性剛梗，有當世幹具。釋褐奉朝請，員外散騎侍郎、廣平王懷文學。正始中，以王國官非其人，多被刑戮，惟楷與楊昱以數諫獲免。後爲尚書左主客郎中、伏波將軍、太子中舍人、左中郎將。以黨附高肇，爲中尉所劾，事在高聰傳。楷性嚴烈，能摧挫豪彊，故時人語曰：「莫䲦都買反䲦孤楷反，付崔楷。」

於時冀定數州，頻遭水害，楷上疏曰：

臣聞有國有家者，莫不以萬姓爲心，故矜傷軫於造次，求瘼結於寢興。黎民阻飢，唐堯致歎；衆庶斯饉，帝乙罰己。良以爲政與農，實繫民命。水旱緣兹以得濟，夷險用此而獲安。頃東北數州，頻年淫雨，長河激浪，洪波汩流，川陸連濤，原隰通望，彌漫不已，汎濫爲災。户無擔石之儲，家有藜藿之色。華壤膏腴，變爲舄鹵；菽麥禾黍，化作萑蒲。斯用痛心徘徊，潸然佇立也。

昔洪水爲害四載，流於夏書；九土既平攸同，紀自虞誥。亮由君之勤恤，臣用劬勞，日昃忘餐，宵分廢寢。伏惟皇魏握圖臨宇，總契裁極，道敷九有，德被八荒，槐階棘路，實維英哲，虎門、麟閣，寔曰賢明，天地函和，日月光曜。自比定冀水潦，無歲不飢；幽瀛川河，頻年汎溢。豈是陽九厄會，百六鍾期，故以人事而然，非爲運極。昔魏國鹹舄，史起哂之；兹地荒蕪，臣實爲恥〔一〇〕。不揆愚瞽，輒敢陳之。

計水之湊下，浸潤無間，九河通塞，屢有變改，不可一準古法，皆循舊隄。何者？河決瓠子，梁楚幾危；宣防既建，水還舊迹。十數年間，户口豐衍。又決屯氏，兩川分流，東北數郡之地，僅得支存。及下通靈、鳴，水田一路，往昔膏腴，十分病九，邑居凋離，墳井毁滅。良由水大渠狹，更不開瀉，衆流壅塞，曲直乘之所致也。至若量其逶迤，穿鑿涓澮，分立隄堨，所在疏通，預決其路，令無停蹙。隨其高下，必得地形，土木參功，務從便省。使地有金隄之堅，水有非常之備。鈎連相注，多置水口，從河入海，遠邇逕過〔一一〕，瀉其墝潟，泄此陂澤。九月農罷，量役計功，十月昏正，立匠表度。

縣遣能工，麾畫形勢；郡發明使，籌察可否。審地推岸，辨其脈流；樹板分崖，練厥從往。別使案檢，分剖是非〔三〕，瞰睇川原，明審通塞。當境修治，不勞役遠，終春自罷，未須久功。即以高下營田，因於水陸，水種秔稻，陸藝桑麻。必使室有久儲，門豐餘積。

其實上葉禦災之方，亦爲中古井田之利。即之近事，有可比倫。江淮之南，地勢洿下，雲雨陰霖，動彌旬月。遥途遠運，惟用舟艫；南畝畬菑，微事耒耜。而衆庶未爲饉色，黔首罕有飢顏。豈天德不均，致地偏罰，故是地勢異圖，有兹豐餒。臣既鄉居水際，目覩荒殘，每思鄭白，屢想王李。夙宵不寐，言念皇家，愚誠丹款，實希效力，有心螢爝，乞暫施行。使數州士女，無廢耕桑之業；聖世洪恩，有賑飢荒之士。鄴宰深笑，息自一朝；臣之至誠，申於今日。

詔曰：「頻年水旱爲患，黎民阻飢，静言念之，昃不遑食〔三〕，鑒此事條，深協在慮。但計畫功廣，非朝夕可合，宜付外量聞。」事遂施行。楷用功未就，詔還追罷。久之，京兆王繼爲大將軍西討，引楷爲司馬。還，轉後將軍、廣平太守。後葛榮轉盛，諸將拒擊，並皆失利。孝昌初，加楷持節、散騎常侍、光禄大夫、兼尚書北道行臺，尋轉軍司。未幾，分定相二州四郡置殷州，以楷爲刺史，加後將軍。楷至州，表曰：「竊惟殷州地實四衝，居當五裂；西通長山，東漸巨野。頃國路康寧，四方有截，仍聚姦宄，桴鼓時鳴。況今天長喪亂，妖災間起。定州逆虜，趑趄北界；鄴下兇燼，竊噬腹心。兩處犬羊，勢足并合〔一四〕，城下之戰，匪暮斯朝。臣以不武，屬此屏捍，實思効力，以弱敵彊，析骸煮弩，固此忠節。但基趾造創，庶事茫然，升儲尺刃，聊自未有，雖欲竭誠，莫知攸濟。謹列所須兵仗，請垂矜許。必當虎視一方，遏其侵軼，肅清境內，保全所委。」詔付外量，竟無所給。

葛榮自破章武、廣陽二王之後，鋒不可當。初楷將之州，人咸勸留家口，單身述職。楷曰：「貪人之禄，憂人之事〔一五〕，如一身獨往，朝廷謂吾有進退之計，將士又誰肯爲人固志也？」遂合家赴州。三年春，賊勢已逼，或勸減小弱以避之，乃遣第四女、第三兒夜出。既而召寮屬共論之，咸曰：「女郎出嫁之女，郎君小未勝兵，留之無益，去復何損。且使君在城，家口尚多，足固將士之意，竊不足爲疑。」楷曰：「國家豈不知城小力弱也，置吾死地，令吾死耳！一朝送免兒女，將謂吾心不固。虧忠全愛，臧獲恥之，況吾荷國重寄也。」遂命追還。州既新立，了無禦備之具。及賊來攻，楷率力抗拒，彊弱勢懸，每勒兵士撫厲之，莫不爭奮，咸稱：「崔公尚不惜百口，吾等何愛一身〔一六〕！」連戰半旬〔一七〕，死者相枕。力竭城陷，楷執節不屈，賊遂害之，時年五十一。長子士元舉茂才，平州録事參軍、假征虜將軍、防城都督，隨楷之州，州陷，亦戰殁。楷兄弟父子，並死王事，朝野傷歎焉。贈使持節、散騎常侍、鎮軍將軍、定州刺史。永熙中，又特贈侍中、都督冀定相三州諸軍事、驃騎大將軍、儀同三司、冀州刺史。

士元弟士謙、士約，並歿關西。

士約弟士順，儀同開府行參軍。

士元息勵德，武定中，司徒城局參軍。

史臣曰：鄭義機識明悟，爲時所許，懿兄弟風尚，俱有可觀，故能並當榮遇，其濟美矣。嚴祖穢薄，忝其家世。幼儒令問促年，伯猷賄以敗業，惜乎！崔辯器業著聞，位不遠到。逸經明行高，籍甚太和之日，德優官薄，仍世恨之。模雄壯之烈，楷忠貞之操，殺身成義，臨難如歸。非大丈夫亦何能以若此！

校勘記

〔一〕今張超驅市人負擔石　原作「今張超樞市負擔右」，訛脱不可通，北監本、汲本、殿本作「今張超驅市負簷石」，仍脱「人」字。今據南監本、局本、北史卷三五鄭羲傳、册府卷四五二及卷七二一改補。

〔二〕中山王叡　張森楷云：「『王』下當更有一『王』字。」按本書對異姓王公例必書姓，此處疑脱一「王」字。然他處亦多如此。又，本書於宗室王公例不書姓，但偶亦有書姓者，如本卷鄭道昭傳附鄭伯猷傳見「安豐王元延明」。

〔三〕白日光天兮無不曜　「兮」字原闕，據三朝本、南監本、殿本、北史卷三五鄭道昭傳、册府卷一〇九、御覽卷五七〇引後魏書補。按下君臣唱和，首句均有「兮」字，此不得獨無。

〔四〕頗有風儀　「風儀」，原作「禮儀」，據北監本、汲本、殿本、局本、北史卷三五鄭道昭傳附鄭嚴祖傳改。按下稱嚴祖「不修士業」，極言其人品卑劣，自不得謂其「頗有禮儀」。

〔五〕遵祖弟順　「順」下北史卷三五鄭道昭傳有「祖」字，疑是。按鄭道昭五子都以「祖」字排行，不應獨順單名。

〔六〕輯之弟懷孝　「懷孝」，三朝本、南監本作「懷考」。

〔七〕洞林子敬叔　「子」，原作「字」，獨殿本作「子」，考證云：「鄭羲五兄，長白驎、次小白、次洞林、次叔夜、次連山，遂各序其子某、孫某。今觀下文有云『敬叔弟士恭』，則可知敬叔、士恭皆洞林子，而非其字矣。今改正。」按北史卷三五鄭羲傳正作「子」。今據改。

〔八〕轉通常侍　「通」下疑脱「直」字。按本書常簡稱通直散騎常侍爲通直常侍，「通常侍」未見其例。上言先護爲通直郎，升通直常侍，乃是常例。

〔九〕顥遣尚書令臨淮王彧率衆討之　「尚書令」，原作「上書令」，獨殿本作「尚書令」。按本書卷一八臨淮王譚傳附元彧傳以北史補，不載此事，但云彧於莊帝即位後，自梁還，「累除位尚書令」云云。元顥入洛，當仍居此官。「上書令」未見其例，殿本或是以理改，今據改。

〔一〇〕臣實爲恥　「恥」，原作「取」，據册府卷四九七改。

〔一一〕遠邇逕過　「過」，册府卷四九七作「通」。

〔一二〕分剖是非　「分剖」，原作「分部」，據册府卷四九七改。

〔一三〕昃不遑食　「遑」，原作「違」，據南監本、册府卷四九七改。

〔一四〕勢足并合　「足」，册府卷四三〇作「若」。

〔一五〕貪人之禄憂人之事　「貪」，册府卷三七二作「食」。

〔一六〕吾等何愛一身　「一」字原闕，據北史卷三二崔辯傳附崔楷傳、册府卷三七二補。按「一身」與上「百口」相對。册府採魏書而與北史同，知傳本脱去。

〔一七〕連戰半旬　「連」，原作「速」，據册府卷三七二改。按半旬即不得云速，「速」爲「連」之形訛。

魏書卷五十七

列傳第四十五

高祐　崔挺

高祐，字子集，小名次奴，勃海人也。本名禧，以與咸陽王同名，高祖賜名祐。司空允從祖弟也。祖展，慕容寶黄門郎，太祖平中山，内徙京師，卒於三都大官。父讜，從世祖滅赫連昌，以功拜游擊將軍，賜爵南皮子。與崔浩共參著作，遷中書侍郎。轉給事中、冀青二州中正。假散騎常侍、平東將軍、蓨縣侯，使高麗。卒，贈安南將軍、冀州刺史、假滄水公，謚曰康。祐兄祚，襲爵，東青州刺史。

祐博涉書史，好文字雜説，材性通放，不拘小節。初拜中書學生，轉博士、侍郎。以祐招下邵郡羣賊之功，賜爵建康子。高宗末，兖州東郡吏獲一異獸，獻之京師，時人咸無識者。詔以問祐，祐曰：「此是三吳所出，厥名鯪鯉，餘域率無，今我獲之，吳楚之地，其有歸國者乎？」又有人於零丘得玉印一以獻，詔以示祐，祐曰：「印上有籀書二字，文曰『宋壽』。壽者，命也，我獲其命，亦是歸我之徵。」顯祖初，劉義隆子義陽王昶來奔，薛安都等以五州降附，時謂祐言有驗。

高祖拜祕書令。後與丞李彪等奏曰：

臣等聞典謨興，話言所以光著；載籍作，成事所以昭揚。然則尚書者記言之體，春秋者錄事之辭。尋覽前志，斯皆言動之實錄也。夏殷以前，其文弗具。自周以降，典章備舉。史官之體，文質不同；立書之旨，隨時有異。至若左氏，屬詞比事，兩致並書，可謂存史意，而非全史體。逮司馬遷、班固，皆博識大才，論敍今古，曲有條章，雖周達未兼，斯寔前史之可言者也。至於後漢、魏、晉，咸以放焉。

惟聖朝創制上古，開基長發，自始均以後，至於成帝，其間世數久遠，是以史弗能傳。臣等疏陋，忝當史職，披覽國記，竊有志焉。愚謂自王業始基，庶事草創，皇始以降，光宅中土，宜依遷固大體，令事類相從，紀傳區別，表志殊貫，如此脩綴，事可備盡。伏惟陛下先天開物，洪宣帝命，太皇太后淳曜二儀，惠和王度，聲教之所漸洽，風譯之所覃加，固已義振前王矣。加太和以降，年未一紀，然嘉符禎瑞，備臻於往時；

洪功茂德，事萃於曩世。會稽佇玉牒之章，岱宗想石記之列。而祕府策勳，述美未盡。將令皇風大猷，或闕而不載；功臣懿績，或遺而弗傳。著作郎已下，請取有才用者，參造國書，如得其人，三年有成矣。然後大明之德功，光于帝篇；聖后之勳業，顯于皇策。佐命忠貞之倫，納言司直之士，咸以備著載籍矣。

高祖從之。

高祖從容問祐曰：「比水旱不調，五穀不熟，何以止災而致豐稔？」祐對曰：「昔堯湯之運，不能去陽九之會，陛下道同前聖，其如小旱何？但當旌賢佐政，敬授民時，則災消穰至矣。」又問止盜之方，祐曰：「昔宋均樹德〔一〕，害獸不過其鄉；卓茂善教，蝗蟲不入其境。彼盜賊者，人也，苟訓之有方，寧不易息。當須宰守貞良，則盜止矣。」祐又上疏云：「今之選舉，不採職治之優劣〔二〕，專簡年勞之多少，斯非盡才之謂。宜停此薄藝，棄彼朽勞，唯才是舉，則官方斯穆。又勳舊之臣，雖年勤可録，而才非撫人者，則可加之以爵賞，不宜委之以方任，所謂王者可私人以財，不私人以官者也。」高祖皆善之。加給事中、冀州大中正，餘如故。時李彪專統著作，祐爲令，時相關豫而已。

出爲持節、輔國將軍、西兗州刺史，假東光侯，鎮滑臺。祐以郡國雖有太學，縣黨宜有黌序，乃縣立講學，黨立小學〔三〕。又令一家之中，自立一碓，五家之外，共造一井，以供行客，不聽婦人寄春取水。又設禁賊之方，令五五相保，若盜發則連其坐，初雖似煩碎，後風化大行，寇盜止息。

轉宋王劉昶傅。以昔參定律令之勤，賜帛五百匹、粟五百石、馬一匹。昶以其官舊年耆，雅相祇重，妓妾之屬，多以遺之。拜光禄大夫，傅如故。昶薨後，徵爲宗正卿，而祐留連彭城，久而不赴。於是尚書僕射李沖奏祐散逸淮徐，無事稽命，處刑三歲，以贖論。詔免卿任，還復光禄。太和二十三年卒。太常議謚曰煬侯，詔曰：「不遵上命曰『靈』，可謚爲靈。」

子和璧，字僧壽，有學問。中書博士。早卒。

和璧子顥，字門賢，學涉有時譽。自司空參軍轉員外郎，襲爵建康子，遷符璽郎中。出爲冀州別駕，未之任，屬刺史元愉據州反，世宗遣尚書李平爲都督，率衆討之。平以顥彼州領袖，乃引爲録事參軍，仍領統軍，軍機取捨，多與參決。擒愉之後，別黨千餘人皆將伏法，顥以爲擁逼之徒，前許原免，宜爲表陳請。平從之，於是咸蒙全濟。事定，顥仍述職。時軍旅之後，因之飢饉，顥爲綱紀，務存寬靜，甚收時譽。尋加陵江將軍。坐事免。久之，除鎮遠將軍，遷輔國將軍、中散大夫，轉征虜將軍，仍中散。卒，時年四十九。贈平東將軍、滄州刺史，謚曰惠。

子德正，襲。武定中，黄門侍郎。

顥弟雅，字興賢，有風度。自給事中稍遷司徒府録事參軍、定州撫軍府長史。卒，年三十四。天平中，追贈散騎常侍、平北將軍、冀州刺史。

子德乾，早有令問。任城太守。卒。

雅弟諒，字脩賢。少好學，多識强記，居喪以孝聞。太和末，京兆王愉開府辟召，高祖妙簡行佐，諒與隴西李仲尚、趙郡李鳳起等同時應選。稍遷太尉主簿、國子博士。正光中，加驍騎將軍，爲徐州行臺。至彭城，屬元法僧反叛，逼諒同之，諒不許，爲法僧所害，時年四十一。朝廷痛惜之，贈左將軍、滄州刺史。又下詔，以諒臨危授命，誠節可重，復贈使持節、平北將軍、幽州刺史，贈帛二百匹，優一子出身，謚曰忠侯。三子。長惠勝，武定中，司徒外兵參軍。諒造親表譜録四十許卷，自五世已下，内外曲盡。覽者服其博記。

祐弟欽，幼隨從叔濟使於劉義隆，還爲中書學生，遷祕書中散。年四十餘，卒。

子法永，諸王從事中郎。亦早亡。

祐從父弟次同，永安末，撫軍將軍、定州刺史。

子乾邕，永熙中，司空公、長樂郡開國公。

乾邕弟敫曹，天平中，司徒公、京兆郡開國公。

崔挺，字雙根，博陵安平人也。六世祖贊，魏尚書僕射。五世祖洪，晉吏部尚書。父鬱，濮陽太守。

挺幼居喪盡禮。少敦學業，多所覽究，推人愛士，州閭親附焉。每四時與鄉人父老書相存慰，辭旨款備，得者榮之。三世同居，門有禮讓。於後頻值飢年，家始分析，挺與弟振推讓田宅舊資，惟守墓田而已。家徒壁立，兄弟怡然，手不釋卷。時穀糴踊貴，鄉人或有贍者，遺挺，辭讓而受，仍亦散之貧困，不爲畜積，故鄉邑更欽歎焉。

舉秀才，射策高第，拜中書博士，轉中書侍郎。以工書，受敕於長安書文明太后父燕宣王碑，賜爵泰昌子。轉登聞令，遷典屬國下大夫。以參議律令，賜布帛八百匹、穀八百石、馬牛各二。尚書李沖甚重之。高祖以挺女爲嬪。太和十八年，大將軍、宋王劉昶南鎮彭城，詔假立義將軍，爲昶府長史，以疾辭免，乃以王肅爲長史。其被寄遇如此。

後除昭武將軍、光州刺史，威恩並著，風化大行。十九年，車駕幸兗州，召挺赴行在所。及見，引諭優厚。又問挺治邊之略，因及文章。高祖甚悅，謂挺曰：「別卿已來，倏焉二載，吾所綴文，已成一集，今當給卿副本，時可觀之。」又顧謂侍臣曰：「擁旄者悉皆如此，吾何憂哉。」復還州。及散騎常侍張彝兼侍中巡行風俗，見挺政化之美，謂挺曰：「彝受使省方，採察謡訟，入境觀政，實愧清使之名。」州治舊掖城，西北數里有斧山，峯嶺高峻，北臨滄海，南望岱嶽，一邦遊觀之地也。挺於頂上欲營觀宇，故老曰：「此嶺秋夏之際，常有暴雨迅風，巖石盡落，相傳云是龍道，恐此觀不可久立。」挺曰：「人神相去，何遠之有？虬龍倏忽，豈唯一路乎！」遂營之。數年間，果無風雨之異。挺既代，即爲風雹所毁，於後作，復尋壞，遂莫能立。衆以爲善化所感。

時以犯罪配邊者多有逃越，遂立重制，一人犯罪逋亡，合門充役。挺上書，以爲周書父子罪不相及。天下善人少，惡人多，以一人犯罪，延及合門。司馬牛受桓魋之罰，柳下惠嬰盜跖之誅，豈不哀哉！辭甚雅切，高祖納之。先是，州内少鐵，器用皆求之他境，挺表復鐵官，公私有賴。諸州中正，本在論人，高祖將辨天下氏族，仍亦訪定，乃遥授挺本州大中正。

掖縣有人，年踰九十，板輿造州。自稱少曾充使林邑，得一美玉，方尺四寸，甚有光彩，藏之海島，垂六十歲。忻逢明治，今願奉之。挺曰：「吾雖德謝古人，未能以玉爲寶。」遣船隨取，光潤果然。竟不肯受，仍表送京都。世宗即位，累表乞還。景明初見代，老幼泣涕追隨，縑帛贈送，挺悉不納。

散騎常侍趙脩得幸世宗，挺雖同州壤，未嘗詣門。北海王詳爲司徒、録尚書事，以挺爲司馬，挺固辭不免。世人皆歎其屈，而挺處之夷然。於後詳攝選，衆人競稱考第，以求遷敍，挺終獨無言。詳曰：「崔光州考級並未加授，宜投一牒，當爲申請。」蘧伯玉恥獨爲君子，亦何故嘿然？」挺對曰：「階級是聖朝大例，考課亦國之恒典。下官雖慚古賢不伐之美，至於自衒求進，竊以羞之。」詳大相稱歎。自爲司馬，詳未曾呼名，常稱州號，以示優禮。四年卒，時年五十九。其年冬，贈輔國將軍、幽州刺史，謚曰景。光州故吏聞凶問，莫不悲感，共鑄八尺銅像於城東廣因寺，起八關齋，追奉冥福，其遺愛若此。

初，崔光之在貧賤也，挺贍遺衣食，常親敬焉。又識邢巒、宋弁於童稚之中，並謂終當遠致。世稱其知人。歷官二十餘年，家資不益，食不重味，室無綺羅，閨門之內，雍雍如也。舊故多有贈賵，諸子推挺素心，一無所受。有子六人。

長子孝芬，字恭梓。早有才識，博學好文章。高祖召見，甚嗟賞之。李彪謂挺曰：「比見賢子謁帝，旨諭殊優，今當爲羣拜紀。」挺曰：「卿自欲善處人父子之間，然斯言吾所不敢聞也。」

司徒、彭城王勰板爲行參軍，後除著作郎，襲父爵。尚書令高肇親寵權盛，子植除青州刺史，啓孝芬爲司馬。後除司徒記室參軍、司空屬、定州大中正，長於剖判，甚有能名，府主任城王澄雅重之。熙平中，澄奏地制八條，孝芬所參定也。在府久之，除龍驤將軍、廷尉少卿。

孝昌初，蕭衍遣將裴邃等寇淮南。詔行臺酈道元、都督河間王琛討之，停師城父，累月不進。敕孝芬持節齎齊庫刀〔四〕，催令赴接，賊退而還。荆州刺史李神儁爲蕭衍遣將攻圍，詔加孝芬通直散騎常侍，以將軍爲荆州刺史，兼尚書南道行臺，領軍司，率諸將以援神儁，因代焉。於時，州郡内戍悉已陷没，且路由三鵶，賊已先據。孝芬所統既少，不得徑進，遂從弘農堰渠山道南入，遣弟孝直輕兵在前，出賊不意，賊便奔散，人還安堵。肅宗嘉勞之，并賚馬及綿絹等物。

後以元叉之黨，與盧同、李獎等並除名，徵還。又孝芬爲廷尉之日，章武王融以贓貨被劾，孝芬按以重法。及融爲都督，北討鮮于脩禮，於時孝芬弟孝演率勒宗從，避賊於博陵，郡城爲賊攻陷，尋爲賊所害。融乃密啓，云：「孝演入賊爲王。」遂見收捕，合家逃竄，遇赦乃出。

孝昌三年，蕭衍將成景儁率衆逼彭城，除孝芬寧朔將軍、員外常侍、兼尚書右丞，爲徐州行臺。孝芬將發，入辭。靈太后謂孝芬曰：「卿女今事我兒，與卿便是親舊，曾何相負？而内頭元叉車中，稱『此老嫗會須却之』。」孝芬曰：「臣蒙國厚恩，義無斯語。假實有此，誰能得聞？若有聞知，此於元叉親密過臣遠矣。乞對言者，足辨虚實。」靈太后悵然意解，乃有媿色。景儁築棚造堰，謀斷泗水以灌彭城。孝芬率大都督李叔仁、柴集等赴戰〔五〕，景儁等力屈退走。除孝芬安南將軍、光禄大夫、兼尚書，爲徐兖行臺。

建義初，太山太守羊侃據郡反，遠引南賊，圍逼兖州。除孝芬散騎常侍、鎮東將軍、金紫光禄大夫，仍兼尚書東道行臺。大都督刁宣馳往救援，與行臺于暉接，至便圍之。侃突圍奔蕭衍，餘悉平定。

永安二年，莊帝聞元顥有内侵之計，敕孝芬南赴徐州。顥遂潛師向考城，擒大都督、濟陰王暉業，乘勝徑進，遣其後軍都督侯暄守梁國城以爲後援。孝芬勒諸將馳往圍暄，恐顥遺援，乃急攻之，晝夜不息。五日，暄遂突出，擒斬之，俘其卒三千餘人。莊帝還宫，授西兖州刺史，將軍如故。孝芬久倦外役，固辭不行，乃除太常卿。

普泰元年，南陽太守趙脩延襲據荆州城，囚刺史李琰之，招引南寇。除孝芬衛將軍、荆州刺史，兼尚書南道行臺。又除都督三荆諸軍事、車騎將軍、假驃騎將軍。孝芬已出次，改授散騎常侍、驃騎將軍、西兖州刺史。太昌初，兼殿中尚書。尋除車騎大將軍、左光禄大夫，仍尚書。後加儀同三司、兼吏部尚書。

出帝入關，齊獻武王至洛，與尚書辛雄、劉廞等並誅，時年五十。沒其家口，天平中乃免之。

孝芬博文口辯〔六〕，善談論，愛好後進，終日忻然，商搉古今，間以嘲謔，聽者忘疲。所有文章數十篇〔七〕。有子八人。

長子勉，字宣祖。頗涉史傳，有几案才。正光初，除太學博士。莊帝之爲御史中尉，啓除侍御史。永安初，除建節將軍、尚書右中兵郎中。後太尉、豫章王蕭贊啓爲諮議參軍，郎中如故。以舉人失衷，爲中尉高道穆奏免其官。普泰中，兼尚書右丞〔八〕。勉善附會，世論以浮競譏之。爲尚書令尒朱世隆所親待，而尚書郎魏季景尤爲世隆知任，勉與季景內頗不穆。季景陰求右丞，奪勉所兼。世隆啓用季景，勉遂悵怏自失。尋除安南將軍、光禄大夫、兼國子祭酒，典儀注。太昌初，除散騎常侍、征東將軍、金紫光禄大夫、定州大中正，敕左右廂出入。其家被收之際，在外逃免。於後乃出，見齊獻武王於晉陽，王勞撫之。天平末，王遣勉送勳貴妻子赴定州，因得還家。屬母李氏喪亡，勉哀號過性，遇病卒，時年四十七。無子，弟宣度以子龍後之。

勉弟宣猷，司徒中郎，走於關西。

宣猷弟宣度，齊王儀同開府司馬。

宣度弟宣軌，頗有才學。尚書考功郎中。與弟宣質、宣靜、宣略，並死於晉陽。

孝芬弟孝暐，字敬業。少寬雅，早著長者之風。彭城王勰之臨定州，辟爲主簿。釋褐冀州安東府外兵參軍，歷員外散騎侍郎、寧朔將軍、員外散騎常侍。武泰初，蠻首李洪扇動諸蠻，詔孝暐持節爲別將，隸都督李神軌討平之。尒朱榮之害朝士，孝暐與弟孝直攜家避難定陶。孝莊初，徵拜通直散騎常侍，加征虜將軍，尋除趙郡太守。郡經葛榮離亂之後，民户喪亡，六畜無遺，斗粟乃至數縑，民皆賣鬻兒女。夏椹大熟，孝暐勸民多收之。郡内無牛，教其人種。招撫遺散，先恩後威，一周之後，流民大至。興立學校，親加勸篤，百姓賴之。卒於郡，時年四十九。贈通直散騎常侍、平東將軍、瀛州刺史，謚曰簡。朝議謂爲未申，復贈安北將軍、定州刺史。

子昂，武定中，尚書左丞、兼度支尚書。

孝暐弟孝演，字則伯，出繼伯父。性通率，美鬚髯，姿貌魁傑。少無宦情，沉浮鄉里。河間王琛爲定州刺史，以爲治中。晚除瀛州安西府外兵參軍，因罷歸。及鮮于脩禮起逆，孝演率宗屬保郡城，爲賊攻陷。賊以孝演民望，恐移衆心，乃害之，時年四十。無子，弟孝直以子士遊爲後。士遊，儀同開府倉曹參軍。

孝演弟孝直，字叔廉。身八尺，眉目踈朗。早有志尚，起家司空行參軍。尋爲員外散騎侍郎、宣威將〔九〕，仍以本官入領直後。轉寧遠將軍、汝南王開府掾，領直寢。兄孝芬除荆州，詔孝直假征虜將軍、别將，總羽林二千騎，與孝芬俱行。孝直潛師徑進，賊遂破走。孝芬入城後，蕭衍將曹義宗仍在馬圈，鼓動順陽蠻夷，緣邊寇竊。孝直率衆禦之，賊皆退散。還轉直閤將軍、通直散騎常侍。尒朱兆入洛，孝直以天下未寧，去職歸鄉里，勸督宗人，務行禮義。後除安東將軍、光禄大夫，太昌中，又除衞將軍、右光禄大夫，並辭不赴。宗親勸孝直曰：「榮華人之所願，何故陸沈？」孝直不答。年五十八，卒於鄉里，顧命諸子曰：「吾才疏效薄，於國無功，若朝廷復加贈謚，宜循吾意，不得祗受，若致干求，則非吾子，斂以時服，祭勿殺生。」其子皆遵行之。有四子。

長子士順，儀同開府行參軍。

孝直弟孝政，字季讓。十歲，挺亡，號哭不絶，見者爲之悲傷。操尚貞立，博洽經史，雅好辭賦。喪紀之禮，特所留情，衣服制度，手能執造。太尉、汝南王悦辟行參軍。年四十九，卒。

子巖，武定中，員外常侍。

孝芬兄弟孝義慈厚，弟孝演、孝政先亡，孝芬等哭泣哀慟，絶内，蔬食，容貌損瘠，見者傷之。孝暐等奉孝芬盡恭順之禮，坐食進退，孝芬不命則不敢也。鷄鳴而起，且參顏色，一錢尺帛，不入私房，吉凶有須，聚對分給。諸婦亦相親愛，有無共之。始挺兄弟同居，孝芬叔振既亡之後，孝芬等奉承叔母李氏，若事所生，旦夕温凊，出入啓覲，家事巨細，一以諮決。每兄弟出行，有獲財物，尺寸已上，皆内李氏之庫，四時分賚，李自裁之，如此者二十餘歲。撫從弟宣伯、子朗，如同氣焉。

挺弟振，字延根。少有學行，居家孝友，爲宗族所稱。自中書學生爲祕書中散，在内謹敕，爲高祖所知。出爲冀州、咸陽王禧驃騎府司馬，在任久之。太和二十年，遷建威將軍、平陽太守。不拜，轉高陽内史。高祖南討，徵兼尚書左丞，留京。振既才幹被擢，當世以爲榮。後改定職令，振本資惟擬五品，詔曰：「振在郡著績，宜有褒升。」除太子庶子。景明初，除長兼廷尉少卿。振有公斷，以明察稱。河内太守陸琇與咸陽王禧同謀爲逆，禧敗事發，振窮治之。時琇内外親黨及當朝貴要咸爲之言，振研覈切至，終無縱緩，遂斃之於獄。其奉法如此。正始初，除龍驤將軍、肆州刺史，在任有政績。還朝，除河東太守。永平中，卒於郡，時年五十九。贈本將軍、南兖州刺史，謚曰定。振歷官四十餘載，考課恒爲稱職。議者善之。

長子宣伯，早喪。子勁，字仲括。驃騎參軍。

宣伯弟子朗，美容貌，涉獵經史，少温厚，有風尚。以軍功起家襄威將軍、員外散騎侍郎。普泰中，從兄孝芬爲荆州，請爲車騎府司馬。孝芬轉西兗州，爲驃騎府司馬。太昌初，冠軍將軍、北徐州撫軍府長史，固辭，不獲免。興和二年，中尉高仲密引爲侍御史，尋加平西將軍。武定中卒。子道綱。

挺從父弟元珍，釋褐司徒行參軍，稍遷司徒主簿、趙郡王幹開府屬。景明中，荆州長史。久之，爲司徒從事中郎，有公平稱。後遷中散大夫，加征虜將軍。正光末，山胡作逆，除平陽太守、假右將軍，爲别將以討之，頻破胡賊，郡内以安。武泰初，改郡爲唐州，仍除元珍爲刺史，加右將軍。以破胡勳，賜爵涼城侯。尒朱榮之趣洛也，遣其都督樊子鵠取唐州。元珍與行臺酈惲拒守不從，爲子鵠所陷，被害。世咸痛之。子叔恭。

挺從父弟瑜之，字仲璉。少孤，有學業。太和中，釋褐奉朝請，廣陵王羽常侍，累歷蕃佐。入爲司空功曹參軍事、太尉主簿，遷冀州撫軍府長史。後爲揚州平東府長史，帶南梁太守。蕭衍義州刺史文僧明來降，瑜之迎接有勳，賜爵高邑男。孝昌初，除鴻臚少卿。三年卒，年五十六。贈平北將軍、瀛州刺史。有三子。

長子孟舒，字長才，襲父爵。累遷平東將軍、太中大夫。興和中，除廣平太守。卒，贈中軍將軍、殷州刺史，贈平東將軍〔一〇〕，謚曰康。

孟舒弟仲舒，武定末，鄴縣令。

仲舒弟季舒，給事黄門侍郎。

挺從祖弟脩和，州主簿。

子儉，字元恭，雅有器度。歷太學博士，終於符璽郎中。

儉弟緒，字仲穆。定州撫軍府法曹參軍。緒小弟孝忠，侍御史、祕書郎。並有容貌，無他才識。

緒子子謙，尚書郎。

子謙弟子讓，與侯景同反，子謙坐以囚執，遇病死於晉陽。子讓弟子廉等並伏法。

脩和弟敬邕，性長者，有幹用。高祖時，自司徒主簿轉尚書都官郎中，所在稱職。遷太子步兵校尉。景明初，母憂去職。後中山王英南討，引爲都督府長史，加左中郎將，以功賜爵臨淄男。遷龍驤將軍、太府少卿，以本將軍出除營州刺史〔一一〕。庫莫奚國有馬百匹因風入境，敬邕悉令送還，於是夷人感附。熙平二年，拜征虜將軍、太中大夫。神龜中卒[一三]，年五十七。贈左將軍、濟州刺史，謚曰恭。

子子盛，襲爵。除奉朝請。

脩和從弟接，字顯賓。容貌魁偉，放邁自高，不拘常檢。爲中書博士、樂陵内史。雅爲任城王澄所禮待，及澄爲定州刺史，接了無民敬，王忻然容下之。後爲冀州安東府司馬，轉樂陵太守。還鄉而卒。

挺族子纂，字叔則，博學有文才。景明中，太學博士，轉員外散騎侍郎、襄威將軍。既不爲時知，乃著無談子論。後爲給事中。延昌中，除梁州征虜府長史。熙平初，爲寧遠將軍、廷尉正，每於大獄，多所據明，有當官之譽。時太原王靜自廷尉監遷少卿，纂恥居其下，乃與靜書，辭氣抑揚，無上下之體。又啓求解任，乃除左中郎將，領尚書三公郎中。未幾，以公事免。後爲洛陽令。正光中卒，年四十五。贈司徒左長史。凡所製文，多行於世。

長子史，武定末，儀同府長流參軍。

纂兄穆，寬雅有度量，州辟主簿。卒。

子遲，武定末，度支尚書、兼右僕射。

纂弟融，字脩業。奉朝請。尚書令高肇出討巴蜀，引爲統軍。還，除員外散騎侍郎。正光中，定州別駕。年四十二，卒。

子鴻翻，郡功曹。

纂從祖弟遊，字延叔，少有風槩。釋褐奉朝請，稍遷太尉主簿。江州刺史陳伯之啓爲司馬，還除奉車都尉。大都督、中山王英征義陽，引爲録事參軍，尋轉司馬。及英敗於鍾離，遊坐徙秦州，久而得還。大將軍高肇西征，引爲統軍，除步兵校尉，遷豫州征虜府長史，未幾，除征虜將軍、北趙郡太守，並有政績。

熙平末，轉河東太守。郡有鹽户，常供州郡爲兵，子孫見丁從役，遊矜其勞苦，乃表聞請聽更代，郡内感之。太學舊在城内，遊乃移置城南閑敞之處，親自説經，當時學者莫不勸慕，號爲良守。以本將軍遷凉州刺史，以母憂解任。

正光中，起除右將軍、南秦州刺史，固辭不免。先是，州人楊松柏、楊洛德兄弟數爲反叛，遊至州，深加招慰。松柏歸款，引爲主簿，稍以辭色誘之，兄弟俱至。松柏既州之豪帥，感遊恩遇，奬諭羣氏，咸來歸款，且以過在前政，不復自疑。遊乃因宴會，一時俱斬，於是外人以其不信，合境皆反。正光五年夏，秦州城人殺刺史李彥，據州爲逆。數日之後，遊知必不安，謀欲出外，尋爲城人韓祖香、孫𢷬攻於州館。遊事窘，登樓慷慨悲歎，乃推下小女而殺之，義不爲羣小所辱也。尋爲祖香等所執害，時年五十二。永安中，贈散騎侍郎、鎮北將軍、定州刺史。

子伏護，開府參軍。

史臣曰：高祐學業優通，知名前世，儒俊之風，門舊不隕。諸子經傳之器，加有捨生之節。崔挺兄弟，風操高亮，懷文抱質，歷事著稱，見重於朝野，繼世承家，門族並著，蓋所謂彼有人焉。

校勘記

〔一〕宋均　原作「宋鈞」，據册府卷一〇四、後漢書卷四一宋均傳改。

〔二〕職治之優劣　「職治」，原作「識治」，據三朝本、南監本、北監本、殿本、北史卷三一高允傳附高祐傳改。按高祐疏旨在强調據官員任職優劣選任，北史作「職政」，因避諱改「治」作「政」，亦證「職治」是。

〔三〕黨立小學　「小學」，他本及北史卷三一高允傳附高祐傳並作「教學」，且下更有「村立小學」四字。按通鑑卷一三六齊紀二永明五年末引高祐語全本魏書，却也作「黨立小學」，下無「村立小學」，知司馬光所見魏書舊本即如此，疑他本乃據北史改補。且上文只説「縣黨宜有黌序」，未言及村，北魏鄉閭組織也未見有村。雖北史或有所本，却未必是本書脱誤。

〔四〕齊庫刀　通鑑卷一五〇梁紀六普通六年正月作「齋庫刀」。胡注云：「齋庫刀，千牛刀也。」按「齋庫」亦見本書卷一三皇后文成元皇后李氏傳。

〔五〕赴戰　原作「起戰」，據册府卷三五四改。

〔六〕博文口辯　北史卷三二崔挺傳附崔孝芬傳、册府卷八二三並作「博聞口辯」，疑是。

〔七〕所有文章數十篇　「所有」，他本並作「所著」。「文章」，北史卷三二崔挺傳附崔孝芬傳作「文筆」。

〔八〕兼尚書右丞　「右丞」，原作「左丞」，據北史卷三二崔辯傳附崔士謙傳改。按下文即稱魏季景「陰求右丞，奪勉所兼」，知「左」爲「右」字之訛。

〔九〕宣威將　「將」下疑脱「軍」字。本書卷一一三官氏志太和後官品令，宣威將軍在第六品。

〔一〇〕贈中軍將軍殷州刺史贈平東將軍　「平東將軍」，北史卷三二崔挺傳附孟舒傳作「鎮東將軍」，疑是。檢本書卷一一三官氏志太和後官品令，「中軍」在從第二品，「平東」在第三品，已「贈中軍將軍」，復「贈平東將軍」，不可通。「鎮東」與「中軍」並在從第二品，而「四鎮」班居前。疑先贈中軍將軍，後加贈鎮東將軍，後「贈」上脱「加」或「重」字，又涉上文「累遷平東將軍」語，訛「鎮」作「平」。

〔二〕營州　原作「管州」，無此州名，據北史卷三二崔挺傳附崔敬邕傳、熙平二年崔敬邕墓誌改。

〔三〕熙平二年拜征虜將軍太中大夫神龜中卒　據熙平二年崔敬邕墓誌，拜此官在延昌四年，熙平二年乃其卒年。疑傳記授官及卒年皆誤。

魏書卷五十八

列傳第四十六

楊播

楊播，字延慶，自云恒農華陰人也。高祖結，仕慕容氏，卒於中山相。曾祖珍，太祖時歸國，卒於上谷太守。祖真，河内、清河二郡太守。父懿，延興末爲廣平太守，有稱績。高祖南巡，吏人頌之，加寧遠將軍，賜帛三百匹。徵爲選部給事中，有公平之譽。除安南將軍、洛州刺史，未之任而卒。贈以本官，加弘農公，謚曰簡。

播本字元休，太和中，高祖賜改焉。母王氏，文明太后之外姑。播少脩整，奉養盡禮。擢爲中散，累遷給事，領中起部曹。以外親，優賜亟加，前後萬計。進北部給事中。詔播巡行北邊，高祖親送及户，戒以軍略。未幾，除龍驤將軍、員外常侍，轉衞尉少卿，常侍如故。與陽平王頤等出漠北擊蠕蠕，大獲而還。高祖嘉其勳，賜奴婢十口。遷武衛將軍，復擊蠕蠕，至居然山而還。

除左將軍，尋假前將軍。隨車駕南討，至鍾離。師回，詔播領步卒三千、騎五百爲衆軍殿。時春水初長，賊衆大至，舟艦塞川。播以諸軍渡淮未訖，嚴陳南岸，身自居後。諸軍渡盡，賊衆遂集，於是圍播。乃爲圓陳以禦之，身自搏擊，斬殺甚多。相拒再宿，軍人食盡，賊圍更急。高祖在北而望之，既無舟船，不得救援。水勢稍減，播領精騎三百歷其舟船，大呼曰：「今我欲渡，能戰者來。」賊莫敢動，遂擁衆而濟。高祖甚壯之，賜爵華陰子，尋除右衛將軍。

後從駕討崔慧景、蕭衍於鄧城，破之，進號平東將軍。時車駕耀威沔水，上巳設宴，高祖與中軍、彭城王勰賭射，左衛元遥在勰朋内，而播居帝曹。遥射侯正中，籌限已滿。高祖曰：「左衛籌足，右衛不得不解。」播對曰：「仰恃聖恩，庶幾必爭。」於是彎弓而發，其箭正中。高祖笑曰：「養由基之妙，何復過是。」遂舉卮酒以賜播曰：「古人酒以養病，朕今賞卿之能，可謂今古之殊也。」從到懸瓠，除太府卿，進爵爲伯。

景明初，兼侍中，使恒州，贍恤寒乏。轉左衛將軍。出除安北將軍、并州刺史，固辭，乃授安西將軍、華州刺史。至州借民田，爲御史王基所劾，削除官爵。延昌二年，卒于家。

子侃等停柩不葬，披訴積年，至熙平中乃贈鎮西將軍、雍州刺史，并復其爵，謚曰壯。

侃，字士業[一]。頗愛琴書，尤好計畫。時播一門，貴滿朝廷，兒姪早通，而侃獨不交遊，公卿罕有識者。親朋勸其出仕，侃曰：「苟有良田，何憂晚歲，但恨無才具耳。」年三十一，襲爵華陰伯。釋褐太尉、汝南王悦騎兵參軍。揚州刺史長孫稚請爲録事參軍。蕭衍豫州刺史裴邃治合肥城，規相掩襲，密購壽春郭人李瓜花、袁建等令爲内應。邃已纂勒兵士，有期日矣，而慮壽春疑覺，遂謬移云：「魏始於馬頭置戍，如聞復欲修白捺舊城。若爾，便稍相侵逼，此亦須營歐陽，設交境之備。今板卒已集，唯聽信還。」佐寮咸欲以實答之，云無修白捺意。而侃曰：「白捺小城，本非形勝。邃好小黠，今集兵遣移，虚搆是言，得無有别圖也？」稚深悟之，乃云：「録事可造移報。」侃移曰：「彼之纂兵，想别有意，何爲妄構白捺也！他人有心，予忖度之，勿謂秦無人也。」邃得移，謂已知覺，便爾散兵。瓜花等以期契不會，便相告發，伏辜者十數家。邃後竟襲壽春，入羅城而退。遂列營於黎漿、梁城，日夕鈔掠。稚乃奏侃爲統軍。

侃叔椿爲雍州刺史，又請爲其府録事參軍，帶長安令，府州之務多所委決。及蕭寶夤等軍敗，北地功曹毛洪賓據郡引寇，抄掠渭北。侃啓椿自出討之。遂購募戰士，信宿之間得三千餘人，銜枚夜進，至馮翊郡西。賊見大軍卒至，衆情離解，洪賓遂通書送質，乞求自效。於是擒送宿勤明達兄子賊署南平王烏過仁。

後雍州刺史蕭寶夤據州反，尚書僕射長孫稚討之，除侃鎮遠將軍、諫議大夫，爲稚行臺左丞。尋轉通直散騎常侍。軍次弘農，侃白稚曰：「昔魏武與韓遂、馬超挾關爲壘，勝負之理，久而無決。豈才雄相類，筭略抗行，當以河山險阻，難用智力。今賊守潼關，全據形勝，縱曹操更出，亦無所騁奇。必須北取蒲坂，飛棹西岸，置兵死地，人有鬭心，華州之圍可不戰而解，潼關之賊必望風潰散。諸處既平，長安自剋。愚計可録，請爲明公前驅。」稚曰：「薛脩義已圍河東〔二〕，薛鳳賢又保安邑，都督宗正珍孫停師虞坂，久不能進，雖有此計，猶用爲疑。」侃曰：「珍孫本行陳一夫，因緣進達，可爲人使，未可使人。一旦受元帥之任，處分三軍，精神亂矣，寧堪圍賊。河東治在蒲坂，西帶河湄，所部之民，多在東境。脩義驅率壯勇，西圍郡邑，父老妻弱，尚保舊村，若率衆一臨，方寸各亂，人人思歸，則郡圍自解。不戰而勝，昭然在目。」稚從之，令其子彦等領騎與侃於弘農北渡〔三〕。所領悉是騎士，習於野戰，未可攻城，便據石錐壁。侃乃班告曰：「今且停軍於此，以待步卒，兼觀民情向背，然後可行。若送降名者，各自還村，候臺軍舉烽火，各亦應之，以明降款。其無應烽者，即是不降之村，理須殄戮，賞賚軍士。」民遂轉相告報，未實降者，亦詐舉烽，一宿之間，火光遍數百里内。圍城之寇，不測所以，各自散歸，脩義亦即逃遁。長安平，侃頗有力。

建義初，除冠軍將軍、東雍州刺史。其年州罷，除中散大夫，爲都督，鎮潼關。還朝，除右將軍、岐州刺史。屬元顥内逼，詔以本官假撫軍將軍爲都督，率衆鎮大梁，未發，詔行北中郎將。孝莊徙御河北，執侃手曰：「朕停卿蕃寄移任此者，正爲今日。但卿尊卑百口，若隨朕行，所累處大。卿可還洛，寄之後圖。」侃曰：「此誠陛下曲恩，寧可以臣微族，頓廢君臣之義。」固求陪從。至建州，敍行從功臣，自城陽王徽已下凡十人，並增三階。以侃河梁之誠，特加四階。侃固辭，乞同諸人，久乃見許。於是除鎮軍將軍、度支尚書、兼給事黄門侍郎，敷西縣開國公，食邑一千户。

及車駕南還，顥令蕭衍將陳慶之守北中城，自據南岸。有夏州義士爲顥守河中渚，乃密信通款，求破橋立效，尒朱榮率軍赴之。及橋破，應接不果，皆爲顥所屠滅。榮因悵然，將爲還計，欲更圖後舉。侃曰：「未審明大王發并州之日，已知有夏州義士指來相應，爲欲廣申經略，寧復帝基乎？夫兵散而更合，瘡愈而更戰，持此收功，自古不少，豈可以一圖不全，而衆慮頓廢。今事不果，乃是兩賊相殺，則大王之利矣。若今即還，民情失望，去就之心，何由可保？未若召發民村〔四〕，惟多縛筏，間以舟檝，沿河廣布，令數百里中，皆爲渡勢。首尾既遠，顥復知防何處，一旦得渡，必立大功。」榮大笑曰：「黄門即奏行此計。」於是尒朱兆與侃等遂與馬渚諸楊南渡〔五〕，破顥子領軍將軍冠受，擒之。顥便南走。車駕入都，侃解尚書，正黄門，加征東將軍、金紫光禄大夫。以濟河之功，進爵濟北郡開國公，增邑五百户，復除其長子師沖爲祕書郎。

時所用錢，人多私鑄，稍就薄小，乃至風飄水浮，米斗幾直一千。侃奏曰：「昔馬援至隴西，嘗上書求復五銖錢，事下三府，不許。及援徵入爲虎賁中郎，親對光武申釋其趣，事始施行。臣頃在雍州，亦表陳其事，聽人與官並鑄五銖錢，使人樂爲，而俗弊得改。旨下尚書，八座不許。以今況昔，即理不殊。求取臣前表，經御披析。」侃乃隨事剖辨，孝莊從之，乃鑄五銖錢，如侃所奏。

万俟醜奴陷東秦，遂圍岐州，扇誘巴蜀。大都督尒朱天光率衆西伐，詔侃以本官使持節、兼尚書僕射，爲關右慰勞大使。還朝，除侍中，加衞將軍、右光禄大夫。

莊帝將圖尒朱榮也，侃與其内弟李晞、城陽王徽、侍中李彧等，咸預密謀。尒朱兆之入洛也，侃時休沐，遂得潛竄，歸於華陰。普泰初，天光在關西，遣侃子婦父韋義遠招慰之，立盟許恕其罪。侃從兄昱恐爲家禍，令侃出應，假其食言，不過一人身殁，冀全百口。侃往赴之，秋七月，爲天光所害。太昌初，贈車騎將軍、儀同三司、幽州刺史。子純陁襲。

播弟椿，字延壽，本字仲考，太和中與播俱蒙高祖賜改。性寬謹，初拜中散，典御廄曹，以端慎小心，專司醫藥，遷内給事，與兄播並侍禁闈。又領蘭臺行職，改授中部曹，析訟公正，高祖嘉之。及文明太后崩，高祖五日不食。椿進諫曰：「陛下至性，孝過有虞，居哀五朝，水漿不御，羣下惶灼，莫知所言。陛下荷祖宗之業，臨萬國之重，豈可同匹夫之節，以取僵仆。且聖人之禮，毁不滅性，縱陛下欲自賢於萬代，其若宗廟何！」高祖感其言，乃一進粥。轉授宫輿曹少卿，加給事中。

出爲安遠將軍、豫州刺史。高祖自洛向豫，幸其州館信宿，賜馬十匹、縑千匹。遷冠軍將軍、濟州刺史。高祖自鍾離趣鄴，至碻磝〔六〕，幸其州館，又賜馬二匹、縑千五百匹。坐爲平原太守崔敞所訟，廷尉論輒收市利，費用官炭，免官。後降爲寧朔將軍、梁州刺史。

初，武興王楊集始爲楊靈珍所破，降於蕭鸞。至是，率賊萬餘自漢中而北，規復舊土。椿領步騎五千出頓下辨，貽書集始，開以利害。集始執書對使者曰：「楊使君此書，除我心腹之疾。」遂領其部曲千餘人來降。尋以母老，解還。後武都氐楊會反，假椿節、冠軍將軍、都督西征諸軍事、行梁州刺史，與軍司羊祉討破之。於後梁州運糧，爲羣氐劫奪，詔椿兼征虜將軍，持節招慰。尋以氐叛，拜光禄大夫，假平西將軍，督征討諸軍事以討之。還，兼太僕卿。

秦州羌吕苟兒、涇州屠各陳瞻等聚衆反，詔椿爲别將，隸安西將軍元麗討之。賊入隴，守蹊自固。或謀伏兵山徑，斷其出入，待糧盡而攻之；或云斬除山木，縱火焚之，然後進討。椿曰：「並非計也。此本規盜，非有經略，自王師一至，無戰不摧，所以深竄者，正避死耳。今宜勒三軍，勿更侵掠，賊必謂我見險不前，心輕我軍，然後掩其不備，可一舉而平矣。」乃緩師不進，賊果出掠，乃以軍中驢馬餌之，不加討逐。如是多日，陰簡精卒，銜枚夜襲，斬瞻傳首。入正太僕卿，加安東將軍。

初，顯祖世有蠕蠕萬餘户降附，居於高平、薄骨律二鎮，太和之末，叛走略盡，唯有一千餘家。太中大夫王通、高平鎮將郎育等，求徙置淮北，防其叛走。詔許之，慮不從命，乃使椿持節往徙焉。椿以爲徙之無益，上書曰：「臣以古人有言：裔不謀夏，夷不亂華。荒忽之人，羈縻而已。是以先朝居之於荒服之間者，正欲悦近來遠，招附殊俗，亦以别華戎、異内外也。今新附者衆，若舊者見徙，新者必不安。不安必思土，思土則走叛。狐死首丘，其害方甚。又此族類，衣毛食肉，樂冬便寒。南土濕熱，往必將盡。進失歸伏之心，退非藩衞之益。徙在中夏，而生後患，愚心所見，謂爲不可。」時八座議不從，遂徙於濟州緣河居之。冀州元愉之難，果悉浮河赴賊，所在鈔掠，如椿所策。

永平初，徐州城人成景儁以宿預叛，詔椿率衆四萬討之，不剋而返。久之，除都督朔州撫冥武川懷朔三鎮三道諸軍事、平北將軍、朔州刺史。在州，爲廷尉奏椿前爲太僕卿日，招引細人，盜種牧田三百四十頃，依律處刑五歲。尚書邢巒據正始別格，奏椿罪應除名爲庶人，注籍盜門，同籍合門不仕。世宗以新律既班，不宜雜用舊制，詔依寺斷，聽以贖論。尋加撫軍將軍，入除都官尚書，監修白溝堤堰。復以本將軍除定州刺史。

自太祖平中山，多置軍府，以相威攝。凡有八軍，軍各配兵五千，食禄主帥軍各四十六人。自中原稍定，八軍之兵，漸割南戍，一軍兵統千餘〔七〕，然主帥如故，費禄不少。椿表罷四軍，減其帥百八十四人。州有宗子稻田，屯兵八百户，年常發夫三千，草三百車，修補畦堰。椿以屯兵惟輸此田課，更無徭役，及至閑月，即應修治，不容復勞百姓，椿亦表罷。朝廷從之。椿在州，因治黑山道餘功，伐木私造佛寺，役使兵力，爲御史所劾，除名爲庶人。

正光五年，除輔國將軍、南秦州刺史。時南秦州反叛，路又阻塞，仍停長安。轉授岐州，復除撫軍將軍、衛尉卿。轉左衛將軍，又兼尚書右僕射，馳馹詣并肆，齎絹三萬匹，募召恒朔流民，揀充軍士。不行。尋加衛將軍，出除都督雍南豳二州諸軍事、本將軍、雍州刺史，又進號車騎大將軍、儀同三司。蕭寶夤、元恒芝諸軍爲賊所敗，恒芝從渭北東渡，椿使追之，不止。寶夤後至，留於逍遥園内，收集將士，猶得萬餘，由是三輔人心，頗得安帖。于時，涇岐及豳悉已陷賊，扶風以西，非復國有。椿乃鳩募内外，得七千餘人，遣兄子録事參軍侃率以防禦。詔椿以本官加侍中、兼尚書右僕射爲行臺，節度關西諸將，其統内五品已下、郡縣須有補用者，任即擬授。椿遇暴疾，頻啓乞解。詔許之，以蕭寶夤代椿爲刺史、行臺。

椿還鄉里，遇子昱將還京師，因謂曰：「當今雍州刺史亦不賢於蕭寶夤〔八〕，但其上佐，朝廷應遣心膂重人，何得任其牒用？此乃聖朝百慮之一失。且寶夤不藉刺史爲榮，吾觀其得州，喜悦不少，至於賞罰云爲，不依常憲，恐有異心。關中可惜。汝今赴京，稱吾此意，以啓二聖，并白宰輔，更遣長史、司馬、防城都督。欲安關中，正須三人耳。如其不遣，必成深憂。」昱還，面啓肅宗及靈太后，並不信納。及寶夤邀害御史中尉酈道元，猶上表自理，稱爲椿父子所謗。詔復除椿都督雍岐南豳三州諸軍事、本將軍、開府儀同三司、雍州刺史、討蜀大都督。椿辭以老病，不行。

建義元年，遷司徒公。尒朱榮東討葛榮〔九〕，詔椿統衆爲後軍，榮擒葛榮，乃止。永安初，進位太保、侍中，給後部鼓吹。元顥入洛，椿子征東將軍昱出鎮滎陽，爲顥所擒。又椿弟順爲冀州刺史，順子仲宣正平太守，兄子侃、弟子遁並從駕河北，爲顥嫌疑。以椿家世顯重，恐失人望，未及加罪。時人助其憂怖，或有勸椿攜家避禍。椿曰：「吾内外百口，何處逃竄？正當坐任運耳。」

莊帝還宮，椿每辭遜，不許。上書頻乞歸老，詔曰：「椿國之老成，方所尊尚，遽以高年，願言致仕，顧懷舊德，是以未從。但告謁頻煩，辭理彌固，以茲難奪，又所重違，今便允其雅志。可服侍中朝服，賜服一具、衣一襲、八尺床帳、几杖，不朝，乘安車，駕駟馬，給扶傳詔二人，仰所在郡縣，時以禮存問安否〔一〇〕。方乖詢訪，良用憮然。」椿奉詔於華林園，帝下御座執椿手流淚曰：「公，先帝舊臣，實爲元老，今四方未寧，理須諮訪。但高尚其志，決意不留，既難相違，深用悽愴。」椿亦歔欷，欲拜，莊帝親執不聽。於是賜以絹布，給羽林衞送，羣公百寮餞於城西張方橋，行路觀者，莫不稱歎。

椿臨行，誡子孫曰：

我家入魏之始，即爲上客，給田宅，賜奴婢、馬牛羊，遂成富室。自爾至今二十年〔一一〕，二千石、方伯不絶，禄恤甚多。至於親姻知故，吉凶之際，必厚加贈襚；來往賓寮，必以酒肉飲食。是故親姻朋友無憾焉。國家初，丈夫好服綵色。吾雖不記上谷翁時事，然記清河翁時服飾，恒見翁著布衣韋帶，常約敕諸父曰：「汝等後世，脱若富貴於今日者，慎勿積金一斤、綵帛百匹已上，用爲富也。」又不聽治生求利，又不聽與勢家作婚姻。至吾兄弟，不能遵奉。今汝等服乘，以漸華好，吾是以知恭儉之德，漸不如上世也。又吾兄弟，若在家，必同盤而食，若有近行，不至，必待其還，亦有過中不食，忍飢相待。吾兄弟八人，今存者有三，是故不忍別食也。又願畢吾兄弟世，不異居、異財，汝等眼見，非爲虛假。如聞汝等兄弟，時有別齋獨食者，此又不如吾等一世也。吾今日不爲貧賤，然居住舍宅不作壯麗華飾者，正慮汝等後世不賢，不能保守之，方爲勢家所奪。

北都時，朝法嚴急。太和初，吾兄弟三人並居內職，兄在高祖左右，吾與津在文明太后左右。于時口敕，責諸內官，十日仰密得一事，不列便大瞋嫌。諸人多有依敕密列者，亦有太后、高祖中間傳言構間者。吾兄弟自相誡曰：「今忝二聖近臣，母子間甚難〔一二〕，宜深慎之。又列人事，亦何容易，縱被瞋責，慎勿輕言。」十餘年中，不嘗言一人罪過，當時大被嫌責。答曰：「臣等非不聞人言，正恐不審，仰誤聖聽，是以不敢言。」於後終以不言蒙賞。及二聖間言語，終不敢輒爾傳通。太和二十一年，吾從濟州來朝，在清徽堂豫讌。高祖謂諸王、諸貴曰：「北京之日，太后嚴明，吾每得杖，左右因此有是非言語。和朕母子者唯楊椿兄弟。」遂舉賜四兄及我酒〔一三〕。汝等脫若萬一蒙時主知遇，宜深慎言語，不可輕論人惡也。吾自惟文武才藝、門望姻援不勝他人，一旦位登侍中、尚書，四歷九卿，十爲刺史，光禄大夫、儀同、開府、司徒、太保，津今復爲司空者，正由忠貞，小心謹慎，口不嘗論人過，無貴無賤，待之以禮，以是故至此耳。聞汝等學時俗人，乃有坐而待客者，有驅馳勢門者，有輕論人惡者，及見貴勝則敬重之，見貧賤則慢易之，此人行之大失，立身之大病也。汝家仕皇魏以來，高祖以下乃有七郡太守、三十二州刺史，内外顯職，時流少比。汝等若能存禮節，不爲奢淫憍慢，假不勝人，足免尤誚，足成名家。吾今年始七十五，自惟氣力，尚堪朝覲天子，所以孜孜求退者，正欲使汝等知天下滿足之義，爲一門法耳，非是苟求千載之名也。汝等能記吾言，百年之後，終無恨矣。椿還華陰踰年，普泰元年七月，爲尒朱天光所害，年七十七，時人莫不冤痛之。太昌初，贈都督冀定殷相四州諸軍事、太師、丞相、冀州刺史。

子昱，字元晷。起家廣平王懷左常侍，懷好武事，數出遊獵，昱每規諫。正始中，以京兆、廣平二王國臣，多有縱恣，公行屬請，於是詔御史中尉崔亮窮治之，伏法於都市者三十餘人，其不死者悉除名爲民。唯昱與博陵崔楷以忠諫得免。後除太學博士、員外散騎侍郎。

初，尚書令王肅除揚州刺史，出頓於洛陽東亭，朝貴畢集，詔令諸王送別，昱伯父播同在餞席。酒酣之後，廣陽王嘉、北海王詳等與播論議競理，播不爲之屈。北海顧謂昱曰：「尊伯性剛，不伏理，大不如尊使君也。」昱前對曰：「昱父道隆則從其隆，道洿則從其洿；伯父剛則不吐，柔亦不茹。」一坐歎其能言。肅曰：「非此郎，何得申二公之美也〔一四〕。」

延昌三年，以本官帶詹事丞。于時，肅宗在懷抱之中，至於出入，左右乳母而已，不令宮寮聞知。昱諫曰：「陛下不以臣等凡淺，備位宮臣，太子動止，宜令翼從。然自此以來〔一五〕，輕爾出入，進無二傅輔導之美，退闕羣寮陪侍之式，非所謂示民軌儀，著君臣之義。陛下若召太子，必降手敕，令臣下咸知，爲後世法。」於是詔曰：「自今已後，若非朕手敕，勿令兒輒出。宮臣在直者，從至萬歲門。」

久之，轉太尉掾，兼中書舍人。靈太后嘗從容謂昱曰：「今帝年幼，朕親萬機，然自薄德化不能感親姻，在外不稱人心，卿有所聞，慎勿諱隱。」昱於是奏揚州刺史李崇五車載貨，恒州刺史楊鈞造銀食器十具，並餉領軍元叉。靈太后召叉夫妻泣而責之。叉深恨之。昱第六叔舒妻，武昌王和之妹，和即叉之從祖父。舒早喪，有一男六女，及終喪而元氏頻請別居。昱父椿乃集親姻泣而謂曰：「我弟不幸早終，今男未婚，女未嫁，何忽忽便求離居？」不聽。遂懷憾焉。神龜二年，瀛州民劉宣明謀反，事覺逃竄。叉乃使和及元氏誣告昱藏隱宣明，云：「父定州刺史椿、叔華州刺史津，並送甲仗三百具，謀圖不逞。」叉又構成其事。乃遣左右御仗五百人，夜圍昱宅而收之，並無所獲。靈太后問其狀，昱具對元氏讎之端，言至哀切。太后乃解昱縛，和及元氏並處死刑，而叉相左右，和直免官，元氏卒亦不坐。及元叉之廢太后，乃出昱爲濟陰內史。中山王熙起兵於鄴，叉遣黄門盧同詣鄴刑熙，并窮黨與。同希叉旨，就郡鏁昱赴鄴，訊百日，後乃還任。

孝昌初，除征虜將軍、中書侍郎，遷給事黄門侍郎。時北鎮降民二十餘萬，詔昱爲使，分散於冀、定、瀛三州就食。後賊圍豳州，詔昱兼侍中，持節催西北道大都督、北海王顥，仍隨軍監察。豳州圍解。雍州蜀賊張映龍、姜神達知州内空虛，謀欲攻掩，刺史元脩義懼而請援，一日一夜，書移九通。都督李叔仁遲疑不赴。昱曰：「長安，關中基本。今大軍頓在涇豳，與賊相對，若使長安不守，大軍自然瓦散，此軍雖往，有何益也！」遂與叔仁等俱進，於陳斬神達及諸賊四百許人，餘悉奔散。詔以昱受旨催督，而顥軍稽緩，遂免昱官。乃兼侍中催軍。尋除征虜將軍、涇州刺史。未幾，昱父椿出爲雍州刺史，徵昱還，除吏部郎中、武衛將軍，轉北中郎將，加安東將軍。及蕭寶夤等敗於關中，以昱兼七兵尚書、持節、假撫軍將軍、都督，防守雍州。昱遇賊失利而返。除度支尚書，轉撫軍、徐州刺史，尋除鎮東將軍、假車騎將軍、東南道都督，又加散騎常侍。

後太山太守羊侃據郡南叛，蕭衍遣將軍王辯率衆侵寇徐州，番郡人續靈珍受衍平北將軍、番郡刺史〔一六〕，擁衆一萬，攻逼番城。昱遣別將劉馘擊破之，臨陳斬靈珍首，王辯退走。侃兄深，時爲徐州行臺，府州咸欲禁深。昱曰：「昔叔向不以鮒也見廢，春秋貴之，奈何以侃罪深也。宜聽朝旨。」不許羣議。

還朝未幾，屬元顥侵逼大梁，除昱征東將軍、右光祿大夫，加散騎常侍、使持節、假車騎將軍，爲南道大都督，鎮滎陽。顥既擒濟陰王暉業，乘虚徑進，大兵集於城下，遣其左衞劉業、王道安等招昱，令降，昱不從，顥遂攻之。城陷，都督元恭，太守、西河王悰並踰城而走，俱被擒縶。昱與弟息五人，在門樓上，須臾顥至，執昱下城，面責昱曰：「楊昱，卿今死甘心否？卿自負我，非我負卿也。」昱答曰：「分不望生，向所以不下樓者，正慮亂兵耳。但恨八十老父，無人供養，負病黄泉，求乞小弟一命，便死不朽也。」顥乃拘之。明旦，顥將陳慶之、胡光等三百餘人伏顥帳前，請曰：「陛下渡江三千里，無遺鏃之費，昨日一朝殺傷五百餘人，求乞楊昱以快意。」顥曰：「我在江東，嘗聞梁主言，初下都日，袁昂爲吴郡不降〔一七〕，稱其忠節。奈何殺楊昱？自此之外，任卿等所請。」於是斬昱下統帥三十七人，皆令蜀兵刳腹取心食之。顥既入洛，除昱名爲民。

孝莊還宮，還復前官。及父椿辭老，請解官從養，詔不許。尒朱榮之死也，昱爲東道行臺，率衆拒尒朱仲遠。會尒朱兆入洛，昱還京師。後歸鄉里，亦爲天光所害。太昌初，贈都督瀛定二州諸軍事、驃騎大將軍、司空公、定州刺史。

子孝邕，員外郎。走免，匿於蠻中，潛結渠帥，謀應齊獻武王以誅尒朱氏。微服入洛，參伺機會。爲人所告，世隆收付廷尉，掠殺之。

椿弟穎，字惠哲。本州別駕。

子叔良，武定中，新安太守。

穎弟順，字延和，寬裕謹厚。太和中，起家奉朝請。累遷直閤將軍、北中郎將、兼武衞將軍、太僕卿。預立莊帝之功，封三門縣開國公，食邑七百户。出爲平北將軍、冀州刺史，尋進號撫軍將軍。罷州還，遇害，年六十五。太昌初，贈都督相殷二州諸軍事、太尉公、録尚書事、相州刺史。

子辯，字僧達。歷通直常侍、平東將軍、東雍州刺史。

辯弟仲宣，有風度才學。自奉朝請稍遷太尉掾、中書舍人、通直散騎侍郎、加鎮遠將軍，賜爵弘農男。建義初，遷通直常侍。出爲平西將軍、正平太守，進爵爲伯。在郡有能名，就加安西將軍。還京之日，兄弟與父同遇害。辯，太昌初贈使持節、都督燕恒二州諸軍事、車騎大將軍、儀同三司、恒州刺史；仲宣，贈都督青光二州諸軍事、車騎大將軍、尚書右僕射、青州刺史。

仲宣子玄就，幼而俊拔。收捕時年九歲，牽挽兵人，謂曰：「欲害諸尊，乞先就死。」兵人以刀斫斷其臂，猶請死不止，遂先殺之。永熙初，贈汝陰太守。

仲宣弟測，朱衣直閤。亦同時見害。太昌中，贈都督平營二州諸軍事、鎮北將軍、吏部尚書、平州刺史。

測弟稚卿，太昌中，爲尚書右丞，坐事死。

順弟津，字羅漢，本名延祚，高祖賜名焉。少端謹，以器度見稱。年十一，除侍御中散。于時高祖沖幼，文明太后臨朝，津曾久侍左右，忽咳逆失聲，遂吐數升〔一八〕，藏衣袖。太后聞聲，閱而不見，問其故，具以實言。遂以敬慎見知，賜縑百匹。遷符璽郎中。津以身在禁密，不外交遊，至於宗族姻表，罕相祗候。司徒馮誕與津少結交遊，而津見其貴寵，每恒退避，及相招命，多辭疾不往。誕以爲恨，而津逾遠焉。人或謂之曰：「司徒，君之少舊，宜蒙進達，何遽自外也？」津曰：「爲勢家所厚，復何容易。但全吾今日，亦以足矣。」轉振威將軍，領監曹奏事令，又爲直寢，遷太子步兵校尉。高祖南征，以津爲都督征南府長史，至懸瓠，徵加直閤將軍。後從駕濟淮，司徒誕薨，高祖以津送柩還都。遷長水校尉，仍直閤。景明中，世宗遊於北邙，津時陪從，太尉、咸陽王禧謀反，世宗馳入華林。時直閤中有同禧謀，皆在從限。及禧平，帝顧謂朝臣曰：「直閤半爲逆黨，非至忠者安能不預此謀？」因拜津左中郎將。遷驍騎將軍，仍直閤。

出除征虜將軍、岐州刺史。津巨細躬親，孜孜不倦。有武功民，齎絹三匹，去城十里，爲賊所劫。時有使者馳騆而至，被劫人因以告之。使者到州，以狀白津。津乃下教云：「有人著某色衣，乘某色馬，在城東十里被殺〔九〕，不知姓名，若有家人，可速收視。」有一老母，行出而哭，云是己子。於是遣騎追收，并絹俱獲。自是闔境畏服。至於守令寮佐有瀆貨者，未曾公言其罪，常以私書切責之。於是官屬感厲，莫有犯法。以母憂去職。

延昌末，起爲右將軍、華州刺史，與兄播前後皆牧本州，當世榮之。先是，受調絹匹，度尺特長，在事因緣，共相進退，百姓苦之。津乃令依公尺度其輸物，尤好者賜以杯酒而出；所輸少劣，亦爲受之，但無酒，以示其恥。於是人競相勸，官調更勝舊日。還除北中郎將，帶河內太守。太后疑津貳己，不欲使其處河山之要，轉平北將軍、肆州刺史，仍轉并州刺史，將軍如故。徵拜右衞將軍。

孝昌初，加散騎常侍，尋以本官行定州事。既而近鎮擾亂，侵逼舊京，乃加津安北將軍、假撫軍將軍、北道大都督、右衞，尋轉左衞，加撫軍將軍。始津受命，出據靈丘，而賊帥鮮于脩禮起於博陵，定州危急，遂回師南赴。始至城下，營壘未立，而州軍新敗。津以賊既乘勝，士衆勞疲，栅壘未安，不可擬敵，賊必夜至，則萬無一全，欲移軍入城，更圖後舉。刺史元固稱賊既逼城，不可示弱，閉門不內。津揮刀欲斬門者，軍乃得入城。賊果夜至，見栅空而去。其後，賊攻州城東面，已入羅城，刺史閉小城東門，城中恟擾，不敢出戰。津欲禦賊，長史許被守門不聽，津手劍擊被，不中，被乃走。津開門出戰，斬賊帥一人，殺賊數百。賊退，人心少安。詔除衞尉卿，征官如故，以津兄衞尉卿椿代爲左衞。尋加鎮軍將軍、討虜都督，兼吏部尚書、北道行臺。初，津兄椿得罪此州，由鉅鹿人趙略投書所致。及津之至，略舉家逃走，津乃下教慰喻，令其還業。於是闔州愧服，遠近稱之。

時賊帥薛脩禮、杜洛周殘掠州境〔二〇〕。孤城獨立，在兩寇之間，津貯積柴粟，脩理戰具，更營雉堞，賊每來攻，機械競起。又於城中去城十步，掘地至泉，廣作地道，潛兵涌出，置爐鑄鐵，持以灌賊。賊遂相語曰：「不畏利槊堅城，唯畏楊公鐵星。」津與賊帥元洪業及與賊中督將尉靈根、程殺鬼、潘法顯等書，曉喻之，并授鐵券，許以爵位，令圖賊帥毛普賢。洪業等感悟，復書云：「今與諸人密議，欲殺普賢，願公聽之。又賊欲圍城，正爲取北人耳。城中所有北人，必須盡殺，公若置之，恐縱敵爲患矣。願公察之。」津以城內北人雖是惡黨，然掌握中物，未忍便殺，但收内子城防禁而已。將吏無不感其仁恕。朝廷初以鐵券二十枚委津分給，津隨賊中首領，間行送之，脩禮、普賢頗亦由此而死。

既而，杜洛周圍州城，津盡力捍守。詔加衞將軍，封開國縣侯，邑一千户，將士有功者任津科賞，兵民給復八年。葛榮以司徒説津，津大怒，斬其使以絶之。自受攻圍，經涉三稔，朝廷不能拯赴。乃遣長子遁突圍而出，詣蠕蠕主阿那瓌，令其討賊。遁日夜泣諭，阿那瓌遣其從祖吐豆發率精騎一萬南出，前鋒已達廣昌，賊防塞隘口，蠕蠕持疑，遂還。

津長史李裔引賊踰城。賊入轉衆，津苦戰不敵，遂見拘執。洛周脱津衣服，置地牢下，數日，欲將烹之，諸賊還相諫止，遂得免害。津曾與裔相見，對諸賊帥以大義責之，辭淚俱發，裔大慚。典守者以相告，洛周弗之責也。及葛榮吞洛周，復爲榮所拘守，榮破，始得還洛。

永安初，詔除津本將軍、荆州刺史，加散騎常侍、當州都督。津以前在中山陷寇，詣闕固辭，竟不之任。二年，兼吏部尚書，又除車騎將軍、左光禄大夫，仍除吏部。元顥内逼，莊帝將親出討，以津爲中軍大都督、兼領軍將軍。未行，顥入。及顥敗，津乃入宿殿中，掃洒宫掖，遣第二子逸封閉府庫，各令防守。及帝入也，津迎於北邙，流涕謝罪，帝深嘉慰之。尋以津爲司空、加侍中。

尒朱榮死也，以津爲都督并肆燕恒雲朔顯汾蔚九州諸軍事、驃騎大將軍、兼尚書令、北道大行臺、并州刺史，侍中、司空如故，委津以討胡經略。津馳至鄴，手下唯羽林五百人，士馬寡弱。始加招募，將從滏口而入。值尒朱兆等便已剋洛，相州刺史李神等議欲與津舉城通款，津不從。以子逸既爲光州刺史，兄子昱時爲東道行臺，鳩率部曲，在於梁沛，津規欲東轉，更爲方略。乃率輕騎，望於濟州渡河，而尒朱仲遠已陷東郡，所圖不遂，乃還京師。普泰元年，亦遇害於洛，時年六十三。太昌初，贈都督秦華雍三州諸軍事、大將軍、太傅、雍州刺史，謚曰孝穆。將葬本鄉，詔大鴻臚持節監護喪事。津有六子。

長子遁，字山才。其家貴顯，諸子弱冠，咸縻王爵，而遁性澹退，年近三十，方爲鎮西府主簿。累遷尚書郎。莊帝北巡，奉詔慰勞山東。車駕入洛，除尚書左丞，又爲光禄大夫，仍左丞。永安末，父津受委河北，兼黄門郎詣鄴，參行省事，尋遷征東將軍、金紫光禄大夫。亦被害於洛，時年四十二。太昌初，贈車騎大將軍、儀同三司、幽州刺史，謚曰恭定。

遁弟逸，字遵道，有當世才度。起家員外散騎侍郎。以功賜爵華陰男，轉給事中。父津在中山，爲賊攻逼，逸請使於尒朱榮，徵師赴救，詔許之。

建義初，莊帝猶在河陽，逸獨往謁，帝特除給事黄門侍郎，領中書舍人。及朝士濫禍，帝益憂怖，詔逸晝夜陪侍，數日之内，常寢宿於御床前。帝曾夜中謂逸曰：「昨來，舉目唯見異人，賴得卿，差以自慰。」

尋除吏部郎中，出爲平西將軍、南秦州刺史，加散騎常侍。時年二十九，於時方伯之少未有先之者。仍以路阻不行，改除平東將軍、光州刺史。逸折節綏撫，乃心民務，或日昃不食，夜分不寢。至於兵人從役，必親自送之，或風日之中，雨雪之下，人不堪其勞，逸曾無倦色。又法令嚴明，寬猛相濟，於是合境肅然，莫敢干犯。時災儉連歲，人多餓死，逸欲以倉粟賑給，而所司懼罪不敢。逸曰：「國以人爲本，人以食爲命，百姓不足，君孰與足？假令以此獲戾，吾所甘心。」遂出粟，然後申表。右僕射元羅以下謂公儲難闕，並執不許。尚書令、臨淮王彧以爲宜貸二萬。詔聽二萬〔一二〕。逸既出粟之後，其老小殘疾不能自存活者，又於州門煮粥飯之，將死而得濟者以萬數。帝聞而善之。逸爲政愛人，尤憎豪猾，廣設耳目。其兵吏出使下邑，皆自持糧，人或爲設食者，雖在闇室，終不進〔一三〕，咸言楊使君有千里眼，那可欺之。在州政績尤美。

及其家禍，尒朱仲遠遣使於州害之，時年三十二。吏人如喪親戚，城邑村落，爲營齋供，一月之中，所在不絶。太昌初，贈都督豫郢二州諸軍事、衞將軍、尚書僕射、豫州刺史，謚曰貞。

逸弟謐，字遵智〔二三〕。辟太尉行參軍，歷員外散騎常侍，以功賜爵弘農伯、鎮軍將軍、金紫光禄大夫、衛將軍。在晉陽，爲尒朱兆所害。太昌初，贈驃騎將軍、兖州刺史。

謐弟遵彦，武定中，吏部尚書、華陰縣開國侯。

津弟暐，字延季〔二四〕。性雅厚，頗有文學。起家奉朝請，稍遷散騎侍郎、直閤將軍、本州大中正、兼武衛將軍、尚食典御。孝昌初，正武衛將軍，加散騎常侍、安南將軍。莊帝初，遇害於河陰。贈衛將軍、儀同三司、雍州刺史。

子元讓，武定末，尚書祠部郎中。

播家世純厚，並敦義讓，昆季相事，有如父子。播剛毅。椿、津恭謙，與人言，自稱名字。兄弟旦則聚於廳堂，終日相對，未曾入内。有一美味，不集不食。廳堂間，往往幃幔隔障，爲寢息之所，時就休偃，還共談笑。椿年老，曾他處醉歸，津扶侍還室，仍假寐閤前，承候安否。椿、津年過六十，並登台鼎，而津嘗旦暮參問，子姪羅列階下，椿不命坐，津不敢坐。椿每近出，或日斜不至，津不先飯，椿還，然後共食。食則津親授匙箸，味皆先嘗，椿命食，然後食。津爲司空，於時府主皆引寮佐〔二五〕，人就津求官，津曰：「此事須家兄裁之，何爲見問？」初，津爲肆州，椿在京宅，每有四時嘉味，輒因使次附之，若或未寄，不先入口。椿每得所寄，輒對之下泣。兄弟皆有孫，唯椿有曾孫，年十五六矣，椿常欲爲之早娶，望見玄孫。自昱已下，率多學尚，時人莫不欽羡焉。一家之内，男女百口，緦服同爨，庭無間言，魏世以來，唯有盧淵兄弟及播昆季，當世莫逮焉。

世隆等將害椿家，誣其爲逆，奏請收治。前廢帝不許，世隆復苦執，不得已，下詔付有司檢聞。世隆遂遣步騎夜圍其宅，天光亦同日收椿於華陰。東西兩家，無少長皆遇禍，籍其家。世隆後乃奏云：「楊家實反，夜拒軍人，遂盡格殺。」廢帝惋悵久之，不言而已。知世隆縱擅，無如之何。永熙中，椿合家歸葬華陰，衆咸觀而悲傷焉。

播族弟鈞。祖暉，庫部給事，稍遷洛州刺史。卒，贈弘農公，謚曰簡。父恩，河間太守。鈞頗有幹用，自廷尉正爲長水校尉、中壘將軍、洛陽令。出除中山太守，入爲司徒左長史。又除徐州、東荆州刺史，還爲廷尉卿。拜恒州刺史，轉懷朔鎮將。所居以彊濟稱。後爲撫軍將軍、七兵尚書、北道行臺。卒，贈使持節、散騎常侍、車騎大將軍、左光禄大夫、華州刺史。

長子暄，卒於尚書郎。

暄弟穆，華州別駕。

穆弟儉，寧遠將軍、頓丘太守。建義初，除太府少卿。尋爲華州中正，加左將軍。儉與元顥有舊，及顥入洛，受其位任。莊帝還宮，坐免。後以本將軍潁州刺史〔三六〕，尋加散騎常侍、平南將軍，州罷不行。普泰初，除征南將軍、金紫光禄大夫。永熙中，以本將軍除北雍州刺史，仍陷關西。

儉弟寬，自宗正丞，建義初爲通直散騎侍郎，領河南尹丞。稍遷散騎常侍、安東將軍。永安二年，除中軍將軍、太府卿。後爲散騎常侍、驃騎將軍、右光禄大夫、澄城縣開國伯。太昌初，除給事黄門侍郎，尋加驃騎大將軍，除華州大中正，監内典書事。坐事去官。永熙三年，兼武衞將軍，又除黄門郎。隨出帝入關西。儉、寬皆輕薄無行，爲人流所鄙。

史臣曰：楊播兄弟，俱以忠毅謙謹，荷内外之任，公卿牧守，榮赫累朝，所謂門生故吏遍於天下。而言色恂恂，出於誠至，恭德慎行，爲世師範，漢之萬石家風、陳紀門法，所不過也。諸子秀立，青紫盈庭，其積善之慶歟？及胡逆擅朝，淫刑肆毒，以斯族而遇斯禍，報施之理，何相反哉！

校勘記

〔一〕侃字士業　「士業」，太昌元年楊侃墓誌作「士榮」。

〔二〕薛脩義已圍河東　「薛脩義」上御覽卷二八七引後魏書有「賊黨」二字。

〔三〕其子彦　北史卷四一楊播傳附楊侃傳重「子」字。按本書卷二五長孫道生傳附長孫稚傳，稚妻張氏生二子，子彦、子裕。此處或是單稱。

〔四〕召發民村　「村」，北史卷四一楊播傳附楊侃傳、册府卷四二一、通鑑卷一五三梁紀九中大通元年閏月作「材」。

〔五〕與馬渚諸楊南渡　「與」，原作「於」，「諸」字原闕。北史卷四一楊播傳附楊侃傳「與」亦作「於」，有「諸」字，册府卷四二一作「與」，無「諸」字。按本書卷七四尒朱榮傳敍此事云：「屬馬渚諸楊云有小船數艘，求爲鄉導，榮乃令都督尒朱兆等率精騎夜濟。」周書卷三四楊㯹傳云：「㯹率其宗人，收船馬渚。」馬渚是黄河渡口，楊㯹族人居於馬渚，故稱之爲「馬渚諸楊」。「諸」字不宜省，「於」是「與」之訛，今據改。

〔六〕碻磝　原作「磝碻」，按碻磝乃濟州治所，見本書卷一〇六中地形志中，爲當時重鎮，屢見於紀傳。諸本訛倒，今乙正。

〔七〕一軍兵統千餘　「統」，三朝本、南監本、局本、殿本、北史卷四一楊椿傳作「纔」。按册府卷六八九亦作「統」。

〔八〕當今雍州刺史亦不賢於蕭寶夤　「不」，册府卷四〇四作「無」，按文義疑作「無」是。

〔九〕東討　「討」，原作「封」，據殿本、局本改。

〔一〇〕時以禮存問安否　「時」，北史卷四一楊播傳附楊椿傳作「四時」，疑是。

〔一一〕自爾至今二十年　「二十年」上疑脱「百」字。北史卷四一楊播傳附楊椿傳無「二十年」三字，當是徑删。按「自爾」即前文「我家入魏之始」，亦即傳首所説楊珍「太祖時歸國」，時當北魏初年，「至今」即莊帝建義二年楊椿辭官返家「臨行」之時，約略一百二十年之數。

〔一二〕母子間甚難　「母子」上北史卷四一楊播傳附楊椿傳、册府卷八一七有「居」字。

〔一三〕遂舉賜四兄及我酒　北史卷四一楊播傳附楊椿傳作「遂舉爵賜兄及我酒」，疑是。據本卷及熙平元年楊播墓誌，楊椿於兄弟中排行第二，楊播居首，不得言「四兄」。

〔一四〕二公　他本及北史卷四一楊播傳附楊昱傳均作「二父」，疑是。「二父」即昱父椿與伯父播。

〔一五〕自此以來　「此」，北史卷四一楊播傳附楊昱傳作「比」。

〔一六〕番郡刺史　册府卷三五四作「番州刺史」，按郡不當有刺史，然「番州」亦不見記載，或臨時設置。

〔一七〕袁昂　原作「袁昆」，據南監本改。按梁武帝於南齊末舉兵入建康，吴興太守袁昂「獨拒境不受命」，事見梁書卷三一本傳。

〔一八〕遂吐數升　「吐」下南監本、北監本、殿本及北史卷四一楊播傳附楊津傳並有「血」字。

〔一九〕被殺　原作「被劫」，據北史卷四一楊播傳附楊津傳、御覽卷八一七引後魏書改。按若說「被劫」，其人現存，豈得云「家人可速收視」，當承上文稱「被劫」而訛。

〔二〇〕賊帥薛脩禮杜洛周殘掠州境　「薛脩禮」，北史卷四一楊播傳附楊津傳作「鮮于脩禮」，疑是。按「薛脩禮」只此一見，此傳前文及本書他處記載都作「鮮于脩禮」，當時攻圍定州者亦是鮮于脩禮、杜洛周。雖「薛」或是「鮮于」所改單姓，但別無佐證，且亦不應前後歧異。

〔二一〕詔聽二萬　「二萬」，北史卷四一楊播傳附楊逸傳作「五萬」，疑是。按上文稱「尚書令、臨淮王彧以爲宜貸二萬」。若「詔聽二萬」，應云「從之」，不必又舉數字。

〔二二〕終不進　北史卷四一楊播傳附楊逸傳作「終不敢進」，據文義疑此處脱「敢」字。

〔二三〕遵智　北史卷四一楊播傳附楊謐傳作「遵和」。

〔二四〕延季　建義元年楊暐墓誌作「延年」。

〔二五〕於時府主皆引寮佐　「引」上北史卷四一楊播傳附楊謐傳有「自」字，疑是。按府主可自引寮佐，故言有人就其求官。

〔二六〕後以本將軍潁州刺史　「將軍」下疑有脱字。

魏書卷五十九

列傳第四十七

劉昶　蕭寶夤　蕭正表

劉昶，字休道，義隆第九子也。義隆時，封義陽王。兄駿以爲征北將軍、徐州刺史、開府。及駿子子業立，昏狂肆暴，害其親屬，疑昶有異志。昶聞甚懼，遣典籤虞法生表求入朝〔一〕，以觀其意。子業曰：「義陽與太宰謀反，我欲討之，今知求還，甚善。」又屢詰法生：「義陽謀事，汝何故不啓？」法生懼禍，走歸彭城。昶欲襲建康，諸郡並不受命。和平六年，遂委母妻，攜妾吴氏作丈夫服，結義從六十餘人，間行來降。在路多叛，隨昶至者二十許人。

昶雖學不淵洽，略覽子史，前後表啓，皆其自製。朝廷嘉重之，尚武邑公主，拜侍中、征南將軍、駙馬都尉，封丹陽王。歲餘而公主薨，更尚建興長公主。

皇興中，劉彧遣其員外郎李豐來朝，顯祖詔昶與彧書，爲兄弟之戒〔二〕。彧不答，責昶以母爲其國妾，宜如春秋荀罃對楚稱外臣之禮。尋敕昶更與彧書。昶表曰：「臣殖根南僞，託體不殊，秉旄作牧，職班台位。天厭子業，夷戮同體，背本歸朝，事捨簪笏。臣弟彧廢姪自立，彰于遐邇。孔懷之義難奪，爲臣之典靡經，棠棣之詠可修，越敬之事未允。臣若改書，事爲二敬；猶修往文，彼所不納。伏願聖慈停臣今荅。」朝廷從之。拜外都坐大官。公主復薨，更尚平陽長公主。

昶好犬馬，愛武事，入國歷紀，猶布衣皂冠，同凶素之服。然呵詈童僕，音雜夷夏。雖在公坐，諸王每侮弄之，或戾手齧臂，至於痛傷，笑呼之聲，聞于御聽。高祖每優假之，不以怪問。至於陳奏本國事故，語及征役，則能斂容涕泗，悲動左右。而天性褊躁，喜怒不恒，每至威忿，楚朴特苦，引待南士，禮多不足，緣此人懷畏避。

太和初，轉内都坐大官。及蕭道成殺劉準，時遣諸將南伐，詔昶曰：「卿識機體運，先覺而來。卿宗廟不復血食，朕聞斯問，矜忿兼懷。今遣大將軍率南州甲卒，以伐逆豎，剋蕩兇醜，翦除民害。氛穢既清，即胙卿江南之土，以興蕃業。」乃以本將軍與諸將同行。路經徐州，哭拜其母舊堂，哀感從者。乃遍循故居，處處隕涕，左右亦莫不辛酸。及至軍所，將欲臨陳，四面拜諸將士，自陳家國滅亡，蒙朝廷慈覆，辭理切至，聲氣激揚，涕泗橫流，三軍咸爲感歎。後昶恐雨水方降，表請還師，從之。又加儀同三司，領儀曹尚書。於時改革朝儀，詔昶與蔣少遊專主其事。昶條上舊式，略不遺忘。

高祖引見於宣文堂，昶啓曰：「臣本國不造，私有虐政，不能廢昏立德，扶定傾危，萬里奔波，投蔭皇闕，仰賴天慈，以存首領。然大恥未雪，痛愧纏心。屬逢陛下釐校之始，願垂曲恩，處臣邊戍，招集遺人，以雪私恥。雖死之日，猶若生年。」悲泣良久。高祖曰：「卿投誠累紀，本邦湮滅，王者未能恤難矜災，良以爲愧。出蕃之日，請別當處分。」後以昶女爲鄉君。

高祖臨宣文堂，見武興王楊集始。既而引集始入宴，詔昶曰：「集始邊方之酋，不足以當諸侯之禮，但王者不遺小國之臣，況此蕃垂之主，故勞公卿於此。」昶對曰：「陛下道化光被，自北而南，故巴漢之雄，遠覲天闕。臣猥瞻盛禮，實忻嘉遇。」高祖曰：「武興、宕昌，於禮容並不閑備，向見集始，觀其舉動，有賢於彌承。」昶對曰：「陛下惠洽普天，澤流無外，武興蕞爾，豈不食椹懷音。」

又爲中書監。開建五等，封昶齊郡開國公，加宋王之號。十七年春，高祖臨經武殿，大議南伐，語及劉、蕭篡奪之事，昶每悲泣不已。因奏曰：「臣本朝淪喪，艱毒備罹，冀恃國靈，釋臣私恥。」頓首拜謝。高祖亦爲之流涕，禮之彌崇。蕭賾雍州刺史曹虎之詐降也，詔昶以兵出義陽，無功而還。

十八年，除使持節、都督吴越楚彭城諸軍事、大將軍，固辭，詔不許，又賜布千匹。及發，高祖親餞之，命百寮賦詩贈昶，又以其文集一部賜昶。高祖因以所製文筆示之，謂昶曰：「時契勝殘，事鍾文業，雖則不學，欲罷不能。脱思一見，故以相示。雖無足味，聊復爲笑耳。」其重昶如是。自昶之背彭城，至是久矣。其昔齋宇山池，並尚存立，昶更脩繕，還處其中。不能綏邊懷物，撫接義故，而閨門喧猥，内外姦雜，前民舊吏，莫不慨歎焉。豫營墓於彭城西南，與三公主同塋而異穴。發石累之，墳崩，壓殺十餘人。後復移改，爲公私費害。

高祖南討，昶候駕於行宫，高祖遣侍中迎勞之。昶討蕭昭業司州，雖屢破賊軍，而義陽拒守不剋，昶乃班師。十九年，高祖在彭城，昶至入見。昶曰：「臣奉敕專征，剋殄兇醜，徒勞士馬，久淹歲時，有損威靈，伏聽斧鉞。」高祖曰：「朕之此行，本無攻守之意，正欲伐罪弔民，宣威布德，二事既暢，不失本圖，朕亦無剋而還，豈但卿也。」

十月，昶朝于京師。高祖臨光極堂大選。高祖曰：「朝因月旦，欲評魏典。夫典者，爲國大綱，治民之柄。君能好典則國治，不能則國亂。我國家昔在恒代，隨時制作，非通世之長典。故自夏及秋，親議條制。或言唯能是寄，不必拘門，朕以爲不爾。何者？當今之世，仰祖質朴，清濁同流，混齊一等，君子小人名品無別，此殊爲不可。我今八族以上，士人品第有九，九品之外，小人之官，復有七等。若苟有其人，可起家爲三公。正恐賢才難得，不可止爲一人，渾我典制。故令班鏡九流，清一朝軌，使千載之後，我得髣像唐虞，卿等依俙元、凱。」昶對曰：「陛下光宅中區，惟新朝典，刊正九流，爲不朽之法，豈唯髣像唐虞，固以有高三代。」高祖曰：「國家本來有一事可慨。可慨者何？恒無公言得失。今卿等各盡其心。人君患不能納羣下之諫，爲臣患不能盡忠於主。朕今舉一人，如有不可，卿等盡言其失；若有才能而朕所不識者，宜各舉所知。朕當虛己延納。若能如此，能舉則受賞，不言則有罪。」

及論大將軍，高祖曰：「劉昶即其人也。」後給班劍二十人。二十一年四月，薨於彭城，年六十二。高祖爲之舉哀，給温明祕器、錢百萬、布五百匹、蠟三百斤、朝服一具、衣一襲，贈假黄鉞、太傅、領揚州刺史，加以殊禮，備九錫，給前後部羽葆鼓吹，依晉琅邪武王伷故事，謚曰明。

昶適子承緒，主所生也。少而尫疾。尚高祖妹彭城長公主，爲駙馬都尉。先昶卒，贈員外常侍。

長子文遠，次輝，字重昌，並皆疏狂，昶深慮不能守其爵封。然輝猶小，未多罪過，乃以爲世子，襲封。正始初，尚蘭陵長公主，世宗第二姊也〔三〕。拜員外常侍。公主頗嚴妬，輝嘗私幸主侍婢有身，主笞殺之。剖其孕子，節解，以草裝實婢腹，裸以示輝。輝遂忿憾，疏薄公主。公主姊因入聽講，言其故於靈太后，太后敕清河王懌窮其事。懌與高陽王雍、廣平王懷奏其不和之狀，無可爲夫婦之理，請離婚，削除封位。太后從之。公主在宮周歲，高陽王及劉騰等皆爲言於太后。太后慮其不改，未許之，雍等屢請不已，聽復舊義。太后流涕送公主，誡令謹護。正光初，輝又私淫張陳二氏女。公主更不檢惡，主姑陳留公主共相扇獎，遂與輝復致忿爭。輝推主墮牀，手脚毆蹈，主遂傷胎，輝懼罪逃逸。靈太后召清河王懌決其事，二家女髡笞付宮，兄弟皆坐鞭刑，徙配敦煌爲兵。公主因傷致薨，太后親臨慟哭，舉哀太極東堂，出葬城西，太后親送數里，盡哀而還。謂侍中崔光曰：「向哭所以過哀者，追念公主爲輝頓辱非一，乃不關言，能爲隱忍，古今寧有此！此所以痛之。」後執輝於河内之温縣，幽于司州，將加死刑，會赦得免。三年，復其官爵，遷征虜將軍、中散大夫。四年，輝卒，家遂衰頓，無復可紀。

文遠，歷步兵校尉、前將軍。景明初，爲統軍。在壽春，坐謀殺刺史王肅以壽春叛，事發伏法。

有通直郎劉武英者，太和十九年從淮南内附，自云劉裕弟長沙景王道憐之曾孫，賜爵建寧子，司徒外兵參軍，稍轉步兵校尉、游擊將軍，卒于河内太守。而昶不以爲族親也。

蕭寶夤，字智亮，蕭鸞第六子，寶卷母弟也。鸞之竊位，封寶夤建安王。寶卷立，以爲車騎將軍、開府，領石頭戍軍事。寶卷惛狂，其直後劉靈運等謀奉寶夤，密遣報寶夤，寶夤許之。遂迎寶夤率石頭文武向其臺城，稱警蹕，百姓隨從者數百人。會日暮，城門閉，乃燒三尚及建業城，城上射殺數人，衆乃奔散。寶夤棄車步走，部尉執送之，自列爲人所逼，寶卷亦不罪責也。寶卷弟寶融僭立，以寶夤爲衛將軍、南徐州刺史，改封鄱陽王。

蕭衍既克建業，殺其兄弟，將害寶夤，以兵守之，未至嚴急。其家閹人顔文智與左右麻拱、黄神密計，穿牆夜出寶夤。具小船於江岸，脱本衣服，著烏布襦，腰繫千許錢，潛赴江畔，躡屩徒步，脚無全皮。防守者至明追之，寶夤假爲釣者，隨流上下十餘里，追者不疑，待散，乃度西岸。遂委命投華文榮。文榮與其從子天龍、惠連等三人，棄家將寶夤遁匿山澗，賃驢乘之，晝伏宵行，景明二年至壽春之東城戍。戍主杜元倫推檢，知實蕭氏子也，以禮延待，馳告揚州刺史、任城王澄，澄以車馬侍衛迎之。時年十六，徒步憔悴，見者以爲掠賣生口也。澄待以客禮。乃請喪居斬衰之服〔四〕，澄遣人曉示情禮，以喪兄之制，給其齊衰，寶夤從命。澄率官寮赴弔，寶夤居處有禮，不飲酒食肉，輟笑簡言，一同極哀之節。壽春多其故義，皆受慰唁，唯不見夏侯一族，以夏侯同蕭衍故也。改日造澄，澄深器重之。

景明三年閏四月，詔曰：「蕭寶夤深識機運，歸誠有道，冒嶮履屯，投命絳闕，微子、陳韓亦曷以過也〔五〕。可遣羽林監、領主書劉桃符詣彼迎接。其資生所須之物，及衣冠、車馬、在京邸館，付尚書悉令豫備。」及至京師，世宗禮之甚重。伏訴闕下，請兵南伐，雖遇暴風大雨，終不暫移。

是年冬，蕭衍江州刺史陳伯之與其長史褚胄等自壽春歸降〔六〕，請軍立效。世宗以寶夤誠懇及伯之所陳，時不可失，四年二月，乃引八座門下入議部分之方。四月，除使持節、都督東揚南徐兗三州諸軍事、鎮東將軍、東揚州刺史〔七〕、丹陽郡開國公、齊王，配兵一萬，令且據東城，待秋冬大舉。寶夤明當拜命，其夜慟哭。至晨，備禮策授，賜車馬什物，給虎賁五百人，事從豐厚，猶不及劉昶之優隆也。又任其募天下壯勇，得數千人。以文智三人等爲積弩將軍，文榮等三人爲彊弩將軍，並爲軍主。寶夤雖少羈流，而志性雅重，過朞猶絶酒肉，慘形悴色，蔬食麤衣，未嘗嬉笑。及被命當南伐，貴要多相憑託，門庭賓客若市，書記相尋，寶夤接對報復，不失其理。

正始元年三月，寶夤行達汝陰，東城已陷，遂停壽春之棲賢寺。值賊將姜慶真內侵，士民響附，圍逼壽春，遂據外郭。寶夤躬貫甲冑，率下擊之，自四更交戰，至明日申時，賊旅彌盛。寶夤以衆寡無援，退入金城。又出相國東門，率衆力戰，始破走之。當寶夤壽春之戰，勇冠諸軍，聞見者莫不壯之。七月，還京師，改封梁郡開國公，食邑八百戶。

及中山王英南伐，寶夤又表求征。乃爲使持節、鎮東將軍、別將以繼英，配羽林、虎賁五百人。與英頻破衍軍，乘勝遂攻鍾離。淮水汎溢，寶夤與英狼狽引退，士卒死沒者十四五。有司奏寶夤守東橋不固，軍敗由之，處以極法。詔曰：「寶夤因難投誠，宜加矜貸，可恕死，免官削爵還第。」

尋尚南陽長公主，賜帛一千匹，并給禮具。公主有婦德，事寶夤盡肅雍之禮，雖好合積年，而敬事不替。寶夤每入室，公主必立以待之，相遇如賓，自非太妃疾篤，未曾歸休。寶夤器性温順，自處以禮，奉敬公主，內外諧穆，清河王懌親而重之。

永平四年，盧昶克蕭衍朐山戍，以琅邪戍主傅文驥守之。衍遣師攻文驥，盧昶督衆軍救之，詔寶夤爲使持節、假安南將軍、別將，長驅往赴，受盧昶節度。賜帛三百匹，世宗於東堂餞之。詔曰：「蕭衍送死連兵，再離寒暑，卿忠規內挺，孝誠外亮，必欲鞭尸吳墓，戮衍江陰，故授卿以總統之任，仗卿以克捷之規，宜其勉歟？」寶夤對曰：「讎恥未復，枕戈俟旦，雖無申包之志，敢忘伍胥之心。今仰仗神謀，俯厲將帥，誓必拉彼姦勍，以清王略。聖澤下臨，不勝悲荷。」因泣涕橫流，哽咽良久。於後，盧昶軍敗，唯寶夤全師而歸。

延昌初，除安東將軍、瀛州刺史，復其齊王。四年，遷撫軍將軍、冀州刺史。及大乘賊起，寶夤遣軍討之，頻爲賊破。臺軍至，乃滅之。靈太后臨朝，還京師。

蕭衍遣其將康絢於浮山堰淮以灌揚徐。除寶夤使持節、都督東討諸軍事、鎮東將軍以討之。尋復封梁郡開國公，寄食濟州之濮陽。熙平初，賊堰既成，淮水濫溢，將爲揚徐之患，寶夤於堰上流更鑿新渠，引注淮澤，水乃小減。乃遣輕車將軍劉智文、虎威將軍劉延宗率壯士千餘，夜渡淮，燒其竹木營聚，破賊三壘，殺獲數千人，斬其直閤將軍王升明而還，火數日不滅。衍將垣孟孫、張僧副等水軍三千渡淮，北攻統軍呂叵。寶夤遣府司馬元達、統軍魏續年等赴擊，破之，孟孫等奔退。乃授左光祿大夫、殿中尚書。寶夤又遣軍主周恭叔率壯士數百〔八〕，夜渡淮南，焚賊徐州刺史張豹子等十一營，賊衆驚擾，自殺害者甚衆。寶夤還京師，又除使持節、散騎常侍、都督荆□東洛三州諸軍事、衛將軍、荆州刺史。不行，復爲殿中尚書。

寶夤之在淮堰，蕭衍手書與寶夤曰：「謝齊建安王寶夤。亡兄長沙宣武王，昔投漢中，值北寇華陽，地絶一隅，内無素畜，外絶繼援，守危疏勒，計踰田單，卒能全土破敵，以弱爲彊。使至之日，君臣動色，左右相賀，齊明帝每念此功，未嘗不輟箸咨嗟。及至張永、崔慧景事，大將覆軍於外，小將懷貳於内，事危累卵，勢過綴旒。亡兄忠勇奮發，旋師大峴，重圍累日，一鼓魚潰，克定慧景，功踰桓文。亡弟衞尉，兄弟勠力，盡心内外。大勳不報，翻罹荼酷，百口幽執，禍害相尋。朕於齊明帝，外有龕敵之力，内盡帷幄之誠，日自三省，曾無寸咎，遠身邊外，亦復不免。遂遣劉山陽輕舟西上，來見掩襲。時危事迫，勢不得已。所以誓衆樊鄧，會踰孟津，本欲翦除梅虫兒、茹法珍等，以雪冤酷，拔濟親屬，反身素里。屬張稷、王珍國已建大事，寶晊、子晉屢動危機，迫樂推之心，應上天之命，事不獲已，豈其始願。所以自有天下，絶棄房室，斷除滋味，正欲使四海見其本心耳。勿謂今日之位，是爲可重，朕之視此，曾不如一芥。雖復崆峒之蹤難追，汾陽之志何遠。而今立此堰，卿當未達本意。朕於昆蟲，猶不欲殺，亦何急爭無用之地，戰蒼生之命也！正爲李繼伯在壽陽，侵犯邊境，歲月滋甚。或攻小城小戍，或掠一村一里。若小相酬答，終無寧日，邊邑爭桑，吴楚連禍。所以每抑鎮戍，不與校計。繼伯既得如此，濫竊彌多。今修此堰，止欲以報繼伯侵盗之役，既非大舉，所以不復文移北土。卿幼有倜儻之心，早懷縱横之氣。往日卿於石頭舉事，雖不克捷，亦丈夫也。今止河洛，真其時矣。雖然，爲卿計者，莫若行率此衆，襲據彭城，別當遣軍以相影援。得捷之後，便遣卿兄子屛侍送卿國廟、并卿室家及諸姪從。若方欲還北，更設奇計，恐機事一差，難重復集，勿爲韓信，受困野鷄。」寶夤表送其書，陳其忿毒之意。朝廷爲之報答。

寶夤志存雪復，屢請居邊。神龜中，出爲都督徐南兗二州諸軍事、車騎將軍、徐州刺史。乃起學館於清東，朔望引見土姓子弟，接以恩顏，與論經義，勤於政治，吏民愛之。凡在三州，皆著名稱。

正光二年，徵爲車騎大將軍、尚書左僕射。善於吏職，甚有聲名。四年，上表曰：

臣聞堯典有黜陟之文，周書有考績之法，雖其源難得而尋，然條流抑亦可知矣。大較在于官人用才，審於所莅，練迹校名，驗於虛實。豈不以臧否得之餘論，優劣著於歷試者乎？既聲窮於月旦，品定於黃紙，用效於名輩，事彰於臺閣，則賞罰之途，差有商準；用捨之宜，非無依據。雖復勇進忘退之儔，奔競於市里；過分亡涯之請，馳騖於多門；猶且顧其聲第，慎其與奪。器分定於下，爵位懸於上，不可妄叨故也。

今竊見考功之典，所懷未喻，敢竭無隱，試陳萬一。何者？竊惟文武之名，在人之極地；德行之稱，爲生之最首。忠貞之美，立朝之譽，仁義之號，處身之端，自非職惟九官，任當四岳，授曰爾諧，讓稱俞往，將何以克厭大名，允茲令問。自比已來，官罔高卑，人無貴賤，皆飾辭假說，用相褒舉。涇渭同波，薰猶共器，求者不能量其多少，與者不復覈其是非。遂使冠履相貿，名與實爽，謂之考功，事同汎陟，紛紛漫漫，焉可勝言。

又在京之官，積年一考。其中或所事之主遷移數四，或所奉之君身名廢絶〔九〕，或具寮離索，或同事凋零，雖當時文簿，記其殿最，日久月深，駁落都盡，人有去留，誰復掌其勤墮？或停休積稔，或分隔數千，累年之後，方求追訪聲迹，立其考第。無不苟相悦附，共爲脣齒，飾垢掩疵，妄加丹素，趣令得階而已，無所顧惜。賢達君子，未免斯患；中庸已降，夫復何論。官以求成，身以請立，上下相蒙，莫斯爲甚。

又勤恤人隱，咸歸守令，厥任非輕，所責實重。然及其考課，悉以六載爲程，既而限滿代還，復經六年而敍。是則歲周十二，始得一階。於東西兩省文武閑職、公府散佐、無事冗官，或數旬方應一直，或朔望止於暫朝，及其考日，更得四年爲限。是則一紀之中，便登三級。彼以實勞劇任，而遷貴之路至難；此以散位虛名，而升陟之方甚易。何内外之相懸，令厚薄之如是！

又聞之，聖人大寶曰位，何以守位曰仁。孟子亦曰：仁義忠信天爵也，公卿大夫人爵也。古之人脩其天爵而人爵從之。故雖文質異時，汚隆殊世，莫不寶兹名器，不以假人。是以賞罰之柄，恒自持也。至乃周之藹藹，五叔無官；漢之察察，館陶徒請。豈不重骨肉、私親親？誠以賞罰一差，則無以懲勸；至公暫替，則覬覦相欺。故至慎至惜，殷勤若此。況乎親非肺腑，才乖秀逸；或充單介之使，始無汗馬之勞；或說興利之規，終慚十一之潤。皆虛張無功，妄指羸益，坐獲數階之官，藉成通顯之貴。於是巧詐萌生，僞辯鋒出，役萬慮以求榮，開百方而逐利。握樞秉鈞者，亦知其若斯〔一〇〕，但抑之則其流已注，引之則有何紀極。

夫琴瑟在於必和，更張求其適調。去者既不可追，來者猶或宜改。按周官太宰之職：歲終，則令官府各正所司，受其會計，聽其致事，而詔於王；三歲，則大計羣吏之治而誅賞之。愚謂：今可粗依其準，見居官者，每歲終，本曹皆明辨在官日月，具覈才行能否，審其實用而注其上下，游辭宕說，一無取焉〔一一〕。列上尚書，覆其合否。如有紕謬，即正而罰之，不得方復推詰委否，容其進退。既定其優劣，善惡交分。庸短下第，黜凡以明法；幹務忠清，甄能以記賞。總而奏之。經奏之後，考功曹別書於黄紙、油帛。一通則本曹尚書與令、僕印署，留於門下；一通則以侍中、黄門印署，掌在尚書。嚴加緘密，不得開視，考績之日，然後對共裁量。如此，則少存實録，薄止姦回。其内外考格，裁非庸管，乞求博議，以爲畫一。若殊謀異策，事關廢興，遐邇所談，物無異議者，自可臨時斟酌，匪拘恒例。至如援流引比之訴，貪榮求級之請，如不限以關鍵，肆其傍通，則蔓草難除，涓流遂積，穢我彝章，撓茲大典。謂宜明加禁斷，以全至治，開返本之路，杜澆弊之門。如斯，則吉士盈朝，薪槱載焕矣。

詔付外博議，以爲永式，竟無所定。

時蕭衍弟子西豐侯正德來降，寶夤表曰：

伏見揚州表，蕭正德自云避禍，遠投宸掖，背父叛君，駭議衆口，深心指趣，厥情難測。

臣聞立身行道，始於事親，終於事君。故君親盡之以恒敬，嚴父兼之以博愛。斯人倫之所先，王教之盛典。三千之罪，莫大於不孝。毁則藏姦，常刑靡赦。所以晉恭獲謗，無所逃死；衛伋受誣，二子繼没。親命匪棄，國孰無父？况今封豕尚存，長蛇未滅，偷生江表，自安毒酖。而正德居猶子之親，竊通侯之貴，父榮於國，子爵於家，履霜弗聞，去就先結。隔絶山淮，温凊永盡，定省長違，報復何日？以此爲心，心可知矣。

皇朝綿基累葉，恩均四海，自北徂南，要荒仰澤，能言革化，無思不韙。賁玉帛於丘園，標忠孝以納賞；築藁街于伊洛，集華裔其歸心〔一二〕。被髮鏤身之酋，屈膝而請吏；交趾文身之渠，款關而効質。至如正德，宜甄義以致貶。昔越栖會稽，賴宰嚭以獲立；漢困彭宋，寔丁公而獲免。吴項已平，二臣即法。豈不録其情哉？欲明責以示後。況遺君忽父，狼子是心，既不親親，安能親人。中間變詐，或有萬等。伏惟陛下聖敬自天，欽光纂歷，昭德塞違，以臨羣后，脱苞此凶醜，寘之列位，百官是象，其何誅焉！

臣釁結禍深，痛纏肝髓，日暮途遥，復報無日，豈區區於一豎哉？但才雖庸近，職居獻替，愚衷寸抱，敢不申陳。伏願聖慈少垂察覽，訪議槐棘，論其是非。使秋霜春露，施之有在，相鼠攸刺，遄死有歸。無令申伋受笑於苟存，曾閔淪名於盛世。

正德既至京師，朝廷待之尤薄。歲餘，還叛。

五年，蕭衍遣其將裴邃、虞鴻等率衆寇揚州，詔竇夤爲使持節、散騎常侍、車騎大將軍、都督徐州東道諸軍事，率諸將討之。既而揚州刺史長孫稚大破邃軍，斬鴻，賊遂奔退。

初，秦州城人薛珍、劉慶、杜遷等反，執刺史李彦，推莫折大提爲首，自稱秦王。大提尋死，其第四子念生竊號天子，改年曰天建，置立官寮，以息阿胡爲太子，其兄阿倪爲西河王，弟天生爲高陽王，伯珍爲東郡王，安保爲平陽王。遣天生率衆出隴東，攻没汧城，仍陷岐州，執元志、裴芬之等，遂寇雍州，屯於黑水。朝廷甚憂之，乃除寶夤開府、西道行臺，率所部東行將統，爲大都督西征。肅宗幸明堂，因以餞之。

寶夤與大都督崔延伯擊天生，大破之，斬獲十餘萬。追奔至于小隴，軍人採掠，遂致稽留，不速追討，隴路復塞。仍進討高平賊帥万俟醜奴於安定，更有負捷。時有天水人吕伯度兄弟，始共念生同逆，後與兄衆保於顯親，聚衆討念生，戰敗，降於胡琛。琛以伯度爲大都督、秦王，資其士馬，還征秦州，大敗念生將杜粲於成紀，又破其金城王莫折普賢於水洛城，遂至顯親。念生率衆，身自拒戰，又大奔敗。伯度乃背胡琛，襲琛將劉拔，破走之，遣其兄子忻和率騎東引國軍。念生事迫，乃詐降於寶夤。朝廷喜伯度立義之功[三]，授撫軍將軍、涇州刺史、平秦郡開國公，食邑三千户。而大都督元脩義、高聿，停軍隴口，久不西進。念生復反，伯度終爲醜奴所殺。故賊勢更甚，寶夤不能制。孝昌二年四月，除寶夤侍中、驃騎大將軍、儀同三司、假大將軍、尚書令，給後部鼓吹，增封千户。寶夤初自黑水，終至平涼，與賊相對，數年攻擊，賊亦憚之，關中保全，寶夤之力矣。

三年正月，除司空公。出師既久，兵將疲弊，是月大敗，還雍州。仍停長安，收聚離散。有司處寶夤死罪，詔恕爲民。四月，除使持節、都督雍涇岐南豳四州諸軍事、征西將軍、雍州刺史、假車騎大將軍、開府、西討大都督，自關以西，皆受節度。九月，念生爲其常山王杜粲所殺，合門皆盡。粲據州請降於寶夤。十月，除散騎常侍、車騎將軍、尚書令，復其舊封。

是時，山東、關西寇賊充斥，王師屢北，人情沮喪。寶夤自以出軍累年，糜費尤廣，一旦覆敗，慮見猜責，內不自安。朝廷頗亦疑阻，乃遣御史中尉酈道元爲關中大使。寶夤謂密欲取己，彌以憂懼。而長安輕薄之徒因相說動。道元行達陰盤驛，寶夤密遣其將郭子恢等攻而殺之，詐收道元尸，表言白賊所害。又殺都督、南平王仲冏。是月，遂反，僭舉大號，赦其部內，稱隆緒元年，立百官。乃遣郭子恢東寇潼關，行臺張始榮圍華州刺史崔襲。詔尚書僕射行臺長孫稚討之。時北地人毛鴻賓與其兄遐糾率鄉義，將討寶夤。寶夤遣其大將軍盧祖遷等擊遐，爲遐所殺。又遣其將侯終德往攻遐。會子恢爲官軍所敗，長孫稚又遣子子彥破始榮於華州，終德因此勢挫，還圖寶夤。軍至白門，寶夤始覺，與終德交戰，戰敗，攜公主及其少子，與部下百餘騎從後門出走，渡渭橋，投於寧夷巴張宕昌、劉興周舍。尋奔醜奴，醜奴以寶夤爲太傅。

永安三年，都督尒朱天光遣賀拔岳等破醜奴於安定，追擒醜奴、寶夤，並送京師。詔置閶闔門外都街之中，京師士女聚共觀視，凡經三日。吏部尚書李神儁、黃門侍郎高道穆並與寶夤素舊，二人相與左右，言於莊帝，云「其逆迹事在前朝〔一四〕」，冀得赦免。會應詔王道習時自外至，莊帝問道習在外所聞。道習曰：「唯聞陛下欲不殺蕭寶夤。」帝問其故。道習曰：「人云：李尚書、高黃門與寶夤周款，並居得言之地，必能全之。」道習因曰：「若謂寶夤逆在前朝，便將恕之。寶夤敗於長安，走爲醜奴太傅，豈非陛下御曆之日？賊臣不翦，法欲安施？」帝然其言，乃於太僕駝牛署賜死。寶夤之將死，神儁攜酒就之以敍舊故，因對之下泣。而寶夤夷然自持，了不憂懼，唯稱「推天委命，恨不終臣節」而已。公主攜男女就寶夤訣別，慟哭極哀。寶夤死，色貌不改。寶夤有三子，皆公主所生，而並凡劣。

長子烈，復尚肅宗妹建德公主，拜駙馬都尉。寶夤反，伏法。

次子權，與少子凱射戲，凱矢激，中之而死。凱仕至司徒左長史。凱妻，長孫稚女也，輕薄無禮，公主數加罪責。凱竊銜恨，妻復惑說之。天平中，凱遂遣奴害公主。乃轘凱於東市，妻梟首。家遂殄滅。

寶夤兄寶卷子贊，字德文，本名綜，入國，寶夤改焉。初，蕭衍滅寶卷，寶卷宮人吴氏始孕，匿而不言，衍仍納之，生贊，以爲己子，封豫章王。及長，學涉有才思。其母告之以實，贊晝則談謔如常，夜則銜悲泣涕，結客待士，恒有來奔之志。爲衍諸子深所猜疾，而衍甚愛寵之。

有濟陰芮文寵、安定梁話，贊曲加禮接，乃割血自誓，布以腹心。寵、話等既感其情義，敬相然諾。值元法僧以彭城叛入蕭衍，衍命贊爲南兗徐二州刺史、都督江北諸軍事，鎮彭城。於時，肅宗遣安豐王延明、臨淮王彧討之，贊便遣使密告誠款，與寵、話夜出，步投彧軍。孝昌元年秋，届于洛陽，陛見之後，就館舉哀，追服三載。寶夤于時在關西，遣使觀察，聞其形貌，斂眉悲感。朝廷賞賜豐渥，禮遇隆厚，授司空，封高平郡開國公、丹陽王，食邑七千户。

及寶夤反，贊惶怖，欲奔白鹿山，至河橋，爲北中所執。朝議明其不相干預，仍蒙慰勉。建義初，隨尒朱榮赴晉陽，莊帝徵贊還洛。轉司徒，遷太尉，尚帝姊壽陽長公主。出爲都督齊濟西兗三州諸軍事、驃騎大將軍、開府儀同三司、齊州刺史。寶夤見擒，贊拜表請寶夤命。尒朱兆入洛，爲城民趙洛周所逐。公主被録還京，尒朱世隆欲相陵逼，公主守操被害。贊既棄州，爲沙門，潛詣長白山，未幾，趣白鹿山。至陽平，遇病而卒，時年三十一。

贊機辯，文義頗有可觀，而輕薄俶儻，猶見父之風尚。普泰末，敕迎其喪至洛，遣黄門郎鹿悆護喪事，以王禮與公主合葬嵩山。至元象初，吴人盜其喪還江東，蕭衍猶以爲子，祔葬蕭氏墓焉。贊江南有子，在國無後。

蕭正表，字公儀，蕭衍弟臨川王宣達子也。正表長七尺九寸，眉目疎朗。雖質貌豐美，而性理短闇。衍以爲封山縣開國侯，拜給事中，歷東宫洗馬、淮南晉安二郡太守。轉輕車將軍、北徐州刺史，鎮鍾離。

初，衍未有子，以正表兄正德爲子，既而封爲西豐侯。正德私懷忿憾。正光三年，背衍奔洛，朝廷以其人才庸劣，不加禮待。尋逃歸，衍不之罪。後封正德臨賀王。衍末，復爲散騎常侍、光禄大夫，知丹陽尹事。侯景之將濟江也，知正德有恨於衍，密與交通，許推爲主。正德以船數十舫迎之。景渡江，衍召正表入援。正表率衆次廣陵，聞正德爲侯景所推，仍託舫糧未集，磐桓不進。景尋以正表爲南兗州刺史，封南郡王。正表既受景署，遂於歐陽立栅，斷衍援軍。又欲遣其妾兄龔子明進攻廣陵。衍南兗州刺史、南康王蕭會理遣前廣陵令劉瑗襲擊，破之。正表狼狽失據，乃率輕騎，走還鍾離。

武定七年正月，仍送子爲質，據州内屬。徐州刺史高歸彦遣長史劉士榮馳赴之。事定，正表入朝，以勳封蘭陵郡開國公、吴郡王，食邑五千户。尋除侍中、車騎將軍、特進、太子太保、開府儀同三司，賞賚豐厚。其年冬薨，年四十二。贈侍中、都督徐揚兗豫濟五州諸軍事、驃騎大將軍、司空公、徐州刺史，開國公、王並如故。謚曰昭烈。子廣壽。

史臣曰：劉昶猜疑懼禍，蕭衡亡破之餘，並潛骸竄影，委命上國。俱稱曉了，咸當任遇，雖有枕戈之志，終無鞭墓之誠。昶諸子尪疎，喪其家業。寶夤背恩忘義，梟鏡其心。此亦戎夷彯狡輕薄之常事也。天重其罪，鬼覆其門，至於母子兄弟還相殲滅，抑是積惡之義云。蕭贊臨邊脱身，晚去讎賊，寵禄頓臻，顛沛旋至，信吉凶之相倚也。正表歸命，大享名族，亦以優哉。

校勘記

〔一〕虞法生　宋書卷七二、南史卷一四晉熙王昶傳、通鑑卷一三〇宋紀一二泰始元年九月並作「蘧法生」，疑是。

〔二〕兄弟之戒　「戒」，北史卷二九劉昶傳作「式」，疑是。

〔三〕世宗第二姊也　「二」，御覽卷一五三引後魏書作「三」。

〔四〕請喪居斬衰之服　「喪居」，北史卷二九蕭寶夤傳作「喪君」，疑是。按下文稱元澄「曉示情禮，以喪兄之制，給其齊衰」，則寶夤所請當是喪君之服。

〔五〕陳韓　李慈銘云：「『陳韓』本作『陳完』，以南宋避欽宗嫌名，於『陳』下注一『諱』字，遂誤爲『韓』。」按陳公子完奔齊，見左傳莊二十二年，李說疑是。但本書卷七九成淹傳亦有「欲追蹤陳韓」語，或指陳平、韓信背楚歸漢事。

〔六〕褚冑　梁書卷二〇陳伯之傳、通鑑卷一四五梁紀一天監元年五月作「褚緭」，考異云：「魏書蕭寶夤傳作『褚冑』，今從梁書。」則司馬光所見魏書作「褚冑」。「緭」「冑」同音，「冑」當是「冑」之訛。

〔七〕東揚州刺史　「東」字原闕，據北史卷二九蕭寶夤傳補。按本書卷八世宗紀景明四年四月記蕭寶夤官正作「東揚州刺史」。寶夤都督三州，「東揚」居首，依例所督首列之州，即是此州刺史，且時揚州刺史是任城王澄。

〔八〕軍主　原作「軍王」，據局本改。

〔九〕所奉之君身名廢絶　「名」，三朝本、南監本、北監本、殿本、北史卷二九蕭寶夤傳並作「亡」。

〔一〇〕知其若斯　「若」，原作「苦」，據局本、册府卷四七二改。

〔一一〕一無取焉　「一無」，原作「無一」，據三朝本、南監本、北監本、殿本及北史卷二九蕭寶夤傳、册府卷四七二乙正。

〔一二〕集華裔其歸心　「心」，原作一字空格，據三朝本、南監本、北監本、殿本補。

〔三〕喜伯度立義之功　「喜」，北史卷二九蕭寶夤傳作「嘉」。

〔四〕逆迹　原作「逆亦」，據三朝本、南監本、北監本、殿本、北史卷二九蕭寶夤傳改。

魏書卷六十

列傳第四十八

韓麒麟 程駿

韓麒麟，昌黎棘城人也，自云漢大司馬增之後。父瑚，秀容、平原二郡太守。麒麟幼而好學，美姿容，善騎射。恭宗監國，爲東曹主書。高宗即位，賜爵魯陽男，加伏波將軍。父亡，在喪有禮，邦族稱之。

後參征南慕容白曜軍事，進攻升城，師人多傷。及城潰，白曜將坑之，麒麟諫曰：「今始踐僞境，方圖進取，宜寬威厚惠，以示賊人，此韓信降范陽之計。勍敵在前，而便坑其衆，恐自此以東，將人各爲守，攻之難剋。日久師老，外民乘之，以生變故，則三齊未易圖也。」白曜從之，皆令復業，齊人大悦。後白曜表麒麟爲冠軍將軍，與房法壽對爲冀州刺史。白曜攻東陽，麒麟上義租六十萬斛，并攻戰器械，於是軍資無乏。及白曜被誅，麒麟亦徵還，停滯多年。高祖時，拜給事黄門侍郎，乘傳招慰徐兗，叛民歸順者四千餘家。尋除冠軍將軍、齊州刺史，假魏昌侯。麒麟在官，寡於刑罰，從事劉普慶説麒麟曰：「明公仗節方夏，而無所斬戮，何以示威？」麒麟曰：「刑罰所以止惡，蓋不得已而用之。今民不犯法，何所戮乎？若必須斬斷以立威名，當以卿應之。」普慶慚懼而退。麒麟以新附之人，未階臺宦，士人沈抑，乃表曰：「齊土自屬僞方，歷載久遠，舊州府寮，動有數百。自皇威開被，并職從省，守宰闕任，不聽土人監督。竊惟新人未階朝宦，州郡局任甚少，沈塞者多，願言冠冕，輕爲去就。愚謂守宰有闕，宜推用豪望，增置吏員，廣延賢喆。則華族蒙榮，良才獲敍，懷德安土，庶或在茲。」朝議從之。

太和十一年，京都大饑，麒麟表陳時務曰：

古先哲王經國立治，積儲九稔，謂之太平。故躬籍千畝，以勵百姓，用能衣食滋茂，禮教興行。逮於中代，亦崇斯業，入粟者與斬敵同爵，力田者與孝悌均賞，實百王之常軌，爲治之所先。

今京師民庶，不田者多，遊食之口，三分居二。蓋一夫不耕，或受其飢，況於今者，動以萬計。故頃年山東遭水，而民有餒終；今秋京都遇旱，穀價踊貴。實由農人不勤，素無儲積故也。

伏惟陛下天縱欽明，道高三五，昧旦憂勤，思恤民弊，雖帝虞一日萬幾，周文昃不暇食，蔑以爲喻。上垂覆載之澤，下有凍餒之人，皆由有司不爲明制，長吏不恤其本。自承平日久，豐穰積年，競相矜夸，遂成侈俗。車服第宅，奢僭無限；喪葬婚娶，爲費實多；貴富之家，童妾袨服；工商之族，玉食錦衣。農夫餔糟糠，蠶婦乏短褐。故令耕者日少，田有荒蕪。穀帛罄於府庫，寶貨盈於市里；衣食匱於室，麗服溢於路。飢寒之本，寔在於斯。愚謂凡珍玩之物，皆宜禁斷，吉凶之禮，備爲格式，令貴賤有別，民歸朴素。制天下男女，計口受田。宰司四時巡行，臺使歲一按檢。勤相勸課，嚴加賞罰〔一〕。數年之中，必有盈贍，雖遇災凶，免於流亡矣。

往年校比户貫，租賦輕少。臣所統齊州，租粟纔可給俸，略無入倉。雖於民爲利，而不可長久。脱有戎役，或遭天災，恐供給之方，無所取濟。可減絹布，增益穀租，年豐多積，歲儉出賑。所謂私民之穀，寄積於官，官有宿積，則民無荒年矣。

十二年春，卒於官，年五十六。遺勑其子，殯以素棺，事從儉約。麒麟立性恭慎，恒置律令於坐傍。臨終之日，唯有俸絹數十匹，其清貧如此。贈散騎常侍、安東將軍、燕郡公，謚曰康。

長子興宗，字茂先。好學，有文才。年十五，受道太學。後司空高允奏爲祕書郎，參著作事。中山王叡貴寵當世。闕爲文。遷祕書中散。太和十四年冬，卒。贈寧遠將軍、漁陽太守。

子子熙，字元雍。少自修整，頗有學識。弱冠，未能自通，侍中崔光舉子熙爲清河王懌常侍，遷郎中令。初，子熙父以爵讓弟顯宗，不受。子熙緣父素懷，卒亦不襲。及顯宗卒，子熙別蒙賜爵，乃以其先爵讓弟仲穆。兄弟友愛如此。父亡，居喪有禮。子熙爲懌所眷遇，遂闕位，待其畢喪後復用。

及元叉害懌，久不得葬。子熙爲之憂悴，屏處田野，每言王若不得復封，以禮遷葬，誓以終身不仕。後靈太后返政，以元叉爲尚書令，解其領軍。子熙與懌中大夫劉定興、學官令傅靈標、賓客張子慎伏闕上書曰：

竊惟故主太傅清河王，職綜樞衡，位居論道，盡忠貞以奉公，竭心膂以事國，自先皇崩殂，陛下沖幼，負扆當朝，義同分陝。宋維反常小子，性若青蠅，汙白點黑，讒佞是務，以元叉皇姨之壻，權勢攸歸，遂相附託，規求榮利，共結圖謀，坐生眉眼，誣告國王，枉以大逆。賴明明在上，赫赫臨下，泥潰自消，玉質還潔。謹案律文：諸告事不實，以其罪罪之。維遂無罪，出爲大郡，刑賞僭差，朝野怪愕。若非宋維與叉爲計，豈得全其身命，方撫千里？

王以權在寵家，塵謗紛雜，恭慎之心，逾深逾厲，去其本宅，移住殿西，闔門靜守，親賓阻絕。于時，吏部諮稟劉騰，奏其弟官，郡戍兼補。及經内呈，爲王駁退。騰由此生嫌，私深怨怒，遂乃擅廢太后，離隔二宮，拷掠胡定〔二〕，誣王行毒，含齒戴髮，莫不悲惋。及會公卿，議王之罪，莫不俛眉飲氣，唯諮是從〔三〕。僕射游肇，亢言厲氣，發憤成疾，爲王致死。王之忠誠款篤，節義純貞，非但藴藏胸襟，實乃形於文翰，搜括史傳，撰顯忠録，區目十篇，分卷二十。既欲彰忠心於萬代，豈可爲逆亂於一朝。乞追遺志，足明丹款。

叉籍寵姻戚，恃握兵馬，無君之心，實懷皂白。擅廢太后，枉害國王，生殺之柄，不由陛下，賞罰之詔，一出於叉。名藩重地，皆其親黨；京官要任，必其心腹。中山王熙本興義兵，不圖神器，戮其大逆，合門滅盡，遂令元略南奔，爲國巨患〔四〕。奚康生國之猛將，盡忠棄市。其餘枉被屠戮者，不可稱數。緣此普天喪氣，匝地憤傷。致使朔隴猖狂，歷歲爲亂，荆徐蠢動，職是之由。昔趙高秉秦，令關東鼎沸；今元叉執權，使四方雲擾。自古及今，竹帛所載，賊子亂臣，莫此爲甚。

開逆之始，起自宋維，成禍之末，良由騰矣。而令凶徒姦黨，迭相樹置，高官厚禄，任情自取，非但臣等痛恨終身，抑爲聖朝懷慚負愧。以臣赤心慺慺之見，宜梟諸兩觀，洿其舍廬。騰合斲棺斬骸，沈其五族。上謝天人幽隔之憤，下報忠臣冤酷之痛。方乃崇亞三事，委以樞端，所謂虎也更傅其翼。朝野切齒，遐邇扼腕。蔓草難除，去之宜盡。臣歷觀曠代，緬追振古，當斷不斷，其禍更生。況叉猜忍，更居衡要。臣中宵九歎，竊以寒心，實願宸鑒，早爲之所。

臣等潛伏閭閻，於兹六載，旦號白日，夕泣星辰，叩地寂寥，呼天無響。衛野納肝，秦庭夜哭，千古之痛，何足相比。今幸遇陛下叡聖，親覽萬幾，太后仁明，更撫四海，臣等敢詣闕披陳，乞報冤毒。

書奏，靈太后義之，乃引子熙爲中書舍人。後遂剖騰棺，賜叉死。

尋修國史，加寧朔將軍。未幾，除著作郎，又兼司州别駕。轉輔國將軍、鴻臚少卿。建義初，兼黄門，尋正。

子熙清白自守，不交人事。又少孤，爲叔顯宗所撫養，及顯宗卒，顯宗子伯華又幼，子熙友愛，等於同生，長猶共居，車馬資財，隨其費用，未嘗見於言色。又上書求析階與伯華，於是除伯華東太原太守。及伯華在郡，爲刺史元弼所辱，子熙乃泣訴朝廷，肅宗詔遣按檢，弼遂大見詰讓。

尒朱榮之擒葛榮也，送至京師，莊帝欲面見數之。子熙以爲榮既元兇，自知必死，恐或不遜，無宜見之。尒朱榮聞而大怒，請罪子熙，莊帝恕而不責。尋加征虜將軍。及邢杲之起逆，詔子熙慰勞。杲詐降，而子熙信之，還至樂陵，杲復反，子熙遂還。坐付廷尉，論以大辟，恕死免官。未幾，兼尚書吏部郎。普泰初，除通直散騎常侍、撫軍將軍、光禄大夫，尋正吏部郎。出帝初，還領著作郎。以奉册之故，封歷城縣開國子，食邑五百户，又加衛將軍、右光禄大夫。

天平初，爲侍讀，又除國子祭酒。子熙儉素安貧，常好退靜，遷鄴之始，百司並給兵力，時以祭酒閑務〔五〕，止給二人。或有令其陳請者，子熙曰：「朝廷自不給祭酒兵，何關韓子熙事也。」論者高之。尋除驃騎將軍。元象中，加衛大將軍。

先是，子熙與弟娉王氏爲妻，姑之女也，生二子。子熙尚未婚，後遂與寡婦李氏姦合而生三子。王李不穆，迭相告言，歷年不罷。子熙因此慚恨，遂以發疾。興和中，孝靜欲行釋奠，敕子熙爲侍講。尋卒，遺戒不求贈謚，其子不能遵奉，遂至干謁。武定初，贈驃騎大將軍〔六〕、儀同三司、幽州刺史。

興宗弟顯宗，字茂親。性剛直，能面折庭諍，亦有才學。沙門法撫，三齊稱其聰悟，常與顯宗校試，抄百餘人名，各讀一遍，隨即覆呼，法撫猶有一二舛謬，顯宗了無誤錯。法撫歎曰：「貧道生平以來，唯服郎耳。」

太和初，舉秀才，對策甲科，除著作佐郎。車駕南討，兼中書侍郎。既定遷都，顯宗上書：

其一曰：竊聞輿駕今夏若不巡三齊，當幸中山，竊以爲非計也。何者？當今徭役宜早息，洛京宜速成。省費則徭役可簡，并功則洛京易就。往冬輿駕停鄴，是閑隙之時，猶編户供奉，勞費爲劇。聖鑒矜愍，優旨殷勤，爵浹高年，賚周鰥寡，雖賑普需今，猶恐來夏菜色〔七〕。況三農要時，六軍雲會，其所損業，實爲不少。雖調斂輕省，未足稱勞，然大駕親臨，誰敢寧息？往來承奉，紛紛道路，田蠶暫廢，則將來無資。此國之深憂也。且向炎暑，而六軍暴露，恐生癘疫，此可憂之次也。臣願輿駕早還北京，以省諸州供帳之費，并功專力，以營洛邑。則南州免雜徭之煩，北都息分析之歎，洛京可以時就，遷者僉爾如歸。

其二曰：自古聖帝必以儉約爲美，亂主必以奢侈貽患。仰惟先朝，皆卑宮室而致力於經略，故能基宇開廣，業祚隆泰。今洛陽基址，魏明帝所營，取譏前代。伏願陛下損之又損。頃來北都富室，競以第宅相尚，今因遷徙，宜申禁約，令貴賤有檢，無得踰制。端廣衢路，通利溝渠，使寺署有別，四民異居，永垂百世不刊之範，則天下幸甚矣。

三曰：竊聞輿駕還洛陽，輕將數千騎。臣甚爲陛下不取也。夫千金之子，猶坐不垂堂，況萬乘之尊，富有四海乎？警蹕於闈闥之内者，豈以爲儀容而已，蓋以戒不虞也。清道而後行，尚恐銜蹶之或失，況履涉山河，而不加三思哉！此愚臣之所以悚息，伏願少垂省察。

其四曰：伏惟陛下耳聽法音，目翫墳典，口對百辟，心虞萬幾，晷昃而食，夜分而寢。加以孝思之至，隨時而深；文章之業，日成篇卷。雖叡明所用，未足爲煩，然非所以嗇神養性，頤無疆之祚。莊周有言：形有待而智無涯，以有待之形，役無涯之智，殆矣。此愚臣所不安，伏願陛下垂拱司契，委下責成，唯冕旒垂纊，而天下治矣。

高祖頗納之。

顯宗又上言曰：「進賢求才，百王之所先也。前代取士，必先正名，故有賢良、方正之稱。今之州郡貢察，徒有秀、孝之名，而無秀、孝之實。而朝廷但檢其門望〔八〕，不復彈坐。如此，則可令别貢門望，以敍士人，何假冒秀、孝之名也〔九〕？夫門望者，是其父祖之遺烈，亦何益於皇家？益於時者，賢才而已。苟有其才，雖屠釣奴虜之賤，聖皇不恥以爲臣；苟非其才，雖三后之胤，自墜於皁隸矣。是以大才受大官，小才受小官，各得其所，以致雍熙。議者或云，今世等無奇才，不若取士於門〔一〇〕。此亦失矣。豈可以世無周邵，便廢宰相而不置哉？但當校其有寸長銖重者，即先敍之〔一一〕，則賢才無遺矣。」

又曰：「夫帝皇所以居尊以御下者，威也；兆庶所以徙惡以從善者，法也。是以有國有家，必以刑法爲治，生民之命，於是而在。有罪必罰，罰必當辜，則雖箠撻之刑，而人莫敢犯也。有制不行，人得僥倖，則雖參夷之誅，不足以肅。自太和以來，未多坐盜棄市〔一二〕，而遠近肅清。由此言之，止姦在於防檢，不在麗刑也。今州郡牧守，邀當時之名，行一切之法；臺閣百官，亦咸以深酷爲無私，以仁恕爲容盜。迭相敦厲，遂成風俗。陛下居九重之內，視人如赤子；百司分萬務之要，遇下如仇讎。是則堯舜止一人，而桀紂以千百。和氣不至，蓋由於此。書曰：『與其殺不辜，寧失不經。』實宜敕示百寮，以惠元元之命。」

又曰：「昔周王爲犬戎所逐，東遷河洛，鎬京猶稱『宗周』，以存本也。光武雖曰中興，實自創革，西京尚置京尹，亦不廢舊。今陛下光隆先業，遷宅中土，稽古復禮，於斯爲盛，豈若周漢，出於不得已哉。按春秋之義，有宗廟曰都，無則謂之邑，此不刊之典也。況北代，宗廟在焉，山陵託焉，王業所基，聖躬所載，其爲神鄉福地，實亦遠矣。今便同之郡國，臣竊不安。愚謂代京宜建畿置尹，一如故事，崇本重舊，以光萬葉。」

又曰：「伏見洛京之制，居民以官位相從，不依族類。然官位非常，有朝榮而夕悴，則衣冠淪於廝豎之邑，臧獲騰於膏腴之里。物之顛倒，或至於斯。古之聖王，必令四民異居者，欲其業定而志專。業定則不僞，志專則不淫。故耳目所習，不督而就；父兄之教，不肅而成。仰惟太祖道武皇帝創基撥亂，日不暇給，然猶分别士庶，不令雜居，伎作屠沽，各有攸處。但不設科禁，賣買任情，販貴易賤，錯居混雜。假令一處彈箏吹笛，緩舞長歌；一處嚴師苦訓，誦詩講禮。宣令童齓，任意所從，其走赴舞堂者萬數，往就學館者無一。此則伎作不可雜居，士人不宜異處之明驗也。故孔父云里仁之美，孟母弘三徙之訓，賢聖明誨，若此之重。今令伎作家習士人風禮，則百年難成；令士人兒童効伎作容態，則一朝可得。是以士人同處，則禮教易興；伎作雜居，則風俗難改。朝廷每選舉人士，則校其一婚一宦，以爲升降，何其密也。至於開伎作宦途〔一三〕，得與膏粱華望接閣連甍〔一四〕，何其略也。此愚臣之所惑。今稽古建極，光宅中區，凡所徙居，皆是公地，分别伎作，在於一言，有何爲疑，而闕盛美。」

又曰：「自南僞相承，竊有淮北，欲擅中華之稱，且以招誘邊民，故僑置中州郡縣。自皇風南被，仍而不改，凡有重名，其數甚衆。疑惑書記，錯亂區宇，非所以疆域物土，必也正名之謂也。愚以爲可依地理舊名，一皆釐革。小者并合，大者分置。及中州郡縣，昔以户少併省，今人口既多，亦可復舊〔一五〕。君人者，以天下爲家，不得有所私也。故倉庫儲貯，以俟水旱之災，供軍國之用，至於有功德者，然後加賜。爰及末代，乃寵之所隆，賜賚無限。自比以來，亦爲太過。在朝諸貴，受禄不輕，土木被錦綺，僮妾厭粱肉，而復厚賚屢加，動以千計。若分賜鰥寡，贍濟實多。如不悛革，豈周急不繼富之謂也〔一六〕？愚謂事有可賞，則明旨褒揚，稱事加賜，以勸爲善，不可以親近之昵，猥損天府之儲。」

又曰：「諸宿衞内直者，宜令武官習弓矢，文官諷書傳。而今給其蒱博之具，以成褻狎之容，長矜爭之心，恣諠囂之慢，徒損朝儀，無益事實。如此之類，一宜禁止。」

高祖善之。後乃啓乞宋王劉昶府諮議參軍事，欲立効南境，高祖不許。

高祖曾謂顯宗及程靈虬曰：「著作之任，國書是司。卿等之文，朕自委悉，中省之品，卿等所聞。若欲取況古人，班馬之徒，固自遼闊。若求之當世，文學之能，卿等應推崔孝伯。」又謂顯宗曰：「見卿所撰燕志及在齊詩詠，大勝比來之文。然著述之功，我所不見，當更訪之監、令。校卿才能，可居中第。」又謂程靈虬曰：「卿比顯宗復有差降，可居下上。」顯宗對曰：「臣才第短淺，猥聞上天，至乃比於崔光，實爲隆渥。然臣竊謂陛下貴古而賤今。臣學微才短，誠不敢仰希古人，然遭聖明之世，覩惟新之禮，染翰勤素，實録時事，亦未慚於後人。昔揚雄著太玄經，當時不免覆盎之談，二百年外，則越諸子。今臣之所撰，雖未足光述帝載，裨暉日月，然萬祀之後，仰觀祖宗巍巍之功，上覩陛下明明之德，亦何謝欽明於唐典，慎徽於虞書。」高祖曰：「假使朕無愧於虞舜，卿復何如於堯臣？」顯宗曰：「臣聞君不可以獨治，故設百官以贊務。陛下齊蹤堯舜，公卿寧非二八之儔。」高祖曰：「卿爲著作，僅名奉職，未是良史也。」顯宗曰：「臣仰遭明時，直筆而無懼，又不受金，安眠美食，此臣優於遷固也。」高祖哂之。後與員外郎崔逸等參定朝儀。

高祖曾詔諸官曰：「自近代已來，高卑出身，恒有常分。朕意一以爲可，復以爲不可。宜相與量之。」李沖對曰：「未審上古已來，置官列位，爲欲爲膏粱兒地，爲欲益治讚時？」高祖曰：「俱欲爲治。」沖曰：「若欲爲治，陛下今日何爲專崇門品，不有拔才之詔？」高祖曰：「苟有殊人之伎，不患不知。然君子之門，假使無當世之用者，要自德行純篤，朕是以用之。」沖曰：「傅巖、呂望，豈可以門見舉？」高祖曰：「如此濟世者希，曠代有一兩人耳。」沖謂諸卿士曰：「適欲請諸賢救之。」祕書令李彪曰：「師旅寡少，未足爲援，意有所懷，敢不盡言於聖日〔七〕。陛下若專以門地，不審魯之三卿，孰若四科？」高祖曰：「猶如向解。」顯宗進曰：「陛下光宅洛邑，百禮唯新，國之興否，指此一選。臣既學識浮淺，不能援引古今，以證此議，且以國事論之。不審中、祕書監令之子，必爲祕書郎，頃來爲監、令者，子皆可爲不？」高祖曰：「卿何不論當世膏腴爲監、令者？」顯宗曰：「陛下以物不可類，不應以貴承貴，以賤襲賤。」高祖曰：「若有高明卓爾、才具儁出者，朕亦不拘此例。」後爲本州中正。

二十一年，車駕南伐，顯宗爲右軍府長史、征虜將軍、統軍。軍次赭陽，蕭鸞戍主成公期遣其軍主胡松、高法援等并引蠻賊來擊軍營，顯宗親率拒戰，遂斬法援首。顯宗至新野，高祖詔曰：「卿破賊斬帥，殊益軍勢，朕方攻堅城，何爲不作露布也？」顯宗曰：「臣頃聞鎮南將軍王肅獲賊二三，驢馬數匹，皆爲露布，臣在東觀，私每哂之。近雖仰憑威靈，得摧醜虜，兵寡力弱，擒斬不多。脱復高曳長縑，虛張功捷，尤而效之，其罪彌甚。臣所以斂毫卷帛，解上而已。」高祖笑曰：「如卿此勳，誠合茅社，須赭陽平定，檢審相酬。」新野平，以顯宗爲鎮南、廣陽王嘉諮議參軍。顯宗後上表，頗自矜伐，訴前征勳。詔曰：「顯宗斐然成章，甚可怪責，進退無檢，虧我清風。此而不糾，或長弊俗。可付尚書，推列以聞。」兼尚書張彝奏免顯宗官，詔曰：「顯宗雖浮矯致愆，才猶可用，豈得永棄之也！可以白衣守諮議，展其後效。但鄙很之性，不足參華，可奪見□，并禁問訊諸王。」

顯宗既失意，遇信向洛，乃爲五言詩贈御史中尉李彪曰：「賈生謫長沙，董儒詣臨江。

愧無若人跡，忽尋兩賢蹤。追昔渠閣游，策駑厠羣龍。如何情願奪，飄然獨遠從？痛哭去舊國，銜淚届新邦。哀哉無援民，嗷然失侶鴻。彼蒼不我聞，千里告志同。」二十三年卒。顯宗撰馮氏燕志、孝友傳各十卷，所作文章，頗傳於世。景明初，追赭陽勳，賜爵章武男。

子武華，襲。除討寇將軍、奉朝請、太原太守。

程駿，字驎駒，本廣平曲安人也。六世祖良，晉都水使者，坐事流于涼州。祖父肇，吕光民部尚書。

駿少孤貧，居喪以孝稱。師事劉昞，性機敏好學，晝夜無倦。昞謂門人曰：「舉一隅而以三隅反者，此子亞之也。」駿謂昞曰：「今世名教之儒，咸謂老莊其言虚誕，不切實要，弗可以經世，駿意以爲不然。夫老子著抱一之言，莊生申性本之旨，若斯者，可謂至順矣。人若乖一則煩僞生，若爽性則沖真喪。」昞曰：「卿年尚稚，言若老成，美哉！」由是聲譽益播，沮渠牧犍擢爲東宮侍講。

太延五年，世祖平涼，遷于京師，爲司徒崔浩所知。高宗踐阼，拜著作佐郎，未幾，遷著作郎。爲任城王雲郎中令，進箴於王，王納而嘉之。皇興中，除高密太守。尚書李敷奏曰：「夫君之使臣，必須終效。駿實史才，方申直筆，千里之任，十室可有。請留之數載，以成前籍，後授方伯，愚以爲允。」書奏，從之。顯祖屢引駿與論易老之義，顧謂羣臣曰：「朕與此人言，意甚開暢。」又問駿曰：「卿年幾何？」對曰：「臣六十有一。」顯祖曰：「昔太公既老而遭文王。卿今遇朕，豈非早也？」駿曰：「臣雖才謝呂望，而陛下尊過西伯。覬天假餘年，竭六韜之効。」

延興末，高麗王璉求納女於掖庭，顯祖許之，假駿散騎常侍，賜爵安豐男，加伏波將軍，持節如高麗迎女，賜布帛百匹。駿至平壤城。或勸璉曰：「魏昔與燕婚，既而伐之，由行人具其夷險故也。今若送女，恐不異於馮氏。」璉遂謬言女喪。駿與璉往復經年，責璉以義方，璉不勝其忿，遂斷駿從者酒食。璉欲逼辱之，憚而不敢害。會顯祖崩，乃還，拜祕書令。

初遷神主于太廟，有司奏：舊事，廟中執事之官，例皆賜爵，今宜依舊。詔百寮評議，羣臣咸以爲宜依舊事，駿獨以爲不可。表曰：「臣聞：名器爲帝王所貴，山河爲區夏之重。是以漢祖有約，非功不侯。必當屬有命於大君之辰，展心力於戰謀之日，然後可以應茅土之錫。未見預事於宗廟，而獲賞於疆土，徒見晉鄭之后以夾輔爲至勳，吳鄧之儔以征伐爲重績。周漢既無文於遠代，魏晉亦靡記於往年。自皇道開符，乾業創統，務高三五之規，思隆百王之軌，罰頗減古，賞實增昔。時因神主改祔、清廟致肅，而授羣司以九品之命，顯執事以五等之名。雖復帝王制作，弗相沿襲，然當時恩澤，豈足爲長世之軌乎？乖衆之愆，伏待罪譴。」書奏，從之。文明太后謂羣臣曰：「言事固當正直而準古典，安可依附暫時舊事乎？」賜駿衣一襲、帛二百匹。

駿又表曰：「春秋有云：見有禮於其君者，若孝子之養父母；見無禮於其君者，若鷹鸇之逐鳥雀。所以勸誡將來，垂範萬代。昔陳恒殺君，宣尼請討，雖欲晏逸，其得已乎？今廟筭天回，七州雲動，將水蕩鯨鯢，陸掃凶逆。然戰貴不陳，兵家所美。宜先遣劉昶招喻淮南。若應聲響悅，同心齊舉，則長江之險，可朝服而濟，道成之首，可崇朝而懸。苟江南之輕薄，背劉氏之恩義，則曲在彼矣，何負神明哉！直義檄江南，振旅回旆，亦足以示救患之大仁，揚義風於四海。且攻難守易，則力懸百倍，不可不深思，不可不熟慮。今天下雖謐，方外猶虞，拾賁僥倖於西南，狂虜伺釁於漠北。脫攻不稱心，恐兵不卒解，兵不卒解，則憂慮逾深。夫爲社稷之計者，莫不先於守本。臣愚以爲觀兵江滸，振曜皇威，宜特加撫慰。秋毫無犯，則民知德信；民知德信，則襁負而來；襁負而來，則淮北可定；淮北可定，則吳寇異圖；寇圖異則禍釁出。然後觀釁而動，則不晚矣。請停諸州之兵，且待後舉。所謂守本者也。伏惟陛下、太皇太后英筭神規，彌綸百勝之外；應機體變，獨悟方寸之中。臣影頹虞淵，昏耄將及，雖思憂國，終無云補。」不從。

沙門法秀謀反伏誅。駿表曰：「臣聞詩之作也，蓋以言志。邇之事父，遠之事君，關諸風俗，靡不備焉。上可以頌美聖德，下可以申厚風化，言之者無罪，聞之者足以誡。此古人用詩之本意。臣以垂没之年，得逢盛明之運，雖復昏耄將及，猶慕廉頗彊飯之風。伏惟陛下、太皇太后，道合天地，明侔日月，則天與唐風斯穆，順帝與周道通靈。是以狂妖懷逆，無隱謀之地；冥靈潛翦，伏發覺之誅。用能七廟幽贊，人神扶助者已。臣不勝喜踴。謹竭老鈍之思，上慶國頌十六章，并序巡狩、甘雨之德焉。」其頌曰：

乾德不言，四時迭序。於皇大魏，則天承祜。疊聖三宗，重明四祖。豈伊殷周，遐契三五。明明在上，聖敬日新。汪汪叡后，體治垂仁。德從風穆，教與化津。千載昌運，道隆茲辰。

歲惟巡狩，應運遊田。省方問苦，訪政高年。咸秩百靈，柴望山川。誰云禮滯，遇聖則宣。王業初定，中山是由。臨幸之盛，情特綢繆。仰歌祖業，俯欣春柔。大哉肆眚，蕩民百憂。百憂既蕩，與之更初。邕邕億兆，户詠來蘇。

忽有狂豎，謀逆聖都。明靈幽告，發覺伏誅。羿浞爲亂，祖龍干紀。狂華冬茂，有自來矣。美哉皇度，道固千祀。百靈潛翦，姦不遑起。姦不遑起，罪人得情。憲章刑律，五秩猶輕。於穆二聖，仁等春生。除棄周漢，遐軌犧庭。周漢奚棄？忿彼苛刻。犧庭曷軌？希仁尚德。徽音一振，聲教四塞。豈惟京甸，化播萬國。

誠信幽贊，陰陽以調。谷風扇夕，甘雨降朝。嘉生含穎，深盛熙苗。鰥貧巷詠，寡婦室謠。聞諸詩者，雲漢賦宣。章句迴秀，英昭雅篇。矧乃盛明，德隆道玄。豈唯雨施，神徵豐年。豐年盛矣，化無不濃。有禮有樂，政莫不通。咨臣延躍，欣詠時邕。誰云易遇，曠齡一逢。

上天無親，唯德是在。思樂盛明，雖疲勿怠。差之毫釐，千里之倍。願言勞謙，求仁不悔。人亦有言，聖主慎微。五國連兵，踰年歷時。鹿車而運，廟筭失思。有司不惠，蠶食役煩。民不堪命，將家逃山。宜督厥守，威德是宣。威德如何？聚衆盈川。民之從令，寔賴衣食。農桑失本，誰耕誰織？飢寒切身，易子而食。靜言念之，實懷歎息。昔聞典論，非位不謀。漆室憂國，遺芳載臭。咨臣昏老，偏蒙恩祐。忽忘狂瞽，敢獻愚陋。

文明太后令曰：「省詩表，聞之。歌頌宗祖之功德可爾，當世之言，何其過也。所箴下章，戢之不忘。」駿又奏得一頌，始於固業，終於無爲，十篇。文多不載。文明太后令曰：「省表并頌十篇，聞之。鑒戒既備，良用欽翫。養老乞言，其斯之謂。」又詔曰：「程駿歷官清慎，言事每愜。又門無俠貨之賓，室有懷道之士。可賜帛六百匹，旌其儉德。」駿悉散之親舊。

性介直，不競時榮。太和九年正月，病篤，乃遺令曰：「吾存尚儉薄，豈可沒爲奢厚哉？昔王孫躶葬，有感而然；士安籧篨，頗亦矯厲。今世既休明，百度循禮，彼非吾志也。可斂以時服，器皿從古。」遂卒，年七十二。初，駿病甚，高祖、文明太后遣使者更問其疾，敕御師徐謇診視〔八〕，賜以湯藥。臨終，詔以小子公稱爲中散，從子靈虬爲著作佐郎。及卒，高祖、文明太后傷惜之，賜東園祕器、朝服一稱、帛三百匹，贈冠軍將軍、兗州刺史、曲安侯，謚曰憲。所製文筆，自有集録。

駿六子，元繼、公達、公亮、公禮，並無官。公義，侍御史、謁者僕射、都水使者、武昌王司馬、沛郡太守。公稱，主文中散、給事中、尚書郎。並早卒。

公禮子畿，字世伯。好學，頗有文才。荊州府主簿。

始駿從祖弟伯達，伯達名犯顯祖廟諱。與駿同年，亦以文辯□□。沮渠牧犍時，俱選與牧犍世子參乘出入，時論美之。伯達早亡。

弟子靈虯幼孤，頗有文才，而久淪末役。在吏職十餘年，坐事免。會駿臨終啓請，得擢爲著作佐郎。後坐稱在京無緦親，而高祖知其與駿子公義爲始族，故致譴免。至洛，無官，貧病。久之，崔光啓申爲羽林監，選補徐州梁郡太守，以酗酒爲刺史武昌王鑒所劾，失官。既下梁郡，志力少衰，猶時爲酒困。久去官禄，不免飢寒，屢詣尚書乞効舊任。僕射高肇領選，還申爲著作郎，以崔光領任，敕令外敍。

史臣曰：韓麒麟以才器識用，遂見紀於齊土。顯宗文學立己，屢陳時務，至於實録之功，所未聞也。子熙清尚自守，榮過其器。程駿才業未多，見知於世者，蓋當時之長策乎？

校勘記

〔一〕嚴加賞罰　「賞罰」，原作「賞賜」，據北監本、殿本、北史卷四〇韓麒麟傳、册府卷五三〇改。

〔三〕拷掠　「掠」，原作一字空格，南監本注「闕字」，北監本、汲本、殿本、局本注「闕」。今據册府卷七一五補。

〔三〕唯諮是從　「諮」，册府卷七一五作「諸」。

〔四〕爲國巨患　「巨」，原作「臣」，據局本、册府卷七一五改。

〔五〕閑務　御覽卷二三六引後魏書作「閑豫」。

〔六〕贈驃騎大將軍　「大」字原闕，據北史卷四〇韓麒麟傳附韓子熙傳、通志卷一四九補。按子熙生前已加衞大將軍，檢本書卷一一三官氏志所載太和後官品令，衞將軍加大者，位在第二品首位之太子太師上，驃騎將軍位在太子太師下，加大則位在從第一品之都督中外諸軍事之下。死贈例當高於生前已獲軍號，知有「大」字是。

〔七〕雖賑普霑今猶恐來夏菜色　疑有訛脫。按册府卷四七二：「雖賑貸普霑，今猶愍雨，來夏菜色。」語義亦澀。

〔八〕朝廷但檢其門望　「門望」，御覽卷六二八引後魏書作「門地」。下文「可令別貢門望」「夫門望者」，二「門望」，御覽亦作「門地」。

〔九〕何假冒秀孝名之　「冒」，御覽卷六二八引後魏書作「置」。

〔一〇〕不若取士於門　「門」下御覽卷六二八引後魏書有「地」字。

〔一一〕即先敍之　「敍」，原作「氣」，據他本及御覽卷六二八引後魏書、册府卷四七二改。

〔一二〕未多坐盜棄市　「未」字原闕，據北史卷四〇韓麒麟傳附韓顯宗傳、册府卷四七二補。按顯宗意謂嚴刑無效，若無「未」字，便與原意相反。

〔三〕至於　原作「至與」，據北史卷四〇韓麒麟傳附韓顯宗傳、册府卷四七二改。

〔四〕接閤連甍　「閤」，三朝本、南監本、北監本、殿本、北史卷四〇韓麒麟傳附韓顯宗傳、通志卷一四九並作「閈」。

〔五〕亦可復舊　「可」上原有「不」字，據北史卷四〇韓麒麟傳附韓顯宗傳、册府卷四七二删。按若云「不可復舊」，則無需申說。

〔六〕周急　「急」，原作「給」，據北史卷四〇韓麒麟傳附韓顯宗傳、册府卷四七二及論語雍也章原文改。

〔七〕敢不盡言於聖日　「敢不」，原作「不敢」，據北史卷四〇韓麒麟傳附韓顯宗傳乙正。

〔八〕御師徐謇　「御師」，北史卷四〇程駿傳作「侍御師」，疑是。按本書卷九一術藝徐謇傳亦作「侍御師」，同卷王顯傳亦見此職。隋書卷二七百官志中記北齊門下省尚藥局有侍御師四人，北齊制度沿襲北魏。

魏書卷六十一

列傳第四十九

薛安都　畢衆敬　沈文秀　張讜　田益宗　孟表

薛安都，字休達，河東汾陰人也。父廣，司馬德宗上黨太守。安都少驍勇，善騎射，頗結輕俠，諸兄患之。安都乃求以一身分出，不取片資，兄許之，居於別厩。遠近交遊者爭有送遺，馬牛衣服什物充牣其庭。真君五年，與東雍州刺史沮渠秉謀逆〔一〕，事發，奔於劉義隆。後自盧氏入寇弘農，執太守李拔等，遂逼陜城。時秦州刺史杜道生討安都。仍執拔等南遁，及世祖臨江，拔乃得還。

安都在南，以武力見敍，值劉駿起江州，遂以爲將，位至左衞率。劉昶歸降，子業以安都爲平北將軍、徐州刺史，鎮彭城。和平六年，劉彧殺其主子業而自立，羣情不協，共立子業弟晉安王子勛，安都與沈文秀、崔道固、常珍奇等舉兵應之。或遣將張永討安都，安都遣使來降，請兵救援。顯祖召羣臣議之，羣官咸曰：「昔世祖常有并義隆之心，故親御六軍，遠臨江浦。今江南阻亂，内外離心，安都今者求降，千載一會，機事難遇，時不可逢，取亂侮亡，於是乎在。」顯祖納之。安都又遣第四子道次爲質，并與李敷等書，絡繹相繼。乃遣鎮東大將軍、博陵公尉元，城陽公孔伯恭等率騎一萬赴之。拜安都使持節、散騎常侍、都督徐南北兖青冀五州、豫州之梁郡諸軍事，鎮南大將軍，徐州刺史，賜爵河東公。

安都以事窘歸國，元等既入彭城，安都乃中悔，謀圖元等，欲還以城叛，會元知之，遂不果發。安都因重貨元等，委罪於女壻裴祖隆，元乃殺祖隆而隱安都謀。

皇興二年，與畢衆敬朝于京師，大見禮重，子姪羣從並處上客，皆封侯，至于門生無不收敍焉。又爲起第宅，館宇崇麗，資給甚厚。三年卒。贈本將軍、秦州刺史、河東王〔二〕，謚曰康。

子道標，襲爵。太和初，出爲鎮南將軍、平州刺史，治有聲稱。轉相州刺史，將軍如故。復以本將軍爲秦州刺史。十三年卒。

子達，字宗胤，襲，例降爲侯。及開建五等，以安都著勳先朝，封達河東郡開國侯，食邑八百户。後以河東畿甸，改封華陰縣侯。熙平初，拜奉車都尉〔三〕，出爲漢陽太守。達不樂爲郡，詔聽解。卒。

子承華，襲爵。稍遷司徒從事中郎、河東邑中正。卒於安南將軍、光禄大夫。

子羅漢，襲。齊受禪，爵例降。

道標弟道異，亦以勳爲第一客。早卒。贈寧西將軍、秦州刺史、安邑侯。

道異弟道次。既質京師，拜南中郎將、給事中，賜爵安邑侯，加安遠將軍。出爲安西將軍、秦州刺史、假河南公。太和十五年，爲光禄大夫，卒。

子巒，襲爵，降爲平温子。尚書郎、秦州刺史、鎮遠將軍、隴西鎮將，帶隴西太守。後爲滎陽太守，遷平北將軍、肆州刺史。所在貪穢，在州彌甚。納賄於司空劉騰，以求美官，未得而騰死。正光五年，莫折念生反於秦州，遣其别帥卜胡、王慶雲等衆寇涇州。肅宗以巒爲持節、光禄大夫、假安南將軍、西道别將，與伊瓮生等討之。進及平涼郡東，與賊交戰，不利，巒等退還。後爲撫軍將軍、汧城大都督，鎮北隴。孝昌二年春，卒於軍。贈征西大將軍、雍州刺史，子如故。

安都兄子碩明，隨安都入國，賜爵蒲坂侯，清河太守、太中大夫。

安都從祖弟真度。初與安都南奔，及安都爲徐州，真度爲長史，頗有勇幹，爲其爪牙。

從安都來降，爲上客。太和初，賜爵河北侯，加安遠將軍，爲鎮遠將軍、平州刺史，假陽平公。後降侯爲伯，除冠軍將軍。隨駕南討，假平南將軍。久之，除護南蠻校尉、平南將軍、荆州刺史。

蕭賾雍州刺史曹虎之詐降也，詔真度督四將出襄陽，無功而還。後征赭陽，爲房伯玉所敗。有司奏免官爵。高祖詔曰：「真度之罪，誠如所奏。但頃與安都送款彭方，開闢徐宋，外捍沈攸、道成之師，内寧邊境烏合之衆，淮海來服，功頗在茲。言念厥績，每用嘉美，赭陽百敗，何足計也。宜異羣將，更申後效。可還其元勳之爵，復除荆州刺史，自餘徽號削奪，進足彰忠，退可明失。」尋除假節、假冠軍將軍、東荆州刺史。

初，遷洛後，真度每獻計於高祖，勸先取樊鄧，後攻南陽，故爲高祖所賞，賜帛一百匹，又加持節，正號冠軍，改封臨晉縣開國公，食邑三百户。詔曰：「獻忠盡心，人臣令節；標善賞功，有國徽範。故一言可以興邦，片辭可以喪國，得無遠録前謀，以褒厥善。真度爰自還京，每在戎役，沔北之計，恒所與聞，知無不言，頗見採納。及六師南邁，朕欲超據新野，羣情皆異，真度獨與朕同。撫蠻寧夷，寔有勤績，可增邑二百户。」轉征虜將軍、豫州刺史。

景明初，豫州大飢，真度表曰：「去歲不收，飢饉十五，今又災雪三尺，民人萎餒，無以濟之。臣輒日别出州倉米五十斛爲粥，救其甚者。」詔曰：「真度所表，甚有憂濟百姓之意，宜在拯卹。陳郡儲粟雖復不多，亦可分贍。尚書量賑以聞。」

及裴叔業以壽春内附，詔真度率衆赴之。尋還華州刺史，將軍如故。未幾，轉荆州刺史，仍本將軍。入爲大司農卿。正始初，除平南將軍、揚州刺史，又以年老，聽子懷吉以本官隨行。蕭衍豫州刺史王超宗率衆圍逼小峴，真度遣兼統軍李叔仁等率步騎擊之。超宗逆來拒戰，叔仁擊破之，俘斬三千。還朝，除金紫光禄大夫，加散騎常侍，又改封敷西縣。永平中卒，年七十四。賻帛四百匹、朝服一襲，贈左光禄大夫，常侍如故，謚曰莊。有子十二人。

嫡子懷徹，襲封。自太常丞，稍遷征虜將軍、中散大夫，又除左將軍、太中大夫。卒於車騎將軍、左光禄大夫。

初，真度有女妓數十人，每集賓客，輒命奏之，絲竹歌舞，不輟於前，盡聲色之適。庶長子懷吉居喪過周，以父妓十餘人并樂器獻之，世宗納焉。

懷吉，好勇有膂力，雖不善書學，亦解達世事。自奉朝請，歷直後寢，領太官令。正始初，爲驃騎將軍，後試守恒農郡。

蕭衍遣衆入寇徐兗，安東邢巒討之，詔懷吉以本任爲巒軍司。永平初，分梁州晉壽爲益州，除征虜將軍、益州刺史。以元愉未平，中山王英爲征東將軍討之，詔懷吉爲英軍司，未發而愉平。蕭衍遣將寇陷郢州之三關，詔英南討，懷吉仍爲軍司。以義陽危急，令懷吉馳騈先赴。時豫州城民白早生殺刺史，以懸瓠入蕭衍，衍將齊苟仁率衆守城，於是自懸瓠以南至于安陸，惟義陽一城而已。懷吉與郢州刺史婁悦督厲將士，且守且戰，卒全義陽，與英討復三關諸戍。後鎮東將軍盧昶救朐山，與賊相持，詔懷吉爲昶軍司。及昶敗，懷吉得不坐。延昌中，以本將軍除梁州刺史。南秦氐反，攻逼武興，懷吉遣長史崔纂、司馬韋㢸、别駕范珣擊平之。進號右將軍。正光初，除後將軍、汾州刺史。四年卒。贈平北將軍、并州刺史。

懷吉本不厲清節，及爲汾州，偏有聚納之響。自以支庶，餌誘勝己，共爲婚姻。多攜親戚，悉令同行，兼爲之彌縫，恣其取受。而將勞賓客，曲盡物情，送去迎來，不避寒熱。性少言，每有接對，但嘿然而退。既指授先期，人馬之數，左右密已記録。俄而酒饌相尋，芻粟繼至，逮于將别，贈以錢縑，下及厮傭，咸過本望。其延納貴賤若此。

懷吉弟懷直，京兆内史、衛大將軍、左光禄大夫。

懷直弟懷朴，恒農太守、襄陵男。

懷朴弟懷景，征南將軍、河東太守、安定男。卒，贈持節、都督北徐兗東徐三州諸軍事、驃騎大將軍、儀同三司、徐州刺史。

懷景弟懷儁，撫軍將軍、光禄大夫、汾陰男。出爲征南將軍、益州刺史。天平初，代還至梁州，與刺史元羅俱爲蕭衍將蘭欽所擒，送江南。衍見懷儁，謂之曰：「卿父先爲魏荆州，我于時猶在襄陽，且州壤連接，極相知練。卿今至此，當能住乎？若欲還者，亦以禮相遣。」顧謂左右曰：「此家在北，富貴極不可言。」懷儁便乞歸，衍聽還國。興和中卒。

子湛儒，襲。武定中，司空水曹參軍。齊受禪，爵例降。

真度諸子既多，其母非一，同産相朋，因有憎愛。興和中，遂致訴列，云以毒藥相害，顯在公府，發揚疵釁。時人恥焉。

畢衆敬，小名捺，東平須昌人。少好弓馬射獵，交結輕果，常於疆境盜掠爲業。劉駿爲徐兗刺史，辟爲部從事。駿既竊號，歷其泰山太守、冗從僕射。

及劉彧殺子業而自立，遣衆敬出詣兗州募人。到彭城，刺史薛安都召與密謀，云：「晉安有上流之名，且孝武第三子，當共卿爲計西從。」乃矯彧命，以衆敬行兗州事，衆敬從之。時兗州刺史殷孝祖留其妻子，率文武二千人赴彧，使司馬劉文石守城。衆敬率衆取瑕丘，殺文石。安都與孝祖先不相協，命衆敬誅孝祖諸子，衆敬不得已，遂殺之。州内悉附，唯東平太守申纂據無鹽城不與之同。及彧平子勛，授纂兗州刺史。會安都引國援軍經其城下〔四〕，纂閉門城守，深恨衆敬。會有人發衆敬父墓，遂令其母骸首散落。衆敬發哀行服，拷掠近墓細民，死者十餘人。又疑纂所爲，弟衆愛爲安都長史，亦遣人密至濟陰，掘纂父墓以相報答。

及安都以城入國，衆敬不同其謀。子元賓以母并百口悉在彭城，恐交致禍，日夜啼泣，遣請衆敬，衆敬猶未從之。衆敬先已遣表謝彧，彧授衆敬兗州刺史，而以元賓有他罪，獨不捨之。衆敬拔刀斫柱曰：「皓首之年，唯有此子，今不原貸，何用獨全！」及尉元至，遂以城降。元遣將入城，事定，衆敬悔恚，數日不食。皇興初，就拜散騎常侍、寧南將軍、兗州刺史，賜爵東平公，與中書侍郎李璨對爲刺史。

慕容白曜攻剋無鹽，申纂爲亂兵所傷，走出被擒，送於白曜。白曜無殺纂之意，而城中火起，纂創重不能避，爲火所燒死。衆敬聞剋無鹽，懼不殺纂，乃與白曜書，并表朝廷，云「家之禍酷，皆由於纂」。聞纂死，乃悦。二年，與薛安都朝于京師，因留之，賜甲第一區。後復爲兗州刺史，將軍如故，徵還京師。

衆敬善自奉養，食膳豐華，必致他方遠味。年已七十，鬢髮皓白，而氣力未衰，跨鞍馳騁，有若少壯。篤於姻類，深有國士之風，張讜之亡，躬往營視，有若至親。太和中，高祖賓禮舊老，衆敬與咸陽公高允引至方山，雖文武奢儉，好尚不同，然亦與允甚相愛敬，接膝談款，有若平生。後以篤老，乞還桑梓，朝廷許之。衆敬臨還，獻真珠璫四具、銀裝劍一口、刺虎矛一枚、仙人文綾一百匹。文明太后、高祖引見於皇信堂，賜以酒饌，車一乘、馬三匹、絹二百匹，勞遣之。十五年十月卒。詔於兗州賜絹一千匹，以供葬事。

子元賓，少而豪俠，有武幹，涉獵書史。爲劉駿正員將軍，與父同建勳誠。及至京師，俱爲上客，賜爵須昌侯，加平遠將軍。後以元賓勳重，拜使持節、平南將軍、兗州刺史，假彭城公。父子相代爲本州，當世榮之。時衆敬以老還鄉，常呼元賓爲使君。每於元賓聽政之時，乘輿出至元賓所，先遣左右敕不聽起，觀其斷決，忻忻然喜見顏色。衆敬善持家業，尤能督課田産，大致儲積。元賓爲政清平，善撫民物，百姓愛樂之。以父憂解任，喪中遥授長兼殿中尚書。其年冬末卒。贈撫軍將軍、衛尉卿，謚曰平。賜帛八百匹。

元賓入國，初娶東平劉氏，有四子，祖朽、祖髦、祖歸、祖旋；賜妻元氏生二子，祖榮、祖暉。祖朽最長，祖暉次祖髦。故事，前妻雖先有子，後賜之妻子皆承嫡。所以劉氏先亡，祖暉不服重；元氏後卒，祖朽等三年終禮。

祖榮早卒。子義允，襲祖爵東平公，例降爲侯。陵江將軍、給事中，卒。子僧安襲。

祖朽，身長八尺，腰帶十圍，歷涉經史，好爲文詠。性寬厚，善與人交。襲父爵須昌侯，例降爲伯。起家員外郎。尚書郎、治書侍御史，加寧遠將軍，本州中正。

正始三年，蕭衍將蕭及先率步騎二萬入寇兗州，及先令別帥角念屯于蒙山。以祖朽爲統軍，假寧朔將軍，隸邢巒討之。祖朽開誘有方，降者相繼。賊出逆戰，祖朽大破之。賊走還柵，祖朽夜又焚擊，賊徒潰散。追討百餘里，斬獲及赴沂水死者四千餘人，斬龍驤將軍矯道儀、寧朔將軍王季秀。以功封南城縣開國男，食邑二百户。歷散騎侍郎、中書侍郎，加龍驤將軍。延昌末，安南王志出討荆沔，以祖朽爲志軍司，兼給事黄門侍郎，尋還司空長史。神龜末，除持節、東豫州刺史，將軍如故。祖朽善撫邊人，清平有信，務在安靜，百姓稱之。還，除前將軍、太尉長史、兼尚書北道行臺。

孝昌初，除持節、本將軍、南兗州刺史。尋授度支尚書。行定州，未之職，改授安東將軍、瀛州刺史。爲賊帥鮮于脩禮攻圍積旬，拒守自固。病卒於州。贈衞將軍、吏部尚書、兗州刺史。祖朽無子，以弟祖歸子義暢爲後，襲爵。

義暢，傾巧無士業，善通時要。歷尚書郎中、侍郎、兗州刺史、大中正、中軍將軍、通直散騎常侍。太昌初，車騎將軍，尋除散騎常侍。天平中，坐與北豫州山賊張儉通，伏法。

祖髦，起家奉朝請。兄祖朽別封南城，以須昌伯回授之〔五〕。神龜初，累遷揚烈將軍、東平太守。後爲本州別駕〔六〕，卒於官。

子義和，襲。卒於右將軍、太中大夫。贈散騎常侍、安東將軍、兗州刺史。子仁超。

義和第六弟義亮，性豪疏。歷尚書郎、中書舍人。天平中〔七〕，與舍人韋鴻坐泄密，賜盡於宅。

祖暉，早有器幹。自奉朝請，稍遷鎮遠將軍、前軍將軍、直後。正始中，除龍驤將軍、東郡太守。入爲驍騎將軍，加征虜將軍。後試守勃海郡。熙平中，拜潁川太守。神龜初，除右將軍、豳州刺史。入爲平東將軍、光禄大夫。正光五年，豳州民反，招引隴賊，攻逼州城。以祖暉前在州日得民情和，復授平西將軍、豳州刺史，假安西將軍，爲別將以討之。祖暉且戰且前，突圍入治。孝昌初，北海王顥救至，城圍始解。以全城之勳，封新昌縣開國子，食邑四百户。後值蕭寶夤退敗，祖暉乃拔城東趣華州，坐免官爵。尋假征虜將軍，行豳州事。建義中，詔復州爵，加撫軍將軍。永安中，祖暉從大嶺柵規入州城。于時賊帥叱干騏驎保太子壁，祖暉擊破之。而賊宿勤明達復攻祖暉，祖暉兵少糧竭，軍援不至，爲賊所乘，遂殁，時年五十。

長子義緦，襲爵。武定中，開府中郎。齊受禪，爵例降。

義緦弟義雲，尚書騎兵郎中。

祖歸，官至建寧太守。

子義遠，武定中，平原太守。

義遠弟義顯、義儁，性並豪率。天平已後，蕭衍使人還往，經歷兗城，前後州將以義儁兄弟善營鮭膳，器物鮮華，常兼長史，接宴賓客。義顯，左將軍、太中大夫。義儁，歷司空主簿、兗州別駕而卒。

祖旋，太尉行參軍、鎮遠將軍。卒，贈都官尚書、齊兗二州刺史。

子義真，太尉行參軍。

衆敬弟衆愛，隨兄歸國。以勳爲第一客，賜爵鉅平侯。卒，贈冠軍將軍、徐州刺史，謚曰康。

子聞慰，字子安，有器幹。襲爵，例降爲伯。拜泰山太守，入爲尚書郎、本州中正，加威遠將軍。出爲徐州平東府長史，帶彭城内史。永平中，遷中散大夫，加龍驤將軍。延昌初，除清河内史，因以疾辭，復爲龍驤、中散。又試守廣平内史。正光初，相州刺史、中山王熙起兵謀誅元叉，聞慰斬其使，發兵拒之。在任寬謹，百姓愛附。後叉以聞慰忠於己，遷持節、平東將軍、滄州刺史，甚有政績。後以本軍除散騎常侍、東道行臺，尋爲都督、安樂王鑒軍司。孝昌元年春，徐州刺史元法僧反，聞慰與鑒攻之，爲法僧所敗，奔還京師。被劾，遇赦免。其年卒，年五十七。贈散騎常侍、安東將軍、兗州刺史，伯如故，謚曰恭。

子祖彦，字脩賢。涉獵書傳，風度閑雅，爲時所知。以侍御史爲元法僧監軍。法僧反，逼祖彦南入，永安中，得還。歷中書侍郎，襲爵鉅平伯，中軍將軍、光禄大夫。天平四年卒，年五十。贈都督兗濟二州諸軍事、征東將軍、尚書左僕射、兗州刺史。

祖彦弟哲，永安末，祕書郎。

諸畢當朝，不乏榮貴，但幃薄不修，爲時所鄙。

申纂者，本魏郡人，申鍾曾孫也。皇始初，太祖平中山，纂宗室南奔，家于濟陰。及在無鹽，劉彧用爲兗州刺史。顯祖曰：「申纂既不識機，又不量力，進不能歸正朔，退不能還江南，守孤城於危亡之地，欲建功立節豈可得乎！」纂既敗，子景義入國，太和中，爲散員士、宋王劉昶國侍郎。景明初，試守濟陰郡、揚州車騎府録事參軍、右司馬。

常珍奇者，汝南人也。爲劉駿司州刺史，亦與薛安都等推立劉子勛。子勛敗，遣使馳告長社鎮請降，顯祖遣殿中尚書元石爲都將，率衆赴之。中書博士鄭羲參石軍事。進至上蔡，珍奇率文武來迎，羲説石令徑入城，語在羲傳。事定，以珍奇爲持節、平南將軍、豫州刺史、河内公。珍奇表曰：「臣昔蒙劉氏生成之恩，感義亡身，志陳報答，遂與雍州刺史袁顗、豫州刺史殷琰等共唱大義，奉戴子勛，纂承彼曆。大運未集，遂至分崩。而劉彧滔天，殺主篡立，蒼生殄悴，危於綴旒。伏惟陛下龍姿鳳儀，光格四表，凡在黔黎，延屬象魏。所願天地垂仁，亟圖南服，宜遣文檄，喻以吉凶。使江東之地，離心草靡；荆雍九州，北面請吏。乞高臣官名，更遣雄將，秣馬五千，助臣經討，并賜威儀，震動江外。長江已北，必可定矣。臣雖不武，乞備前驅，進據之宜，更在處分。敢冒愚款，推誠上聞，機運可乘，實在茲日。」

珍奇雖有虚表，而誠款未純。歲餘，徵其子超，超母胡氏不欲超赴京師，密懷南叛。時汝徐未平，元石自出攻之。珍奇乘虚於懸瓠反叛，燒城東門，斬三百餘人，虜掠上蔡、安城、平輿三縣居民，屯于灌水。石馳往討擊，大破之。會日闇，放火燒其營，珍奇乃匹馬逃免。其子超走到苦城，爲人所殺。小子沙彌囚送京師，刑爲閹人。

沈文秀，字仲遠，吴興武康人。伯父慶之，劉駿司空公。文秀初爲郡主簿，稍遷建威將軍、青州刺史。

和平六年，劉子業爲其叔彧所殺，文秀遂與諸州推立劉子勛。及子勛敗，皇興初，文秀與崔道固俱以州降，請師應接，顯祖遣平東將軍長孫陵等率騎赴之。會劉彧遣文秀弟文炳來喻之，文秀復歸於彧，彧以文秀爲輔國將軍、刺史如故。

後慕容白曜既剋升城，引軍向歷下，白曜復遣陵等率萬餘人長驅至東陽。文秀始欲降，以軍人虜掠，遂有悔心，乃嬰城固守。陵乃引師軍於清西。白曜既下歷城，乃率大衆并力攻討，長圍數匝，自夏至春始剋。文秀取所持節，衣冠儼然，坐於齋内。亂兵入，曰：「文秀何在？」文秀厲聲曰：「身是！」執而裸送于白曜。左右令拜，文秀曰：「各二國大臣，無相拜之禮。」白曜忿之，乃至撾撻。後還其衣，爲之設饌，遂與長史房天樂、司馬沈嵩等鎖送京師。面縛數罪，宥死，待爲下客，給以麤衣蔬食。

顯祖重其節義，稍亦加禮之，拜爲外都下大夫。太和三年，遷外都大官。高祖嘉文秀忠於其國，賜絹綵二百匹。後爲南征都將，臨發，賜以戎服。尋除持節、平南將軍、懷州刺史，假吴郡公。是時河南富饒，人好奉遺，文秀一無所納，卒守清貧。然爲政寬緩，不能禁止盜賊；而大興水田，於公私頗有利益。在州數年，年六十一，卒。

子保沖，太和中，奉朝請、大將軍宋王外兵參軍，後爲南徐州冠軍長史。二十一年，坐援漣口退敗，有司處之死刑。高祖詔曰：「保沖，文秀之子，可特原命，配洛陽作部終身。」既而獲免。世宗時，卒於下邳太守。

房天樂者，清河人，滑稽多智。先爲青州別駕，文秀板爲長史〔八〕，督齊郡，州府之事，一以委之。卒于京師。

弟子嘉慶，漁陽太守。

嘉慶從弟瑚璉，長廣太守。

文秀族子嵩，聰敏有筆札。文秀以爲司馬，甚器任之。隨文秀至懷州。文秀卒後，依宋王劉昶。昶遇之無禮，憂愧飢寒，未幾而卒。

文秀族子陵，字道通。太和十八年，高祖南伐，陵攜族孫智度歸降，引見於行宮。陵姿質妍偉，辭氣辯暢，高祖奇之，禮遇亞於王肅，授前軍將軍。後監南徐州諸軍事、中壘將軍、南徐州刺史，尋假節、龍驤將軍。二十二年秋，進持節、冠軍將軍。及高祖崩，陵陰有叛心，長史趙儼密言于朝廷，尚書令王肅深保明之，切責儼。既而果叛，殺數十人，驅掠城中男女百餘口，夜走南入。智度於彭城知之，從清中單舸奔陵，爲下邳戍人所射殺。

張讜，字處言，清河東武城人也。六世祖名犯顯祖諱，晉長秋卿。父華，爲慕容超左僕射。讜仕劉駿，歷給事中、泰山太守、青冀二州輔國府長史，帶魏郡太守。劉彧之立，遥授冠軍將軍、東徐州刺史。

及革徐兗，讜乃歸順於尉元。元亦表授冠軍、東徐州刺史，遣中書侍郎高閭與讜對爲刺史。後至京師，禮遇亞於薛、畢，以勳賜爵平陸侯，加平遠將軍。

讜性開通，篤於撫恤，青齊之士，雖疏族末姻，咸相敬視。李敷、李訢等寵要勢家，亦推懷陳款，無所顧避。畢衆敬等皆敬重之，高允之徒亦相器待。延興四年卒。贈平南將軍、青州刺史，謚康侯。子敬伯，求致父喪，出葬冀州清河舊墓，久不被許，停柩在家積五六年。第四子敬叔，先在徐州，初聞父喪，不欲奔赴，而規南叛，爲徐州所勒送。至乃自理，後得襲父爵。

敬伯，自以隨父歸國之功，賜爵昌安侯，出爲樂陵太守。

敬叔，武邑太守。父喪得葬舊墓，還屬清河。

初，讜兄弟十人。兄忠，字處順，在南爲合鄉令。世祖南征，忠歸降，賜爵新昌男，拜新興太守，卒官。贈冀州刺史。

初，讜妻皇甫氏被掠，賜中官爲婢，皇甫遂乃詐癡，不能梳沐。後讜爲劉駿冀州長史，因貨千餘匹購求皇甫。高宗怪其納財之多也，引見之，時皇甫年垂六十矣。高宗曰：「南人奇好，能重室家之義，此老母復何所任，乃能如此致費也。」皇甫氏歸，讜令諸妾境上奉迎。數年卒，卒後十年而讜入國。

讜兄子安世，正始中，自梁漢同夏侯道遷歸款。爲客積年，出爲東河間太守，卒官。

元茂〔九〕，爲信都令，遷冀州治中。

元茂弟子讓，洛州安西府長史、都水使者。

田益宗，光城蠻也。身長八尺，雄果有將略，貌狀舉止，有異常蠻。世爲四山蠻帥，受制於蕭賾。太和十七年，遣使張超奉表歸款。十九年，拜員外散騎常侍、都督光城弋陽汝南新蔡宋安五郡諸軍事、冠軍將軍、南司州刺史，光城縣開國伯，食蠻邑一千户，所統守宰，任其銓置。後以益宗既渡淮北，不可仍爲司州，乃於新蔡立東豫州，以益宗爲刺史。

尋改封安昌縣伯，食實邑五百户。二十二年，進號征虜將軍。

景明初，蕭衍遣軍主吴子陽率衆寇三關〔一〇〕。益宗遣光城太守梅興之步騎四千，進至陰山關南八十餘里，據長風城，逆擊子陽，大破之，斬獲千餘級。蕭衍建寧太守黄天賜築城赤亭，復遣其將黄公賞屯於漴城，與長風相持。益宗命安蠻太守梅景秀爲之掎角擊討，破天賜等，斬首數百，獲其二城。上表曰：「臣聞機之所在，聖賢弗之疑；兼弱攻昧〔一一〕，天之前王莫之捨。皆拯羣生於湯炭，盛武功於方來。然霜葉將淪，非勁飈無以速其籜；天之所棄，非假手無以殲其人。竊惟蕭衍亂常〔一二〕，君臣交爭，江外州鎮，中分爲兩，東西抗峙，已淹歲時。民庶窮於轉輸，甲兵疲於戰鬬，事救於目前，力盡於麾下。無暇外維州鎮〔一三〕，綱紀庶方，藩城棊立，孤存而已。不乘機電掃，廓彼蠻疆，恐後之經略，未易於此。且壽春雖平，三面仍梗，鎮守之宜，寔須豫設。義陽差近淮源，利涉津要，朝廷行師，必由此道。若江南一平，有事淮外，須乘夏水汎長，列舟長淮。師赴壽春，須從義陽之北，便是居我喉要，在慮彌深。義陽之滅，今實時矣。度彼衆不過須精卒一萬二千。然行師之法，貴張形勢。請使兩荆之衆西擬隨雍，揚州之卒頓于建安，得捍三關之援；然後二豫之軍直據南關，對抗延頭。遣一都督總諸軍節度，季冬進師，迄于春末，弗過十旬，剋之必矣！」世宗納之，遣鎮南元英攻義陽。益宗遣其息魯生領步騎八千，斷賊糧運，并焚其鈞城積聚。衍戍主趙文舉率衆拒戰，魯生破之，獲文舉及小將胡建興、古皓、莊元仲等，斬五千餘級，溺死千五百人，倉米運舟焚燒蕩盡。後賊寧朔將軍楊僧遠率衆二千，寇逼蒙籠，益宗命魯生與戍主奇道顯逆擊破之，追奔十里，俘斬千餘。進號平南將軍。又詔益宗率其部曲并州鎮文武，與假節、征虜將軍、太僕少卿宇文福綏防蠻楚，加安南將軍，增封一百户，賜帛二千匹。

白早生反於豫州，詔益宗曰：「懸瓠要藩，密邇崧潁，南疆之重，所寄不輕。而羣小猖狂，忽構釁逆，殺害鎮主，規成反叛。此而可忍，孰不可容。即遣尚書邢巒總精騎五萬，星馳電驅；征南將軍、中山王英統馬步七萬，絡繹繼發。量此蟻寇，唯當逃奔。知將軍志翦豺狼，以清邊境，節義慷慨，良在可嘉，非蹇蹇之至，何以能爾？深戢誠款，方相委託。故遣中書舍人趙文相具宣朕懷〔二四〕，往還之規，口別指授，便可善盡筭略，隨宜追掩，勿令此豎得有竄逸。遲近清盪，更有别旨。」時自樂口已南，郢豫二州諸城皆没於賊，唯有義陽而已。蕭衍招益宗以車騎大將軍、開府儀同三司、五千户郡公。當時安危，在益宗去就，而益宗守節不移。郢豫剋平，益宗之力也。

益宗年稍衰老，聚斂無厭，兵民患其侵擾。諸子及孫競規賄貨，部内苦之，咸言欲叛。世宗深亦慮焉，乃遣中書舍人劉桃符宣旨慰喻，庶以安之。桃符還，啓益宗侵掠之狀。世宗詔之曰：「風聞卿息魯生淮南貪暴，擾亂細民，又横殺梅伏生，爲爾不已，損卿誠效。可令魯生與使赴闕，當加任使。如欲外禄，便授中畿一郡。」魯生久未至。延昌中，詔曰：「益宗先朝耆艾，服勤邊境，不可以地須其人，遂令久屈。可使持節、鎮東將軍、濟州刺史，常侍如故。」世宗慮其不受代，遣後將軍李世哲與桃符率衆襲之，出其不意，奄入廣陵〔一五〕。益宗子魯生、魯賢等奔於關南，招引賊兵，襲逐諸戍，光城已南皆爲賊所保。世哲討擊破之，復置郡戍，而以益宗還。授征南將軍、金紫光禄大夫，加散騎常侍，改封曲陽縣開國伯。

益宗生長邊地，不願内榮，雖位秩崇重，猶以爲恨，上表曰：「臣昔在南，仰餐皇化，擁率部曲三千餘家，棄彼邊榮，歸投樂土，兄弟荼炭，釁結賊朝。高祖孝文皇帝録臣乃誠，授以藩任。方欲仰憑國威，冀雪冤恥，豈容背寵向讎，就險危命。昔郢豫紛擾，臣躬率義兵，擁絶賊路，竊謂誠心，仰簡朝野。但任重據邊，易招塵謗，致使桃符横加讒毁，説臣恒欲投南，暴亂非一。乞檢事原，以何爲驗？復云虐害番兵，殺賣過半，如其所言，未審死失之家，所訟有幾？又云秏官粟帛，倉庫傾盡。御史覆檢，曾無損折。初代之日，二子魯生、魯賢、從子超秀等並在城中，安然無二，而桃符密遣積射將軍鹿永固私將甲士，打息魯生，僅得存命。唱云：『我被面敕，若能得魯生、魯賢首者，各賞本郡。』士馬圍遶，騰城唱殺，二息戰怖，寔由於此。殘敗居業，爲生蕩然，乃復毀發墳墓，露泄枯骸。存者罹生離之苦，亡魂遭粉骨之痛。昔歲朝廷頻遣桃符數加慰勞，而桃符凶姦，擅生禍福，云『唯我相申，致降恩旨』。及返京師，復欺朝廷，說臣父子全無忠誠，誣陷貞良，惑亂朝聽。乞攝桃符與臣並對，若臣罪有狀，分從憲網；如桃符是謬，坐宜有歸。」詔曰：「既經大宥，不容方更爲獄。」

熙平初，益宗又表乞東豫，以招二子。靈太后令曰：「卿誠著二朝，勳光南服，作藩萬里，列土承家，前朝往恩，酬敍不淺。兼子弟荷榮，中表被澤，相□輕重，卿所知悉。先帝以卿勞舊，州小祿薄，故遷牧華壤，爰登顯級。于時番兵交換，不生猜疑，而卿息魯賢等無事外叛，忠孝俱乖，翻爲戎首。以卿誠重，不復相計。今卧護征南，榮以金紫，朝廷處遇，又甚於先。且卿年老，方就閑養，焉得以本州爲念？魯賢來否，豈待自往也，但遣慰納，足相昭亮。若審遣信，當更啓聞，別敕東豫，聽卿喻曉魯賢。」二年卒，年七十三。贈征東大將軍、郢州刺史，謚曰莊。

少子纂，襲封。位至征虜將軍、中散大夫。卒，贈左將軍、東豫州刺史。

益宗長子隨興，冠軍將軍、平原太守。隨興情貪邊官，不願内地，改授弋陽、汝南二郡太守。

益宗兄興祖，太和末，亦來歸附。景明中，假郢州刺史。及義陽置郢州，改授征虜將軍、江州刺史，詔賜朝服、劍舄一具，治麻城。興祖卒，益宗請隨興代之，世宗不許，罷并東豫。

初，益州内附之後，蕭鸞遣寧州刺史董巒追討之〔一六〕，官軍進擊，執巒并其子景曜，送於行宫。

巒，字仲舒，營陽人。真君末，隨父南叛。雖長自江外，言語風氣猶同華夏。性疎武，不多識文字。高祖引巒於庭，問其南事，巒怖不能對，數顧景曜。景曜進代父答，申敍蕭鸞簒襲始終，辭理横出，言非而辯，高祖異焉。以巒爲越騎校尉，景曜爲員外郎。謀欲南叛，坐徙朔州。及車駕南討漢陽，召巒從軍。景曜至洛陽，密啓其父必當奔叛。軍次魯陽，巒單騎南走，過南陽、新野，歷告二城以魏軍當至，戒之備防。房伯玉、劉忌並云無足可慮。巒曰：「不然，軍勢甚盛。」至境首北向哭呼景曜云：「吾百口在彼，事理須還，不得顧汝一子也。」景曜鎖詣行在所，數而斬之。

又有陳伯之者，下邳人也。以勇力自効，仕於江南，爲鎮南大將軍、江州刺史、豐城縣開國公。景明三年，伯之遣使密表請降，并遣其子冠軍將軍、徐州刺史、永昌縣開國侯虎牙爲質。四年，以伯之爲持節、都督江郢二州諸軍事、平南將軍、江州刺史、曲江縣開國公，邑一千户，虎牙爲冠軍將軍、員外散騎常侍、豫寧縣開國伯，邑五百户。正始初，蕭衍征虜將軍趙祖悦築城於水東，與潁川接對，置兵數千，欲爲攻討之本。伯之進軍討祖悦，大破之，乘勝長驅入城，刺祖悦三創，賊衆大敗。進討南城，破賊諸部，斬獲數千。二年夏，除伯之光禄大夫，虎牙遷前軍將軍〔一七〕。

孟表，字武達，濟北蛇丘人也。自云本屬北地，號索里諸孟。青徐内屬後，表因事南渡，仕蕭鸞爲馬頭太守。

太和十八年，表據郡歸誠，除輔國將軍、南兗州刺史，領馬頭太守，賜爵譙縣侯，鎮渦陽。後蕭鸞遣其豫州刺史裴叔業攻圍六十餘日，城中食盡，唯以朽革及草木皮葉爲糧。表撫循將士，勠力固守。會鎮南將軍王肅解義陽之圍，還以救之，叔業乃退。初，有一南人，自云姓邊字叔珍，攜妻息從壽春投表，云慕化歸國。未及送闕，便值叔業圍城。表後察叔珍言色，頗疑有異，即加推覈，乃云是叔業姑兒，爲叔業所遣，規爲内應，所攜妻子並亦假妄。表出叔珍於北門外斬之，於是人情乃安。

高祖嘉其誠績，封汶陽縣開國伯，邑五百户。遷征虜將軍、濟州刺史，爲散騎常侍、光禄大夫，進號平西將軍。世宗末，降平東將軍〔八〕、齊州刺史。延昌四年卒，年八十一。贈安東將軍、兗州刺史，謚曰恭。

子崇，襲。官至昌黎、濟北二郡太守。

史臣曰：薛安都一武夫耳，雖輕於去就，實啓東南。事窘圖變，而竟保寵秩，優矣。真度一謀，見賞明主。衆敬舉地納誠，榮曜朝國，人位並列，無乏於時。文秀不回，有死節之氣，非但身蒙嘉禮，乃至子免刑戮。在我欲其罵人，忠義可不勉也。張讜觀機委質，篤恤流離，亦仁智矣。田益宗蠻夷荒帥，翻然效款，終懷金曳紫，不其美歟！孟表之致名位，非徒然也。

校勘記

〔一〕沮渠秉　原作「沮渠康」。按本書卷四下世祖紀下太平真君五年七月、卷九九沮渠蒙遜傳俱作「沮渠秉」。北史卷三九薛安都傳作「沮渠康」、卷九三北涼沮渠氏傳作「沮渠季義」。其人本名「秉」，字「季義」，北史避唐諱改「秉」爲「康」，或稱其字。魏書本皆作「秉」，此處當是後人據北史改，今回改。

〔二〕秦州　疑爲「泰州」之訛。按此傳載安都及其子孫生前曾任、或死後追贈秦州刺史者共五人，泰州治河東蒲坂，是薛氏本州，當時以官本州刺史爲榮，故祖孫多居此官。若是秦州，便不可解。又此州雖或先曾有「秦州」之稱，但此時早已名「泰州」。參見本書卷一〇六下校記〔五二〕。

〔三〕奉車都尉　原作「奉車騎都尉」。按「奉車都尉」見本書卷一一三官氏志太和前、後官品令，「騎」字衍，今據刪。

〔四〕會安都引國援軍經其城下　「援軍」，原作「授軍」，據册府卷九二〇改。

〔五〕祖朽別封南城以須昌伯回授之　「須昌伯」，原作「須昌侯」，據北史卷三九畢衆敬傳附畢祖髦傳、通志卷一四九改。按上文稱祖朽「襲父爵須昌侯，例降爲伯」，後自以功封南城縣開國男，則所「回授」者只能是「伯」。

〔六〕本州別駕　「本州」，原作「太州」，據三朝本、南監本、北監本、殿本、北史卷三九畢衆敬傳附畢祖朽傳、通志卷一四九改。

〔七〕天平中　「天平」，原作「太平」。按北魏無「太平」年號。下云：「與舍人韋鴻坐泄密，賜盡於宅。」韋鴻附見本書卷四五韋閬傳，事在天平三年。今據改。

〔八〕文秀板爲長史　「板」，原作「拔」，據北史卷四五沈文秀傳附房天樂傳、册府卷七一六改。按長史須經朝廷任命，地方大員可板授，爲當時定制，「拔」乃「板」之形訛。

〔九〕元茂　按「元茂」不知何人。上文稱「讜兄弟十人」，但只舉「兄忠」一人，「元茂」或是讜兄弟之後，疑上有脱文。

〔一〇〕景明初蕭衍遣軍主吴子陽率衆寇三關　按本書卷八世宗紀景明元年九月乙丑記：「東豫州刺史田益宗破蕭寶卷將吴子陽、鄧元起於長風。」同年十一月蕭衍始起兵反寶卷，越二年方稱帝建梁。吴子陽乃蕭寶卷將，稱蕭衍軍主誤。下文「蕭衍建寧太守黄天賜築城赤亭」，世宗紀景明二年七月亦稱「蕭寶卷將黄天賜」。此傳兩「蕭衍」均當作「蕭寶卷」。北史卷三七田益宗傳述此戰事徑作「梁師寇三關」，亦誤。

〔一一〕兼弱攻昧　「兼」，原作「者」，據他本改。按「兼弱攻昧」，乃其時習語，本書卷七一李苗傳即見其例。

〔一二〕蕭衍亂常　「亂」，原作一字空格，三朝本注「闕一字」，南監本、北監本、汲本、殿本、局本注「闕」。今據通鑑卷一四四齊紀一〇中興元年十一月補。

〔一三〕無暇外維州鎮　「暇」字原闕，「無」上注「闕」，據通鑑卷一四四齊紀一〇中興元年十一月補，並删所注「闕」字。

〔一四〕具宣朕懷　「朕」，原作一字空格，據三朝本、南監本、殿本補。

〔一五〕奄入廣陵　「陵」，原作墨釘，據他本及北史卷三七田益宗傳補。按此傳前文云：光城蠻酋田益宗附魏，「後以益宗既渡淮北，不可仍爲司州，乃於新蔡立東豫州，以益宗爲刺史」。本書卷一〇六中地形志中東豫州條注云：「太和十九年晉治廣陵城。」同卷豫州下有廣陵郡，乃東魏興和中分東豫州置，屬縣即有新蔡、光城等。知「陵」字是。

〔六〕益州内附之後蕭鸞遣寧州刺史董巒追討之　「益州」，疑爲「益宗」之誤。按本書卷七下高祖紀下太和十九年正月記：「平南將軍王肅頻破蕭鸞將，擒其寧州刺史董巒。」其時北魏勢力遠未及益州，更無益州内附之事。據卷六三王肅傳，王肅其時攻齊義陽，「頻破賊軍，降者萬餘」，亦與益州無涉。此追述益宗事迹，疑後人因所擒董巒爲寧州刺史而誤改「益宗」作「益州」。

〔七〕二年夏除伯之光禄大夫虎牙遷前軍將軍　按伯之於次年二月敗梁將昌義之於梁城，隨即奔梁，見本書卷八世宗紀，其子虎牙爲魏所殺，見梁書卷二〇陳伯之傳。此傳敍事不完，疑下有脱文。

〔八〕世宗末降平東將軍　按上文稱「進號平西將軍」，檢本書卷一一三官氏志所載太和後官品令，四平將軍俱位第三品，然由「平西」改「平東」，例是升而非「降」。疑「降」字訛或衍，或上有略文。

魏書卷六十二

列傳第五十

李彪　高道悅

李彪，字道固，頓丘衛國人，高祖賜名焉。家世寒微，少孤貧，有大志，篤學不倦。初受業於長樂監伯陽，伯陽稱美之。晚與漁陽高悅、北平陽尼等將隱於名山，不果而罷。悅兄閭，博學高才，家富典籍，彪遂於悅家手抄口誦，不暇寢食。既而還鄉里。平原王叡年將弱冠〔一〕，雅有志業，娶東徐州刺史博陵崔鑒女，路由冀相，聞彪名而詣之，脩師友之禮，稱之於郡，遂舉孝廉，至京師館而受業焉。高閭稱之于朝貴，李沖禮之甚厚，彪深宗附。

高祖初，爲中書教學博士〔二〕，後假員外散騎常侍、建威將軍、衛國子，使於蕭賾。遷祕書丞，參著作事。自成帝以來至于太和，崔浩、高允著述國書，編年序録，爲春秋之體，遺落時事，三無一存〔三〕。彪與祕書令高祐始奏從遷固之體，創爲紀傳表志之目焉。

彪又表曰：

臣聞昔之哲王，莫不亹亹孜孜，思納讜言，以康黎庶。是以訪童問師，不避淵澤；詢謀諮善，不棄芻蕘。用能光茂實於竹素，播徽聲於金石。臣屬生有道，遇無諱之朝，敢脩往式，竊揆時宜，謹冒死上封事七條。狂瞽之言，伏待刑戮。

其一曰：自太和建號，踰于一紀，典刑德政，可得而言也。立圓丘以昭孝，則百神不乏饗矣；舉賢才以酬諮，則多士盈朝矣；開至誠以軌物，則朝無佞人矣；敦六順以教人，則四門無凶人矣；制冠服以明秩，則典式復彰矣；作雅樂以協人倫，則人神交慶矣；深慎罰以明刑，則庶獄得衷矣；薄服味以示約，則儉德光昭矣；單宮女以配鰥，則人無怨曠矣；傾府藏以賑錫，則大賚周渥矣；省賦役以育人，則編户巷歌矣；宣德澤以懷遠邇，則華荒抃舞矣；垂至德以暢幽顯，則禎瑞效質矣。生生得所，事事惟新，巍巍乎猶造物之曲成也。然臣愚以爲行儉之道，猶自闕如〔四〕。何者？今四人豪富之家，習華既深，敦樸情淺，未識儉素之易長〔五〕，而行奢靡之難久。壯制第宅，美飾車馬，僕妾衣綾綺，土木被文繡，僭度違衷者衆矣。古先哲王之爲制也，自天子以至公卿，下及抱關擊柝，其宮室車服各有差品，小不得踰大，賤不得踰貴。夫然，故上下序而人志定。今時浮華相競，情無常守，大爲消功之物，巨制費力之事，豈不謬哉！消功者，錦繡彫文是也；費力者，廣宅高宇、壯制麗飾是也。其妨男業、害女工者，焉可勝言哉！漢文時，賈誼上疏云「今之王政可爲長太息者六」，此即是其一也。夫上之所好，下必從之。故越王好勇而士多輕死，楚靈好瘠而國有飢人。今二聖躬行儉素，詔令殷勤，而百姓之奢猶未革者，豈楚越之人易變如彼，大魏之士難化如此？蓋朝制弗宣，人未見德，使之然耳。臣愚以爲第宅車服，自百官以至于庶人，宜爲其等制，使貴不逼賤，卑不僭高，不可以稱其侈意，用違經典。今或者以爲習俗日久，不可卒革，臣謹言古人革之之漸。昔子産爲政一年，百姓歌之曰：「我有田疇，子産伍之，我有衣冠，子産貯之，孰殺子産，吾其與之。」及三年，乃改歌曰：「我有田疇，子産殖之，我有子弟，子産誨之，子産若死，其誰繼之？」然則鄭人之智，豈前昏而後明哉？且從政者須漸，受化者難頓故也。今若爲制以差品之，始末之情，魏士與鄭人同矣。既同鄭人，是爲卒有善歌，豈可憚其初怨而不爲終善哉？夫尚儉者開福之源〔六〕，好奢者起貧之兆。然則儉約易以教行，華靡難以財滿，是以聖人留意焉，賢人希準焉。故夏禹卑宫室而惡衣服，殷湯寢黄屋而乘輅輿。此示儉於後王，後王所宜觀其意而取折衷也。孔子爲魯司寇，乘柴車而駕駑馬；晏嬰爲齊正卿，冠濯冠而衣故裘。此示儉於後臣，後臣所宜識其情而消息之也。前志云：「作法於涼，其弊猶貪。」此言雖略，有達治道。臣之瞽言，儻或可採，比及三年，可以有成。有成則人務本，人務本則奢費除，奢費除則穀帛豐，穀帛豐則人逸樂，人逸樂則皇基固矣。

其二曰：易稱：「主器者，莫若長子。」傳曰：「太子奉冢嫡之粢盛。」然則祭亡主則宗廟無所饗，冢嫡廢則神器無所傳。聖賢知其如此，故垂誥以爲長世之法。昔姬王得斯道也，故恢崇儒術以訓世嫡，世嫡於是乎習成懿德，用大協於黎蒸，是以世統生人，載祀八百。逮嬴氏之君於秦也，殆棄德政，坑焚儒典，弗以義方教厥冢子，於是習成凶德，肆虐以臨黔首，是以饗年不永，二世而亡。亡之與興，其道在於師傅，師傅之損益，可得而言。益者，周公傅成王，教以孝仁禮義，逐去邪人，不使見惡人〔七〕，選天下之端士、孝悌博聞有道術者以爲衞翼。衞翼良，成王正，周道之所以長久也。損者，趙高傅胡亥，教以刑戮斬劓及夷人族，逐去正人，不得見善士，諂佞讒賊者爲其左右。左右邪，胡亥僻，秦祚之所以短促也。夫皇天，輔德者也，豈私周而疎秦哉？由所行之道殊，故禍福之途異耳。昔光武議爲太子置傅，以問其羣臣，羣臣望意，皆言太子舅執金吾、新陽侯陰就可。博士張佚正色曰：「今立太子爲陰氏乎？爲天下乎？即爲陰氏，則陰侯可；爲天下，則固宜用天下之賢才。」光武稱善，曰：「置傅，以輔太子也。今博士不難正朕，況太子乎？」即拜佚爲太子太傅，漢明卒爲賢主。然則佚之傅漢明，非迺生之漸也，尚或有稱，而況迺生訓之以正道，其爲益也固以大矣。故禮曰「太子生，因舉以禮，使士負之，有司齊肅端冕，見于南郊」，明冢嫡之重，見乎天也。「過闕則下，過廟則趨」，明孝敬之道也。然古之太子，「自爲赤子，而教固以行矣」。此則遠世之鏡也。高宗文成皇帝慨少時師不勤教，嘗謂羣臣曰：「朕始學之日，年尚幼沖，情未能專，既臨萬機，不遑温習，今而思之，豈唯予咎，抑亦師傅之不勤。」尚書李訢免冠而謝，此則近日之可鑒也。伏惟太皇太后翼贊高宗，訓成顯祖，使巍巍之功邈乎前王。陛下幼蒙鞠誨，聖敬日躋〔八〕，及儲宫誕育，復親撫誥，日省月課，實勞神慮。今誠宜準古立師傅以訓導太子，訓導正則太子正，太子正則皇家慶，皇家慶則人幸甚矣。

其三曰：臣聞國本黎元，人資粒食，是以昔之哲王莫不勤勸稼穡，盈畜倉廩。故堯湯水旱，人無菜色者，蓋由備之有漸，積之有素。暨于漢家，以人食少，乃設常平以給之；魏氏以兵糧乏，制屯田以供之。用能不匱當時，軍國取濟。又記云：國無三年之儲，謂國非其國。光武以一畝不實，罪及牧守。聖人之憂世重穀，殷勤如彼；明君之恤人勸農，相切若此。頃年山東饑，去歲京師儉，内外人庶出入就豐，既廢營產，疲而乃達，又於國體實有虛損。若先多積穀，安而給之，豈有驅督老弱餬口千里之外？以今況古，誠可懼也。臣以爲宜析州郡常調九分之二，京都度支歲用之餘，各立官司，年豐糴積於倉，時儉則加私之二〔九〕，糶之於人。如此，民必力田以買官絹，又務貯財以取官粟，年登則常積，歲凶則直給。又別立農官，取州郡戶十分之一以爲屯民〔一〇〕，相水陸之宜，料頃畝之數，以贓贖雜物餘財市牛科給，令其肆力。一夫之田，歲責六十斛，蠲其正課并征戍雜役。行此二事，數年之中，則穀積而人足，雖災不爲害。臣又聞前代明主，皆務懷遠人，禮賢引滯。故漢高過趙，求樂毅之胄；晉武廓定，旌吳蜀之彥。臣謂宜於河表七州人中，擢其門才，引令赴闕，依中州官比，隨能序之。一可以廣聖朝均新舊之義，二可以懷江漢歸有道之情。

其四曰：昔帝舜命咎繇惟刑之恤，周公誥成王勿誤于庶獄，斯皆君臣相誡，重刑之至也。今二聖哀矜罪辜，小大以情〔一一〕，讞決之日，多從降恕，時不得已，必垂惻隱，雖前王之勤聽肆赦，亦如斯而已。至若行刑犯時，愚臣竊所未安。漢制，舊斷獄報重，常盡季冬，至孝章時改盡十月，以育三微。後歲旱，論者以十月斷獄，陰氣微，陽氣泄，以故致旱。事下公卿，尚書陳寵議：冬至陽氣始萌，故十一月有射干、芸、荔之應，周以爲春；十二月陽氣上通，雉雊雞乳，殷以爲春；十三月陽氣已至，蟄蟲皆震，夏以爲春。三微成著，以通三統，三統之月，斷獄流血，是不稽天意也。月令：仲冬之月，身欲寧，事欲靜。以起隆怒，不可謂寧；以行大刑，不可謂靜。章帝善其言，卒以十月斷。今京都及四方斷獄報重，常竟季冬，不推三正以育三微。寬宥之情，每過於昔；遵時之憲，猶或闕然。豈所謂助陽發生、垂奉微之仁也？誠宜遠稽周典，近採漢制，天下斷獄，起自初秋，盡於孟冬，不於三統之春，行斬絞之刑。如此，則道協幽顯，仁垂後昆矣。

其五曰：古者，大臣有坐不廉而廢者，不謂之不廉，乃曰簠簋不飾。此君之所以禮貴臣，不明言其過也。臣有大譴，則白冠氂纓，盤水加劍，造請室而請死，此臣之所以知罪而不敢逃刑也。聖朝賓遇大臣，禮同古典。自太和以降，有負罪當陷大辟者，多得歸第自盡。遣之日，深垂隱愍，言發悽淚，百官莫不見，四海莫不聞。誠足以感將死之心，慰戚屬之情。然恩發至衷，未著永制，此愚臣所以敢陳末見。昔漢文時，人有告丞相周勃謀反者，逮繫長安獄，頓辱之與皂隸同。賈誼乃上書，極陳君臣之義，不宜如是。夫貴臣者，天子爲其改容而體貌之，吏人爲其俯伏而敬貴之。其有罪過，廢之可也，賜之死可也。若束縛之，輸之司寇，榜笞之，小吏詈罵之，殆非所以令衆庶見也。及將刑也，臣則北面再拜，跪而自裁。天子曰：子大夫自有過耳，吾遇子有禮矣。上不使人抑而刑之也〔一二〕。孝文深納其言，是後大臣有罪，皆自殺不受刑。至孝武時，稍復入獄，良由孝文行之當時，不爲永制故耳。伏惟聖德慈惠，豈與漢文比隆哉。今天下有道，庶人不議之時，臣安可陳瞽言於朝，但恐萬世之後，繼體之主有若漢武之事焉。夫道貴長久，所以樹之風聲也；法尚不虧，所以貽厥孫謀也，焉得行恩當時，而不著長世之制乎？

其六曰：孝經稱：「父子之道天性。」書云：「孝乎惟孝，友于兄弟。」二經之旨，蓋明一體而同氣，可共而不可離者也。及其有罪，罪不相及者，乃君上之厚恩也。至若有懼，懼應相連者，固自然之恒理也。無情之人，父兄繫獄，子弟無慘惕之容；子弟逃刑〔一三〕，父兄無愧恧之色。宴安榮位，遊從自若，車馬仍華，衣冠猶飾，寧是同體共氣、分憂均戚之理也？昔秦伯以楚人圍江，素服而示懼；宋仲子以失舉桓譚，免冠而謝罪。然則子弟之於父兄，父兄之於子弟，惟其情至，豈與結盟相知者同年語其深淺哉？二聖清簡風俗，孝慈是先。臣愚以爲父兄有犯，宜令子弟素服肉袒，詣闕請罪；子弟有坐，宜令父兄露板引咎，乞解所司。若職任必要，不宜許者，慰勉留之。如此，足以敦厲凡薄，使人知有所恥矣。

其七曰：禮云：臣有大喪，君三年不呼其門。此聖人緣情制禮，以終孝子之情者也。周季陵夷，喪禮稍亡，是以要絰即戎，素冠作刺，逮于虐秦，殆皆泯矣。漢初，軍旅屢興，未能遵古。至宣帝時，民當從軍屯者，遭大父母、父母死，未滿三月，皆弗徭役；其朝臣喪制，未有定聞。至後漢元初中，大臣有重憂，始得去官終服。暨魏武、孫、劉之世，日尋干戈，前世禮制復廢而不行。晉時，鴻臚鄭默喪親，固請終服，武帝感其孝誠，遂著令以爲常。聖魏之初，撥亂返正，未遑建終喪之制。今四方無虞，百姓安逸，誠是孝慈道洽，禮教興行之日也。然愚臣所懷，竊有未盡。伏見朝臣丁父憂者[一四]，假滿赴職，衣錦乘軒，從郊廟之祀，鳴玉垂緌，同節慶之醼，傷人子之道，虧天地之經。愚謂如有遭大父母、父母喪者，皆聽終服。若無其人有曠庶官者，則優旨慰喻，起令視事，但綜司出納敷奏而已，國之吉慶，一令無預。其軍戎之警，墨縗從役，雖愆於禮，事所宜行也。如臣之言少有可採，願付有司別爲條制。」

高祖覽而善之，尋皆施行。

彪稍見禮遇，加中壘將軍。及文明太后崩，羣臣請高祖公除，高祖不許，與彪往復，語在禮志。高祖詔曰：「歷觀古事，求能非一。或承藉微蔭，著德當時；或見拔幽陋，流名後葉。故毛遂起賤，奮抗楚之辯；苟有才能，何必拘族也。彪雖宿非清第，本闕華資，然識性嚴聰，學博墳籍，剛辯之才，頗堪時用，兼憂吏若家，載宣朝美，若不賞庸敍績，將何以勸獎勤能？可特遷祕書令，以酬厥款。」以參議律令之勤，賜帛五百匹、馬一匹、牛二頭。

其年，加員外散騎常侍，使於蕭賾。賾遣其主客郎劉繪接對，并設讌樂。彪辭樂。及坐，彪曰：「齊主既賜讌樂，以勞行人，向辭樂者，卿或未相體。自喪禮廢替，於茲以久，我皇孝性自天，追慕罔極，故有今者喪除之議。去三月晦，朝臣始除衰裳，猶以素服從事。裴、謝在此，固應具此，我今辭樂，想卿無怪。」繪答言：「辭樂之事，向以不異。請問魏朝喪禮，竟何所依？」彪曰：「高宗三年，孝文踰月，今聖上追鞠育之深恩，感慈訓之厚德，執於殷漢之間，可謂得禮之變。」繪復問：「若欲遵古，何爲不終三年？」彪曰：「萬機不可久曠，故割至慕，俯從羣議。服變不異三年，而限同一朞，可謂亡禮之禮。」繪言：「汰哉叔氏！專以禮許人。」彪曰：「聖朝自爲曠代之制，何關許人。」繪言：「百官總己聽於冢宰，萬機何慮於曠？」彪曰：「我聞載籍：五帝之臣，臣不若君，故君親攬其事；三王君臣智等，故共理機務；五霸臣過於君，故事決於下。我朝官司皆五帝之臣，主上親攬，蓋遠軌軒唐。」彪將還，賾親謂曰：「卿前使還日，賦阮詩云『但願長閑暇，後歲復來遊』，果如今日〔一五〕。卿此還也，復有來理否？」彪答言：「使臣請重賦阮詩曰『宴衎清都中，一去永矣哉』。」賾惘然曰：「清都可爾，一去何事？觀卿此言，似成長闊，朕當以殊禮相送。」賾遂親至琅邪城，登山臨水，命羣臣賦詩以送別，其見重如此。彪前後六度銜命，南人奇其謇謂。

後車駕南征，假彪冠軍將軍、東道副將，尋假征虜將軍。車駕還京，遷御史中尉，領著作郎。彪既爲高祖所寵，性又剛直，遂多所劾糾，遠近畏之，豪右屏氣。高祖常呼彪爲李生，於是從容謂羣臣曰：「吾之有李生，猶漢之有汲黯。」汾州胡叛，詔彪持節綏慰，事寧還京，除散騎常侍，仍領御史中尉，解著作事。高祖宴羣臣於流化池，謂僕射李沖曰：「崔光之博，李彪之直，是我國家得賢之基。」

車駕南伐，彪兼度支尚書，與僕射李沖、任城王等參理留臺事。彪素性剛豪，與沖等意議乖異，遂形於聲色，殊無降下之心。自謂身爲法官，莫能糾劾己者，遂多專恣。沖積其前後罪過，乃於尚書省禁止彪，上表曰：「臣聞範國匡人，光化昇治，輿服典章，理無暫失。故晉文功建九合，猶見抑於請隧；季氏藉政三世，尚受譏於璵璠。固知名器之重，不可以妄假。先王既憲章於古，陛下又經綸於今，用能車服有敍，禮物無墜。案臣彪昔於凡品，特以才拔，等望清華，司文東觀，綢繆恩眷，繩直憲臺，左加金璫，右珥蟬冕。闕東省。宜感恩厲節，忠以報德。而竊名忝職，身爲違傲，矜勢高亢，公行僭逸。坐輿禁省〔一六〕，冒取官材，輒駕乘黃，無所憚懾。肆志傲然，愚聾視聽，此而可忍，誰不可懷！臣輒集尚書已下、令史已上，并治書侍御史臣酈道元等於尚書都座，以彪所犯罪狀告彪，訊其虛實，若或不知，須訊部下。彪答臣言：『事見在目，實如所劾，皆彪所知，何須復召部下。』臣今請以見事，免彪所居職，付廷尉治獄。」

沖又表曰：

臣與彪相識以來垂二十載，彪始南使之時，見其色厲辭辯，才優學博，臣之愚識，謂是拔萃之一人。及彪位宦升達，參與言燕，聞彪評章古今，商略人物，興言於侍筵之次，啓論於衆英之中，賞忠識正，發言懇惻，惟直是語，辭無隱避。雖復諸王之尊，近侍之要，至有是非，多面抗折。酷疾矯詐，毒愆非違，厲色正辭，如鷹鸇之逐鳥雀，懍懍然實似公清之操。臣雖下才，輒亦尚其梗槩，欽其正直，微識其褊急之性，而不以爲瑕。及其初登憲臺，始居司直，首復騶唱之儀，肇正直繩之體，當時識者僉以爲難。而彪秉志信行，不避豪勢，其所彈劾，應弦而倒。赫赫之威，振於下國；肅肅之稱，著自京師。天下改目，貪暴斂手。臣時見其所行，信謂言行相符，忠清内發。然時有私於臣云其威暴者，臣以直繩之官，人所忌疾，風謗之際，易生音謡，心不承信。往年以河陽事，曾與彪在領軍府，共太尉、司空及領軍諸卿等，集閲廷尉所問囚徒。時有人訴枉者，二公及臣少欲聽採。語理未盡，彪便振怒，東坐攘袂揮赫，口稱賊奴，叱吒左右，高聲大呼云：「南臺中取我木手去，搭奴肋折！」雖有此言，終竟不取。即言：「南臺所問，唯恐枉活，終無枉死，但可依此。」時諸人以所枉至重，有首實者多，又心難彪，遂各嘿爾。因緣此事，臣遂心疑有濫，審加情察，知其威虐，猶未體其採訪之由，訊檢之狀。商略而言，酷急小罪，肅禁爲大。會而言之，猶謂益多損少。故懷寢所疑，不以申徹，實失爲臣知無不聞之義。

及去年大駕南行以來，彪兼尚書，日夕共事，始乃知其言與行舛，是己非人，專恣無忌，尊身忽物，安己凌上〔一七〕，以身作之過深劾他人，己方事人，好人佞己。聽其言同振古忠恕之賢，校其行是天下佞暴之賊。臣與任城卑躬曲己，若順弟之奉暴兄。其所欲者，事雖非理，無不屈從。

依事求實，悉有成驗。如臣列得實，宜殛彪於有北，以除姦矯之亂政；如臣無證，宜投臣於四裔，以息青蠅之白黑。

高祖在懸瓠，覽表歎愕曰：「何意留京如此也！」有司處彪大辟，高祖恕之，除名而已。彪尋歸本鄉。

高祖自懸瓠北幸鄴，彪拜迎於鄴南。高祖曰：「朕之期卿，每以貞松爲志，歲寒爲心，卿應報國，盡身爲用，而近見彈文，殊乖所以。卿罹此譴，爲朕與卿，爲宰事與卿，爲卿自取？」彪對曰：「臣愆由己至，罪自身招，實非陛下橫與臣罪，又非宰事無辜濫臣。臣罪既如此，宜伏東皋之下，不應遠點屬車之塵〔一八〕，但伏承聖躬不豫，臣肝膽塗地，是以敢至，非謝罪而來。」高祖納宋弁言，將復採用，會留臺表言彪與御史賈尚往窮庶人恂事，理有誣抑，奏請收彪。彪自言事枉，高祖明彪無此，遣左右慰勉之，聽以牛車散載，送之洛陽。會赦得免。

高祖崩，世宗踐祚，彪自託於王肅，又與邢巒詩書往來，迭相稱重，因論求復舊職，修史官之事，肅等許爲左右，彪乃表曰：

臣聞龍圖出而皇道明，龜書見而帝德昶，斯寔冥中之書契也。自瑞官文而卑高陳〔一九〕，民師建而賤貴序，此乃人間之繩式也。是以唐典篆欽明之册，虞書銘睿徽之篇，傳著夏氏之箴，詩録商家之頌，斯皆國史明乎得失之迹也。逮于周姬，鑒乎二代，文王開之以兩經，公旦申之以六聯，郁乎其文，典章大略也。故觀雅、頌，識文武之丕烈；察歌音，辨周公之至孝。是以季札聽風而知始基，聽頌而識盛德。至若尼父之別魯籍，丘明之辨孔志，可謂婉而成章，盡而不汚者矣。自餘乘、志之比，其亦有趣焉。暨史、班之録，乃文窮於秦漢，事盡於哀平，懲勸兩書，華實兼載，文質彬彬，富哉言也。令大漢之風，美類三代，炎□□崇，道冠來事。降及華、馬、陳、干〔二〇〕，咸有放焉，四。敷贊弗遠〔二一〕，不可力致，豈虛也哉？其餘率見而書，覩事而作者多矣，尋其本末，可往來焉。

唯我皇魏之奄有中華也，歲越百齡，年幾十紀。太祖以弗違開基，武皇以奉時拓業，虎嘯域中，龍飛宇外，小往大來，品物咸亨。自茲以降，世濟其光。史官敍録，未充其盛。加以東觀中圮，册勳有闕，美隨日落，善因月稀。故諺曰：「一日不書，百事荒蕪。」至于太和之十一年，先帝、先后遠惟景業，綿綿休烈，若不恢史闡録，懼上業茂功始有缺矣〔二〕。於是召名儒博達之士，充麟閣之選。于時忘臣衆短，采臣片志，令臣出納，授臣丞職，猥屬斯事，無所與讓。高祖時詔臣曰：「平爾雅志，正爾筆端，書而不法，後世何觀。」臣奉以周旋，不敢失墜，與著作等鳩集遺文，并取前記，撰爲國書。假有新進時賢制作於此者，恐閨門既異，出入生疑，弦柱既易，善者或謬〔三〕。自十五年以來，臣使國還，頻有南轅之事，故載筆遂寢，簡牘弗張，其於書功録美，不其闕歟？

伏惟孝文皇帝承天地之實，崇祖宗之業，景功未就，奄焉崩殂，凡百黎萌，若無天地。賴遇陛下體明叡之真，應保合之量，恢大明以燭物，履靜恭以安邦，天清其氣，地樂其靜，不愆不忘，率由舊章，可謂重明疊聖，元首康哉。惟先皇之開創造物，經綸浩曠，加以魏典流製，藻繢垂篇，窮理於有象，盡性於衆變，可謂日月出矣，無幽不燭也。

記曰：善跡者欲人繼其行〔二四〕，善歌者欲人繼其聲。故傳曰：文王基之，周公成之。又曰：無周公之才，不得行周公之事。今之親王，可謂當之矣。然先皇之茂猷聖達，今王之懿美洞鑒，準之前代，其德靡悔也〔二五〕。時哉時哉，可不光昭哉！合德二儀者，先皇之陶鈞也；齊明日月者，先皇之洞照也；慮周四時者，先皇之茂功也；合契鬼神者，先皇之玄燭也；遷都改邑者，先皇之達也；變是協和者，先皇之鑒也；思同書軌者，先皇之遠也；守在四夷者，先皇之略也；海外有截者，先皇之威也；禮田岐陽者，先皇之義也；張樂岱郊者，先皇之仁也；鑾幸幽漠者，先皇之智也；燮伐南荊者，先皇之禮也；升中告成者，先皇之肅也；親虔宗社者，先皇之敬也；衮實無闕者，先皇之充也〔二六〕；開物成務者，先皇之貞也；觀乎人文者，先皇之蘊也；革弊創新者，先皇之志也；孝慈道洽者，先皇之衷也。先皇有大功二十，加以謙尊而光，爲而弗有，可謂四三皇而六五帝矣，誠宜功書於竹素，聲播於金石。

臣竊謂史官之達者，大則與日月齊明，小則與四時並茂。其大者孔子、左丘是也，小者史遷、班固是也。故能聲流於無窮，義昭於來裔。是以金石可滅而風流不泯者，其唯載籍乎？諺曰「相門有相，將門有將」，斯不唯其性，蓋言習之所得也。竊謂天文之官，太史之職，如有其人，宜其世矣。故尚書稱羲和世掌天地之官，張衡賦曰

「學乎舊史氏」，斯蓋世傳之義也。若夫良冶之子善知爲裘，良弓之子善知爲箕，物豈有定，習貫則知耳。所以言及此者，史職不修〔一七〕，事多淪曠，天人之際，不可須臾闕載也。是以談遷世事而功立，彪固世事而名成，此乃前鑒之軌轍〔一八〕，後鏡之蓍龜也。然前代史官之不終業者有之，皆陵遲之世不能容善。是以平子去史而成賦，伯喈違閣而就志。近僭晉之世有佐郎王隱，爲著作虞預所毁，亡官在家，晝則樵薪供爨，夜則觀文屬綴，集成晉書，存一代之事，司馬紹敕尚書唯給筆札而已。國之大籍，成於私家，末世之弊，乃至如此，史官之不遇，時也。

今大魏之史，職則身貴，禄則親榮，優哉游哉，式穀爾休矣，而典謨弗恢者，其有以也。而故著作漁陽傅毗、北平陽尼、河間邢産、廣平宋弁、昌黎韓顯宗等，並以文才見舉，注述是同，皆登年不永，弗終茂績。前著作程靈虬同時應舉，共掌此務，今從他職，官非所司。唯崔光一人，雖不移任，然侍官兩兼，故載述致闕。臣聞載籍之興，由於大業，雅頌垂薦，起於德美，雖時有文質，史有備略，然歷世相仍，不改此度也。昔史談誡其子遷曰：「當世有美而不書，汝之罪也。」是以久而見美。孔明在蜀，不以史官留意，是以久而受譏。取之深衷，史談之志賢亮遠矣。書稱「無曠庶官」，詩有「職思其憂」，臣雖今非所司，然昔忝斯任，故不以草茅自疎，敢言及於此。語曰「患爲之者不必知，知之者不得爲」，臣誠不知，彊欲爲之耳。竊尋先朝賜臣名彪者，遠則擬漢史之叔皮，近則準晉史之紹統，推名求義，欲罷不能，荷恩佩澤，死而後已。今求都下乞一靜處，綜理國籍，以終前志，官給事力，以充所須。雖不能光啓大録，庶不爲飽食終日耳。近則朞月可就，遠也三年有成，正本蘊之麟閣，副貳藏之名山。

時司空、北海王詳，尚書令王肅以其無禄，頗相賑餉，遂在祕書省同王隱故事，白衣修史。

世宗親政，崔光表曰：「伏見前御史中尉臣李彪，夙懷美意，創刊魏典，臣昔爲彪所致，與之同業積年，其志力貞彊，考述無倦，督勸羣寮，注綴略舉。雖頃來契闊，多所廢離，近蒙收起，還綜厥事。老而彌厲，史才日新，若克復舊職，專功不殆，必能昭明春秋，闡成皇籍。既先帝厚委，宿歷高班，纖負微愆，應從滌洗。愚謂宜申以常伯，正綰著作，停其外役，展其内思，研積歲月，紀册必就。鴻聲巨迹，蔚乎有章，盛軌懋詠，鑠焉無泯矣。」世宗不許。

詔彪兼通直散騎常侍，行汾州事，非彪好也，固請不行，有司切遣之。會遘疾累旬，景明二年秋，卒於洛陽，年五十八。

始彪爲中尉，號爲嚴酷，以姦款難得，乃爲木手擊其脇腋，氣絶而復屬者時有焉。又慰喻汾州叛胡，得其兇渠，皆鞭面殺之。及彪之病也，體上往往瘡潰，痛毒備極。詔賜帛一百五十四，贈鎮遠將軍、汾州刺史，謚曰剛憲。彪在祕書歲餘，史業竟未及就，然區分書體，皆彪之功。述春秋三傳，合成十卷。其所著詩頌賦誄章奏雜筆百餘篇，别有集。

彪雖與宋弁結管鮑之交，弁爲大中正，與高祖私議，猶以寒地處之，殊不欲微相優假。彪亦知之，不以爲恨。及弁卒，彪痛之無已，爲之哀誄，備盡辛酸。郭祚爲吏部，彪爲子志求官，祚仍以舊第處之。彪以位經常伯，又兼尚書，謂祚應以貴遊拔之，深用忿怨，形於言色，時論以此譏祚。祚每曰：「爾與義和志交〔二九〕，豈能饒爾，而怨我乎？」任城王澄與彪先亦不穆，及爲雍州，彪詣澄爲志求其府寮，澄釋然爲啓，得列曹行參軍，時稱美之。

志，字鴻道，博學有才幹。年十餘歲，便能屬文。彪甚奇之，謂崔鴻曰：「子宜與鴻道爲『二鴻』於洛陽。」鴻遂與志交款往來。彪有女，幼而聰令，彪每奇之，教之書學，讀誦經傳。嘗竊謂所親曰：「此當興我家，卿曹容得其力。」彪亡後，世宗聞其名，召爲婕妤，以禮迎引。婕妤在宫，常教帝妹書，誦授經史。志後稍遷符璽郎中、徐州平東府司馬。以軍功累轉後軍將軍、中散大夫、輔國將軍、永寧寺典作副將。始彪奇志及婕妤，特加器愛，公私坐集，必自稱詠，由是爲高祖所責。及彪亡後，婕妤果入掖庭，後宫咸師宗之。世宗崩，爲比丘尼，通習經義，法座講説，諸僧歎重之。志所在著績。桓叔興外叛，南荆荒毁，領軍元叉舉其才任撫導，擢爲南荆州刺史，加征虜將軍。建義初，叛入蕭衍。

高道悦，字文欣，遼東新昌人也。曾祖策，馮跋散騎常侍、新昌侯。祖育，馮文通建德令。值世祖東討，率其所部五百餘家歸命軍門，世祖授以建忠將軍，齊郡、建德二郡太守，賜爵肥如子。父玄起，武邑太守，遂居勃海蓨縣。

道悦少爲中書學生〔二〇〕、侍御、主文中散〔二一〕。久之，轉治書侍御史，加諫議大夫，正色當官，不憚彊禦。車駕南征，徵兵秦雍，大期秋季閲集洛陽。道悦以使者治書御史薛聰、侍御主文中散元志等稽違期會，奏舉其罪。又奏兼左僕射、吏部尚書、任城王澄，位總朝右，任屬戎機，兵使會否，曾不檢奏；尚書左丞公孫良職維樞轄，蒙冒莫舉；請以見事免良等所居官。時道悦兄觀爲外兵郎中，而澄奏道悦有黨兄之負，高祖詔責，然以事經恩宥，遂寢而不論。詔曰：「道悦資性忠篤，稟操貞亮，居法樹平肅之規，處諫著必犯之節，王公憚其風鯁，朕實嘉其一至，謇諤之誠，何愧黯鮑也。其以爲主爵下大夫，諫議如故。」車駕將幸鄴，又兼御史中尉，留守洛京。

時宫極初基，廟庫未構，車駕將水路幸鄴，已詔都水回營構之材，以造舟檝。道悦表諫曰：「臣聞博納輿言，君上之崇務；規箴匡正，臣下之誠節。是以置鼓設謗，爰自曩日；

虚襟博聽，義屬今辰。臣既疎魯，濫蒙榮貫，司兼獻弼，職當然否，佩遇恩華，願陳聞見。竊以都作營構之材，部别科擬，素有定所。工治已訖，回付都水，用造舟艫。闕永固居宇之功，作暫時遊嬉之用，損耗殊倍，終爲棄物。且子來之誠，本期營起，今乃脩繕舟檝，更爲非務，公私回惶，僉深怪愕。又欲御泛龍舟，經由石濟，其沿河挽道，久以荒蕪，舟檝之人，素不便習。若欲委棹正流，深薄之危，古今共慎；若欲挽牽取進，授衣之月，躶形水陸，恐乖視人若子之義。且鄴洛相望，陸路平直，時乘沃若，往來匪難，更乃捨周道之安，即涉川之殆，此乃愚智等慮，朝野俱惑，進退伏思，不見其可。又從駕羣寮，聽將妻累，舟檝之間，更無限隔，士女雜亂，内外不分。當今景御休明，惟新式度，裁禮調風，軌物寰宇，竊惟斯舉，或損洪猷，深失溥天順則之望。又氐胡犯順，玉帛未恭；西戎内侵，介冑仍襲；南寇紛擾，對接近畿〔三〕；蠻民疎戾，每造不軌。闚覦間隙，或生慮外。愚謂應妙選懿親，撫寧後事，令姦回息覬覦之望，邊寇絶闚壃之心。臣禀性愚直，知而無隱，區區丹志，冒昧以聞。」詔曰：「省所上事，深具乃心。但卿之立言半非矣，當須陳非以示謬，稱是以彰得，然後明所以而不用，有由而爲之。不爾，則未相體耳。回材都水，暫營嬉遊，終爲棄物；脩繕非務；舟檝無鄣，士女雜亂，此則卿之失辭矣。深薄之危，撫後之重，斯則卿之得言也。」於是，高祖遂從陸路。轉道悦太子中庶子，正色立朝，儼然難犯，宫官上下咸畏憚之。

太和二十年秋，車駕幸中岳，詔太子恂入居金墉，而恂潛謀還代，忿道悅前後規諫，遂於禁中殺之。高祖甚加悲惜，贈散騎常侍，帶營州刺史〔三〕，賜帛五百匹，并遣王人慰其妻子。又詔使者監護喪事，葬于舊塋，謚曰貞侯。世宗又追録忠槩，拜長子顯族給事中。

顯族，亦以忠厚見稱，卒於右軍將軍。

顯族弟敬猷，有風度。員外散騎侍郎、殿中侍御史，進給事中、輕車將軍、奉車都尉。蕭寶夤西征，引爲驃騎司馬。及寶夤謀逆，敬猷與行臺郎中封偉伯等潛圖義舉，謀泄見殺。贈冠軍將軍、滄州刺史，聽一子出身。

道悅長兄嵩，字崐崘。魏郡太守。

子良賢，長水校尉。

良賢弟侯，險薄爲劫盜，冀部患之。

嵩弟雙，清河太守。濁貨將刑，在市遇赦免。時北海王詳爲録尚書，雙多納金寶，除司空長史。未幾，遷太尉長史，俄出爲征虜將軍、涼州刺史。專肆貪暴，以罪免。後貨高肇，復起爲幽州刺史。又以貪穢被劾，罪未判，遇赦復任。未幾而卒。

子景翻，幽州司馬。

雙弟觀，尚書左外兵郎中、城陽王鸞司馬。南征赭陽〔三四〕，先驅而歿。贈通直散騎侍郎，謚曰閔。

史臣曰：李彪生自微族，才志確然，業藝夙成，見擢太和之世，輶軒驟指，聲駭江南，秉筆立言，足爲良史。逮於直繩在手，厲氣明目，持堅無術，末路蹉跎。行百里者半於九十，豈彪之謂也？高道悅匡直之風，見憚於世，醜正貽禍，有可悲乎！

校勘記

〔一〕平原王叡　「叡」上北史卷四〇李彪傳、通志卷一四九並有「陸」字。按異姓王公例當書姓，疑此處脱去。

〔二〕中書教學博士　「教學博士」，北史卷八一儒林傳上、本書卷八四儒林傳序並云：太宗明元帝「改國子爲中書學，立教授博士」。

〔三〕三無一存　御覽卷二三三引後魏書作「一二無存」。

〔四〕猶自闕如　「闕」字原作旁注小字，無「如」字。據宋本册府卷五二九改補。

〔五〕未識儉素之易長　「未」，原作「夫」，據册府卷五二九改。按作「夫」與上下文義不貫。

〔六〕夫尚儉者開福之源　「福」，册府卷五二九作「富」，疑是。按「開富」與下「起貧」對文。

〔七〕不使見惡人　「人」，原作「又」。三朝本、南監本、北監本、殿本作「人」。按作「又」，屬下讀，文義可通，但與下文秦「逐去正人，不得見善士，諂佞讒賊者爲其左右」對看，作「人」是，今據改。

〔八〕聖敬日躋　「日」，原作「之」，據册府卷五二九改。按詩商頌長發：「湯降不遲，聖敬日躋。」

〔九〕時儉則加私之二　「加私之二」，本書卷一一〇食貨志作「加私之一」，通典卷一二食貨一二引李彪語此句作「儉則減私之十二糴之」。

〔一〇〕屯民　原作「屯人」，據本書卷一一〇食貨志改。按北史卷四〇李彪傳作「屯人」，乃是避唐諱例改「民」作「人」。

〔一一〕小大以情　原作「小大二情」，據册府卷五二九改。按左傳莊公十年：「小大之獄，雖不能察，必以情。」此乃化用其語。

〔一二〕上不使人抑而刑之也　「上」上册府卷五二九、通志卷一四九並有「此」字，按文義當有。

〔一三〕子弟逃刑　「逃刑」，北史卷四〇李彪傳、通志卷一四九作「即刑」。

〔一四〕丁父憂者　「父」，南監本、北史卷四〇李彪傳、通志卷一四九並作「大」，疑是。按下文李彪建議「如有遭大父母、父母喪者，皆聽終服」，非專指遭父喪。

〔一五〕果如今日　「果如」下冊府卷六五八有「言」字，「今日」屬下讀，疑是。

〔一六〕坐輿禁省　「輿」，原作「與」，據南監本、局本、北史卷四〇李彪傳改。

〔一七〕安已凌上　「已凌上」三字原闕，據冊府卷五一九補。

〔一八〕不應遠點屬車之塵　「點」，原作「十」，不可通，今據他本及北史卷四〇李彪傳改。

〔一九〕自瑞官文而卑高陳　「文」，冊府卷五五八作「立」。

〔二〇〕華馬陳干　「干」，原作「千」，汲本、局本作「于」，據北監本、冊府卷五五八改。按所述爲華嶠、司馬彪、陳壽、干寶四人，「千」「于」皆「干」之訛。

〔二一〕四敷贊弗遠　「四」，冊府卷五五八作「而」。按作「四」不可通，疑當作「而」，然上舉華馬陳干，正是四人，或「四」下有脫文。

〔二二〕懼上業茂功始有缺矣　「始」，北史卷四〇李彪傳、冊府卷五五八作「殆」。

〔二三〕善者或謬　「者」，冊府卷五五八作「音」，疑是。按上云「弦柱既易」。

〔二四〕善跡者欲人繼其行　原作「善流者欲以繼其行」，據南監本、北史卷四〇李彪傳、冊府卷五五八改。按下句「善歌者欲人繼其聲」見禮記學記，此句不知所出，然二者對文，「跡」「人」二字若作「流」「以」，則不可通。

〔二五〕其德靡悔　「德」，原作「聽」，據北史卷四〇李彪傳、冊府卷五五八改。

〔二六〕衮實無闕者先皇之充也　「充」，他本及北史卷四〇李彪傳並作「德」，疑是。

〔二七〕史職不修 「史」，原作一字空格，據南監本、北監本、殿本補。

〔二八〕此乃前鑒之軌轍 「此」，原作「道爭」，不可解，據北史卷四〇李彪傳、册府卷五五八改。

〔二九〕志交 北監本、殿本、册府卷六三七作「至交」，北史卷四〇李彪傳作「至友」。

〔三〇〕中書學生 原作「中書學士」，據北史卷四〇高道悦傳、通志卷一四九改。按北魏「中書學生」屢見諸傳，「中書學士」別無所見。神龜二年高道悦墓誌亦云：「年十五，遷中書學生。」

〔三一〕侍御主文中散 「侍御」下疑脱「史」字。按本書卷五六崔辯傳云：「歷侍御史、主文中散。」單「拜」或「除」主文中散例見本書卷五六鄭羲傳附鄭道昭傳、卷六六李崇傳、卷九四張宗之傳附蕭彦傳，主文中散當别爲一職。神龜二年高道悦墓誌亦云：「拜侍御史，遷主文中散，轉治書侍御史。」

〔三二〕「又氐胡犯順」至「對接近畿」 原作「又氐胡犯順未恭西道偏戎旗胄仍襲南寇對接近畿」，訛脱不可讀，今據册府卷五四一補正。

〔三三〕營州刺史 原作「管州刺史」，據北史卷四〇高道悦傳、通志卷一四九改。按北魏不聞有「管州」。

〔三四〕南征赭陽 「南」，原作「西」，據北史卷四〇高道悦傳附高敬猷傳、通志卷一四九改。按赭陽居魏都之南，不得云「西」。

魏書卷六十三

列傳第五十一

王肅　宋弁

王肅，字恭懿，琅邪臨沂人，司馬衍丞相導之後也。父奂，蕭賾尚書左僕射。肅少而聰辯，涉獵經史，頗有大志。仕蕭賾，歷著作郎、太子舍人、司徒主簿、祕書丞。肅自謂禮、易爲長，亦未能通其大義也。父奂及兄弟並爲蕭賾所殺，肅自建業來奔，是歲，太和十七年也。

高祖幸鄴，聞肅至，虚襟待之，引見問故。肅辭義敏切，辯而有禮，高祖甚哀惻之。遂語及爲國之道，肅陳説治亂，音韻雅暢，深會帝旨。高祖嗟納之，促席移景，不覺坐之疲淹也。因言蕭氏危滅之兆，可乘之機，勸高祖大舉。於是圖南之規轉鋭，器重禮遇日有加焉，親貴舊臣莫能間也。或屏左右相對談説，至夜分不罷。肅亦盡忠輸誠，無所隱避，自謂君臣之際猶玄德之遇孔明也。尋除輔國將軍、大將軍長史，賜爵開陽伯，肅固辭伯爵，許之。詔肅討蕭鸞義陽。聽招募壯勇以爲爪牙，其募士有功，賞加常募一等；其從肅行者，六品已下聽先擬用，然後表聞；若投化之人，聽五品已下先即優授。於是假肅節，行平南將軍。肅至義陽，頻破賊軍，降者萬餘。高祖遣散騎侍郎勞之，以功進號平南將軍，賜駿馬一匹，除持節、都督豫東豫東郢三州諸軍事〔一〕、本將軍、豫州刺史、揚州大中正。肅善於撫接，治有聲稱。

尋徵肅入朝，高祖手詔曰：「不見君子，中心如醉，一日三歲，我勞如何。飾館華林，拂席相待，卿欲以何日發汝墳也？故復此敕。」又詔曰：「肅丁荼虣世，志等伍胥，自拔吴州，膺求魏縣，躬操忘禮之本，而同無數之喪，誓雪怨恥，方展申復，窮諭再朞，蔬緼不改，誠季世之高風，末代之孝節也。但聖人制禮，必均愚智；先王作則，理齊盈虚。過之者俯而就之，不及者企而行之。曾參居罰，寧其哀終；吴員處酷，豈聞四載。夫三年者，天下之達喪，古今之所一，其雖欲過禮，朕得不制之以禮乎？有司可依禮諭之，爲裁練禫之制。」

二十年七月，高祖以久旱不雨，輟膳三旦，百寮詣闕，引在中書省。高祖在崇虚樓，遣舍人問曰：「朕知卿等至，不獲相見，卿何爲而來？」肅對曰：「伏承陛下輟膳已經三旦，羣臣焦怖，不敢自寧。臣聞堯水湯旱，自然之數，須聖人以濟世，不由聖以致災。是以國儲九年，以禦九年之變。臣又聞至於八月不雨，然後君不舉膳。昨四郊之外已蒙滂澍，唯京城之内微爲少澤。蒸民未闕一餐，陛下輟膳三日，臣庶惶惶，無復情地。」高祖遣舍人答曰：「昔堯水湯旱，賴聖人以濟民，朕雖居羣黎之上，道謝前王，今日之旱，無以救恤，應待立秋，克躬自咎。但此月十日已來，炎熱焦酷，人物同悴，而連雲數日，高風蕭條，雖不食數朝，猶自無感，朕誠心未至之所致也。」肅曰：「臣聞聖人與凡同者五常，異者神明。昔姑射之神，不食五穀，臣常謂矯。今見陛下，始知其驗。且陛下自輟膳以來，若天全無應，臣亦謂上天無知，陛下無感。一昨之前，外有滂澤，此有密雲，臣即謂天有知，陛下有感矣。」高祖遣舍人答曰：「昨内外貴賤咸云四郊有雨，朕恐此輩皆勉勸之辭，三覆之慎，必欲使信而有徵。比當遣人往行，若果雨也，便命大官欣然進膳。豈可以近郊之内而慷慨要天乎？若其無也，朕之無感，安用朕身以擾民庶！朕志確然，死而後已。」是夜澍雨大降。

以破蕭鸞將裴叔業功，進號鎮南將軍，加都督豫南兗東荆東豫四州諸軍事，封汝陽縣開國子，食邑三百户，持節、中正、刺史如故。肅頻表固讓，不許，詔加鼓吹一部。二十二年，既平漢陽，詔肅曰：「夫知己貴義，君臣務恩，不能矜災卹禍，恩義焉措？卿情同伍員，懷酷歸朕，然未能翦一讎人，馘彼凶帥，何嘗不興言憤歎，羨吴閶而長息。比獲蕭鸞輔國將軍黄瑶起，乃知是卿怨也。尋當相付，微望紓泄，使吾見卿之日，差得緩懷。」初，賾之收肅父奂也，司馬黄瑶起攻奂殺之，故詔云然。

高祖之伐淮北，令肅討義陽，未剋，而蕭鸞遣將裴叔業寇渦陽。劉藻等救之，爲叔業所敗。肅表求更遣軍援渦陽。詔曰：「得表，覽之憮然，觀卿意非專在水，當是以藻等鋭兵新敗於前，事往勢難故也。朕若分兵，遣之非多，會無所制，多遣則禁旅難闕。今日之計，唯當作必剋之舉，不可爲狐疑之師，徒失南兖也。卿便息意停彼，以圖義陽之寇。宜止則止，還取義陽；宜下則下，鎮軍淮北。深量二途，勿致重爽。若孟表糧盡，軍不及至，致失渦陽，卿之過也。」肅乃解義陽之圍，以赴渦陽，叔業乃引師而退。肅坐劉藻等敗，黜爲平南將軍，中正、刺史如故。

高祖崩，遺詔以肅爲尚書令，與咸陽王禧等同爲宰輔，徵肅會駕魯陽。肅至，遂與禧等參同謀謨。自魯陽至於京洛，行途喪紀，委肅參量，憂勤經綜，有過舊戚。禧兄弟並敬而昵之，上下稱爲和輯。唯任城王澄以其起自羈遠，一旦在己之上，以爲憾焉。每謂人曰：「朝廷以王肅加我上尚可，從叔廣陽，宗室尊宿〔三〕，歷任內外，云何一朝令肅居其右也？」肅聞其言，恒降而避之。尋爲澄所奏劾，稱肅謀叛，言尋申釋。詔肅尚陳留長公主，本劉昶子婦彭城公主也，賜錢二十萬、帛三千匹。肅奏：「考以顯能，陟由績著，昇明退闇，於是乎在。自百寮曠察，四稔于茲，請依舊式考檢能否。」從之。

裴叔業以壽春内附，拜肅使持節、都督江西諸軍事、車騎將軍，與驃騎大將軍、彭城王勰率步騎十萬以赴之。蕭寶卷豫州刺史蕭懿率衆三萬屯於小峴，交州刺史李叔獻屯合肥，將圖壽春。懿遣將胡松、李居士等領衆萬餘屯據死虎。肅進師討擊，大破之，擒其將橋珉等，斬首數千。進討合肥，生擒叔獻，蕭懿棄小峴南走。肅還京師，世宗臨東堂引見勞之，又問：「江左有何息耗？」肅曰：「如聞崔慧景已死。寶卷所仗，非邪即佞。天殆以此資陛下，廓定之期，勢將不久。」以肅淮南累捷，賞帛四千七百五十匹，進位開府儀同三司，封昌國縣開國侯，食邑八百户，餘如故。尋以肅爲散騎常侍、都督淮南諸軍事、揚州刺史、持節，餘官如故。

肅頻在邊，悉心撫接，遠近歸懷，附者若市，以誠綏納，咸得其心。清身好施，簡絶聲色，終始廉約，家無餘財。然性微輕佻，頗以功名自許，護疵稱伐，少所推下，高祖每以此爲言。景明二年薨於壽春，年三十八。世宗爲舉哀，詔曰：「肅奄至不救，痛惋兼懷，可遺中書侍郎賈思伯兼通直散騎常侍撫慰厥孤，給東園祕器、朝服一襲、錢三十萬、帛一千匹、布五百匹、蠟三百斤，并問其卜遷遠近，專遣侍御史一人監護喪事，務令優厚。」又詔曰：「死生動靜，卑高有域，勝達所居，存亡崇顯。故杜預之殁，窆於首陽，司空李沖，覆舟是託。顧瞻斯所，誠亦二代之九原也。故揚州刺史肅，誠義結於二世，英惠符於李杜，平生本意，願終京陵，既有宿心，宜遂先志。其令葬於沖、預兩墳之間，使之神遊相得也。」贈侍中、司空公，本官如故。有司奏以肅忠心大度，宜謚匡公，詔謚宣簡。肅宗初，詔爲肅建碑銘。子紹襲。

紹，字三歸。歷官太子洗馬、員外常侍、中書侍郎。卒，贈輔國將軍、徐州刺史。子遷，襲。武定中，通直常侍。齊受禪，爵隨例降。

紹弟理，孝靜初，始得還朝。武定末，著作佐郎。

紹，肅前妻謝生也，肅臨薨，謝始攜二女及紹至壽春。世宗納其女爲夫人，肅宗又納紹女爲嬪。

肅弟秉，字文政。涉獵書史，微有兄風。世宗初，攜兄子誦、翊、衍等入國，拜中書郎，遷司徒諮議，出爲輔國將軍、幽州刺史。卒，贈征虜將軍、徐州刺史。

誦，字國章，肅長兄融之子。學涉有文才，神氣清儁，風流甚美。自員外郎、司徒主簿，轉司徒屬、司空諮議、通直常侍、汝南王友。遷司徒諮議，加前軍、散騎常侍、光禄大夫。出爲左將軍、幽州刺史。未幾，徵爲長兼祕書監，徙給事黄門侍郎。肅宗崩，靈太后之立幼主也，於時大赦，誦宣讀詔書，音制抑揚，風神疎秀，百寮傾屬，莫不歎美。孝莊初，於河陰遇害，年三十七〔三〕。贈驃騎大將軍、尚書左僕射、司空公、徐州刺史，謚曰文宣。

子孝康，武定中，尚書郎中。卒。

孝康弟儁康，性清雅，頗有文才。齊文襄王中外府祭酒。卒，贈征虜將軍、太府少卿。

誦弟衍，字文舒。名行器藝亞於誦。自著作佐郎，稍遷尚書郎、員外常侍、司空諮議、光禄大夫、廷尉、揚州大中正、度支尚書，仍轉七兵，徙太常卿。出爲散騎常侍、征東將軍、西兗州刺史。衍届治未幾，屬尒朱仲遠稱兵内向，州既路衝，爲其攻逼。衍不能守，爲仲遠所擒，以其名望，不害也，令其騎牛從軍，久乃見釋。還洛，除車騎將軍、左光禄大夫。孝靜初，轉侍中，將軍如故。天平三年卒，年五十二。敕給東園祕器、賵物三百段，贈使持節、都督青徐兗三州諸軍事、驃騎大將軍、尚書令、司徒公、徐州刺史，謚曰文獻。衍篤於交舊，有故人竺虩，於西兗爲仲遠所害，其妻子飢寒，衍置之於家，累年贍恤，世人稱其敦厚。

翊，字士遊，肅次兄琛子也。風神秀立，好學有文才。歷司空主簿、清河王友、中書侍郎。頗鋭於榮利，結婚於元叉，超拜左將軍、濟州刺史，尋加平東將軍。清靜愛民，有政治之稱。入爲散騎常侍。孝莊初，遷鎮南將軍、金紫光禄大夫，領國子祭酒。永安元年冬卒，年三十七。贈侍中、衞將軍、司空公、徐州刺史。

子淵，武定中，儀同開府記室參軍。

宋弁，字義和，廣平列人人也。祖愔，與從叔宣、博陵崔建俱知名。世祖時，歷位中書博士、員外散騎常侍，使江南，賜爵列人子，還拜廣平太守。興安五年卒〔四〕，贈安遠將軍、相州刺史，謚曰惠。長子顯襲爵。弁伯父世顯無子〔五〕，養弁爲後。弁父叔珍，李敷妹夫，因敷事而死。

弁才學儁贍，少有美名。高祖初，曾至京師，見尚書李沖，因言論移日。沖竦然異之，退而言曰：「此人一日千里，王佐才也。」顯卒，弁襲爵。弁與李彪州里，迭相祗好。彪爲祕書丞，弁自中散彪請爲著作佐郎，尋除尚書殿中郎中。高祖曾因朝會之次，歷訪治道，弁年少官微，自下而對，聲姿清亮，進止可觀，高祖稱善者久之。因是大被知遇，賜名爲弁，意取弁和獻玉，楚王不知寶之也。

遷中書侍郎，兼員外常侍，使於蕭賾。賾司徒蕭子良、祕書丞王融等皆稱美之，以爲志氣謇烈不逮李彪，而體韻和雅、舉止閑邃過之〔六〕。轉散騎侍郎，時散騎位在中書之右。高祖曾論江左事，因問弁曰：「卿比南行，入其隅隩，彼政道云何？興亡之數可得知不？」弁對曰：「蕭氏父子無大功於天下，既以逆取，不能順守。德政不理，徭役滋劇，內無股肱之助，外有怨叛之民，以臣觀之，必不能貽厥孫謀，保有南海。若物憚其威，身免爲幸。」

後車駕南征，以弁爲司徒司馬、曜武將軍、東道副將。軍人有盜馬靽者，斬而徇之，於是三軍振懼，莫敢犯法。

黃門郎崔光薦弁自代，高祖不許，然亦賞光知人。未幾，以弁兼黃門，尋即正，兼司徒左長史。時大選內外羣官，並定四海士族，弁專參銓量之任，事多稱旨。然好言人之陰短，高門大族意所不便者，弁因毀之；至於舊族淪滯，人非可忌者，又申達之。弁又爲本州大中正，姓族多所降抑，頗爲時人所怨。

從駕南討，詔弁於豫州都督所部及東荆領葉〔七〕，皆減戍士營農，水陸兼作。遷散騎常侍，尋遷右衞將軍，領黃門。弁屢自陳讓，高祖曰：「吾爲相知者，卿亦不可有辭，豈得專守一官，不助朕爲治？且常侍者黄門之矗冗，領軍者二衛之假攝，不足空存推讓，以棄大委。」其被知遇如此。

始，高祖北都之選也，李沖多所參豫，頗抑宋氏。弁有恨於沖，而與李彪交結，雅相知重。及彪之抗沖，沖謂彪曰：「爾如狗耳，爲人所嗾。」及沖劾彪，不至大罪，弁之力也。彪除名爲民，弁大相嗟慨，密圖申復。

高祖在汝南不豫，大漸，旬有餘日，不見侍臣，左右唯彭城王勰等數人而已。小瘳，乃引見門下及宗室長幼諸人，入者未能知致悲泣，弁獨進及御床，歔欷流涕曰：「臣不謂陛下聖顔毁瘠乃爾！」由是益重之。車駕征馬圈，留弁以本官兼祠部尚書，攝七兵事。及行，執其手曰：「國之大事，在祀與戎，故令卿綰攝二曹，可不自勉。」弁頓首辭謝。弁劬勞王事，夙夜在公，恩遇之甚，輩流莫及，名重朝野，亞於李沖。高祖每稱弁可爲吏部尚書。及崩，遺詔以弁爲之，與咸陽王禧等六人輔政，而弁已先卒，年四十八〔八〕。詔賜錢十萬、布三百匹，贈安東將軍、瀛州刺史，謚曰貞順。

弁性好矜伐，自許膏腴。高祖以郭祚晉魏名門，從容謂弁曰：「卿固應推郭祚之門也。」弁笑曰：「臣家未肯推祚。」高祖曰：「卿自漢魏以來，既無高官，又無儁秀，何得不推？」弁曰：「臣清素自立，要爾不推。」侍臣出後，高祖謂彭城王勰曰：「弁人身良自不惡，乃復欲以門户自矜，殊爲可怪。」

長子維，字伯緒。維弟紀，字仲烈。維少襲父爵，自員外郎遷給事中。坐諂事高肇，出爲益州龍驤府長史，辭疾不行。太尉、清河王懌輔政，以維名臣之子，薦爲通直郎，辟其弟紀行參軍。靈太后臨政，委任元叉，而叉恃寵驕盈，懌每以分理裁斷。叉甚忿恨，思以害懌，遂與維爲計，以富貴許之。維見叉寵勢日隆，便至乾没，乃告司染都尉韓文殊父子欲謀逆立懌。懌坐被録禁中。文殊父子懼而逃遁。鞫無反狀。以文殊亡走，懸處大辟。置懌於宫西别館，禁兵守之。維應反坐，叉言於太后，欲開將來告者之路，乃黜爲燕州昌平郡守，紀爲秦州大羌令。維及紀頗涉經史，而浮薄無行。懌親尊懿望，朝野瞻屬，維受懌眷賞，而無狀構間，天下人士莫不怪忿而賤薄之。及叉殺懌，專斷朝政，以維兄弟前者告懌，徵維爲散騎侍郎，紀爲太學博士〔九〕，領侍御史，甚昵之。維超遷通直常侍，又除冠軍將軍、洛州刺史；紀超遷尚書郎。初，弁謂族弟世景言：「維性疎險，而紀識慧不足，終必敗吾業也。」世景以爲不爾，至是果然，聞者以爲知子莫若父。尚書令李崇、尚書左僕射郭祚、右僕射游肇每云：「伯緒兇疎，終敗宋氏，幸得殺身耳。」論者以爲有徵。後除營州刺史，仍本將軍。靈太后反政，以叉黨除名，遂還鄉里。尋追其前誣告清河王事，於鄴賜死。子春卿，早亡。弟紀以次子欽仁繼。

欽仁，武定末，太尉祭酒。

紀，肅宗末，爲北道行臺。卒於晉陽。

子欽道，武定末，冀州別駕。

弁弟機，本州治中。

子寶積，卒於中散大夫。

弁族弟穎，字文賢。自奉朝請稍遷尚書郎、魏郡太守。納貨劉騰，騰言之於元乂，以穎爲冠軍將軍、涼州刺史。穎前妻鄧氏亡後十五年，穎夢見之，向穎拜曰：「新婦今被處分爲高崇妻，故來辭君。」泫然流涕。穎旦而見崇言之，崇後數日而卒。

穎族弟燮，字崇和。廣平王懷郎中令、員外常侍。爲征北李平司馬，北殄元愉，頗有贊謀之功。

燮族弟鴻貴，爲定州平北府參軍，送兵於荆州〔一〇〕。坐取兵絹四百匹〔一一〕，兵欲告之，乃斬十人。又疎凡不達律令，見律有梟首之罪，乃生斷兵手，以水澆之，然後斬決。尋坐伏法。時人哀兵之苦，笑鴻貴之愚。

史臣曰：古人有云，才未半古，功以過之，非徒語也。王肅流寓之人，見知一面，雖器業自致，抑亦逢時，榮任赫然，寄同舊列，美矣。誦翊繼軌，不殞光風。宋弁以才度見知，迹參顧命，拔萃出類，其有以哉。無子之歎，豈徒羊舌，宗祀之不亡，幸矣。

校勘記

〔一〕豫東豫東郢三州　原作「豫□東郢三州」，三朝本、南監本「豫」下注「闕一字」，北監本、汲本、殿本、局本注「闕」，册府卷三八一作「豫東豫郢三州」。按本書卷一〇六中地形志中東豫州注云：「太和十九年晉治廣陵城」。卷七下高祖紀下太和十九年正月記「平南將軍王肅頻破蕭鸞將，擒其寧州刺史董巒」，據卷六一田益宗傳，董巒乃因益宗附魏前來追擊。傳稱：太和十七年益宗遣使歸附，十九年魏授以南司州刺史，「後以益宗既渡淮北，不可仍爲司州，乃於新蔡立東豫州，以益宗爲刺史」。則東豫州正是王肅擒董巒後魏之處置，故由王肅都督，情事亦合。今據補「東豫」二字。册府「東郢」上無「東」字，檢本書卷一〇六中地形志中北揚州汝陰郡稱「太和十八年爲東郢州，後罷」，文館詞林卷六六二後魏孝文帝出師詔，亦見「東郢州」。知有「東」字不誤。

〔二〕從叔廣陽宗室尊宿　「廣陽」，原作「廣陵」。按本書卷七上高祖紀上、卷二一上獻文六王廣陵王羽傳，自太和九年起，廣陵王爲孝文帝弟元羽，於元澄爲從侄，不得稱爲「從叔」。高祖紀下太和二十三年二月記以王肅爲尚書令，廣陽王嘉爲尚書左僕射。故元澄謂王肅不應位居嘉之上，嘉爲拓跋燾孫，澄爲燾曾孫，故稱嘉爲「從叔」。「廣陵」顯爲「廣陽」之訛，今據改。

〔三〕年三十七　建義元年王誦墓誌稱誦「春秋卌有七」。誌云「年甫十二，備遭荼蓼」，指其祖王奐被殺事。奐死在齊永明十一年，即魏太和十七年，此年誦十二歲，上推生於齊建元四年，即魏太和六年，至魏建義元年，正得四十七歲。誌是。按本書中「三十」「四十」互訛常見，疑此處本亦作「卌七」，「卌」後訛作「卅」，復寫作「三十」。

〔四〕興安五年　張森楷云：「興安只二年，『五』當是『二』之訛。」按據本書卷五高宗紀，興安三年七月改元爲興光，興光二年六月復改元爲太安，太安共五年。興安無五年，此處若非「五」爲「二」或「三」之訛，則是「興安」爲「太安」之訛。

〔五〕長子顯襲爵弁伯父世顯無子　「弁伯父世」四字疑是衍文。北史卷二六宋隱傳附宋愔傳云：宋愔卒「長子顯襲爵，顯無子。養弟（叔珍）子弁爲後」。張森楷云：「弁伯父即愔長子，而上云『顯』，下云『世顯』。據下云：『顯卒，弁襲爵。』北史亦無『顯』字，疑『世』字不當有。」按不只「世」字，「弁伯父」三字也是贅文，疑是後人旁注羼入。

〔六〕閑邃　原作「周遂」，不辭，今據三朝本、南監本、北監本、殿本、北史卷二六宋隱傳附宋弁傳、通志卷一四七改。

〔七〕領葉　册府卷五〇三作「潁鄴」，「領」或是「潁」之訛，然鄴距潁水甚遠，亦可疑。

〔八〕年四十八　北史卷二六宋隱傳附宋弁傳、通志卷一四七作「年三十八」，疑是。據傳文，弁以殿中尚書郎之職越次對孝文帝所問治道，以「年少官微」爲孝文賞識，時在李彪任秘書丞以後，其以中書侍郎出使南齊之前某年。檢本書卷七下高祖紀下，李彪遷任秘書丞在太和十年，宋弁使齊在太和十六年。若其太和二十三年卒時年四十八，太和十年至十六年間，早已過而立之年，難稱「年少」。

〔九〕徵維爲散騎侍郎紀爲太學博士　「維」「紀」原互倒，據三朝本、南監本、北監本、殿本、北史卷二六宋隱傳附宋維傳乙正。按下云「維超遷通直常侍」，「紀超遷尚書郎」，據本書卷一一三官氏志所載太和後官品令，若宋紀已爲第五品上階之散騎侍郎，改任第六品下階之尚書郎，則不得謂「超遷」，由第七品下階之太學博士改任，則是；宋維由第五品上階之散騎侍郎，改任第四品下階之通直散騎常侍，亦是「超遷」。

〔一〇〕送兵於荆州　「兵」，北史卷二六宋隱傳附宋鴻貴傳，御覽卷四九九、卷六四六、卷八一七引後魏書，册府卷九五四並作「戍兵」。

〔一一〕坐取兵絹　「取」，原作「聚」，據北監本、汲本、殿本、局本及北史卷二六宋隱傳附宋鴻貴傳，御覽卷四九九、卷六四六、卷八一七引後魏書，册府卷九四一、卷九五四改。

魏書卷六十四

列傳第五十二

郭祚　張彝

郭祚，字季祐，太原晉陽人，魏車騎郭淮弟亮後也。祖逸，州別駕，前後以二女妻司徒崔浩，一女妻浩弟上黨太守恬。世祖時，浩親寵用事，拜逸徐州刺史，假榆次侯，終贈光禄大夫。父洪之，坐浩事誅，祚亡竄得免。少而孤貧，姿貌不偉，鄉人莫之識也。有女巫相祚後當富貴。祚涉歷經史，習崔浩之書，尺牘文章見稱於世。弱冠，州主簿，刺史孫小委之書記。又太原王希者，逸妻之姪，共相賙恤，得以饒振。

高祖初，舉秀才，對策上第，拜中書博士，轉中書侍郎，遷尚書左丞，長兼給事黄門侍郎。祚清勤在公，夙夜匪懈，高祖甚知賞之。從高祖南征，及還，正黄門。車駕幸長安，行經渭橋，過郭淮廟，問祚曰：「是卿祖宗所承也？」祚曰：「是臣七世伯祖。」高祖曰：「先賢後哲，頓在一門。」祚對曰：「昔臣先人以通儒英博，唯事魏文，微臣虛薄，遭奉明聖，自惟幸甚。」因敕以太牢祭淮廟，令祚自撰祭文。以贊遷洛之規，賜爵東光子。高祖曾幸華林園，因觀故景陽山，祚曰：「山以仁靜，水以智流，願陛下修之。」高祖曰：「魏明以奢失於前，朕何爲襲之於後？」祚曰：「高山仰止。」高祖曰：「得非景行之謂？」遷散騎常侍，仍領黃門。是時高祖銳意典禮，兼銓鏡九流，又遷都草創，征討不息，內外規略，號爲多事。祚與黃門宋弁參謀幃幄，隨其才用，各有委寄。祚承稟注疏，特成勤劇。嘗以立馮昭儀，百官夕飲清徽後園，高祖舉觴賜祚及崔光曰：「郭祚憂勞庶事，獨不欺我；崔光温良博物，朝之儒秀。不勸此兩人，當勸誰也？」其見知若此。

初，高祖以李彪爲散騎常侍，祚因入見，高祖謂祚曰：「朕昨誤授一人官。」祚對曰：「陛下聖鏡照臨，論才授職，進退可否，黜陟幽明，品物既彰，人倫有序，豈容聖詔一行而有差異。」高祖沈吟曰：「此自應有讓，因讓，朕欲別授一官。」須臾，彪有啓云：「伯石辭卿，子產所惡，臣欲之已久，不敢辭讓。」高祖歎謂祚曰：「卿之忠諫，李彪正辭，使朕遲回不能復決。」遂不換彪官也。乘輿南討，祚以兼侍中從，拜尚書，進爵爲伯。高祖崩，咸陽王禧等奏祚兼吏部尚書，尋除長兼吏部尚書、并州大中正。

世宗詔以姦吏逃刑，懸配遠戍，若永避不出，兄弟代之。祚奏曰：「慎獄審刑，道焕先古；垂憲設禁，義纂惟今。是以先王沿物之情，爲之軌法，故八刑備於昔典，姦律炳於來制，皆所以謀其始迹，訪厥成罪，敦風厲俗，永資世範者也。伏惟旨義博遠，理絶近情，既懷愚異，不容不述。誠以敗法之原，起於姦吏，姦吏雖微，敗法實甚。伏尋詔旨，信亦斷其逋逃之路〔一〕，爲治之要，實在於斯。然法貴止姦，不在過酷，立制施禁，爲可傳之於後。若法猛而姦不息，禁過不可永傳，將何以載之刑書，垂之百代？若以姦吏逃竄，徙其兄弟，罪人妻子復應從之〔二〕，此則一人之罪，禍傾二室。愚謂罪人既逃，止徙妻子，走者之身，懸名永配，於眚不免，姦途自塞。」詔從之。

尋正吏部。祚持身潔清，重惜官位，至於銓授，假令得人，必徘徊久之，然後下筆，下筆即云：「此人便以貴矣。」由是事頗稽滯，當時每招怨讟。然所拔用者，皆量才稱職，時又以此歸之。

出爲使持節、鎮北將軍、瀛州刺史。及太極殿成，祚朝於京師，轉鎮東將軍、青州刺史。祚值歲不稔，闔境飢弊，矜傷愛下，多所賑恤，雖斷決淹留，號爲煩緩，然士女懷其德澤，于今思之。入爲侍中、金紫光禄大夫、并州大中正，遷尚書右僕射。時議定新令，詔祚與侍中、黄門參議刊正。故事，令、僕、中丞騶唱而入宫門，至於馬道〔三〕。及祚爲僕射，以爲非盡敬之宜，言於世宗，帝納之，下詔：「御在太極，騶唱至止車門；御在朝堂，至司馬門。」騶唱不入宮，自此始也。詔祚本官領太子少師。祚曾從世宗幸東宮，肅宗幼弱，祚懷一黃瓠出奉肅宗。時應詔左右趙桃弓與御史中尉王顯迭相脣齒，深爲世宗所信，祚私事之。時人謗祚者，號爲桃弓僕射、黃瓠少師。

祚奏曰：「謹案前後考格雖班天下，如臣愚短，猶有未悟。今須定職人遷轉由狀，超越階級者即須量折。景明初考格，五年者得一階半。正始中，故尚書、中山王英奏考格，被旨：但可正滿三周爲限，不得計殘年之勤。又去年中，以前二制不同，奏請裁決。旨云：『黜陟之體，自依舊來恒斷。』今未審從舊來之旨〔四〕，爲從景明之斷，爲從正始爲限？景明考法，東西省文武閑官悉爲三等，考同任事，而前尚書盧昶奏上第之人三年轉半階。今之考格，復分爲九等，前後不同，參差無準。」詔曰：「考在上中者，得汎以前，有六年以上遷一階，三年以上遷半階，殘年悉除。考在上下者，得汎以前，六年以上遷半階，不滿者除。其得汎以後考在上下者，三年遷一階。散官從盧昶所奏。」

祚又奏言：「考察令：公清獨著，德績超倫，而無負殿者爲上上，一殿爲上中，二殿爲上下，累計八殿，品降至九。未審今諸曹府寺，凡考：在事公清，然才非獨著；績行稱務，而德非超倫；幹能粗可，而守平堪任；或人用小劣，處官濟事，并全無負殿之徒爲依何第？景明三年以來，至今十有一載，準限而判，三應昇退。今既通考，未審爲十年之中通其殿最，積以爲第，隨前後年斷，各自除其善惡而爲昇降？且負注之章，數成殿爲差，此條以寡愆爲最，多戾爲殿。未審取何行是寡愆？何坐爲多戾？結累品次，復有幾等？諸文案失衷，應杖十者爲一負。罪依律次，過隨負記。十年之中，三經肆眚，赦前之罪，不問輕重，皆蒙宥免。或爲御史所彈，案驗未周，遇赦復任者，未審記殿得除以不？」詔曰：「獨著、超倫及才備、寡咎，皆謂文武兼上上之極言耳。自此以降，猶有八等，隨才爲次，令文已具。其積負累殿及守平得濟，皆含在其中，何容別疑也。所云通考者，據總多年之言，至於黜陟之體，自依舊來年斷，何足復請。其罰贖已決之殿，固非免限，遇赦免罪，惟記其殿，除之。」尋加散騎常侍。

時詔營明堂、國學，祚奏曰：「今雲羅西舉，開納岷蜀；戎旗東指，鎮靖淮荆；漢沔之間復須防捍。徵兵發衆，所在殷廣，邊郊多壘，烽驛未息，不可於師旅之際，興板築之功。且獻歲云暨，東作將始，臣愚量謂宜待豐靖之年，因子來之力，可不時而就。」從之。世宗末年，每引祚入東宮，密受賞賚，多至百餘萬，雜以錦繡。又特賜以劍杖，恩寵甚深，遷左僕射。

先是，蕭衍遣將康絢遏淮，將灌揚徐，祚表曰：「蕭衍狂悖，擅斷川瀆，役苦民勞，危亡已兆。然古諺有之，『敵不可縱』。夫以一酌之水，或爲不測之淵，如不時滅，恐同原草。宜命一重將，率統軍三十人，領羽林一萬五千人，并科京東七州虎旅九萬，長驅電邁，遄令撲討。擒斬之勳，一如常制，賊資雜物，悉入軍人。如此，則鯨鯢之首可不日而懸。誠知農桑之時，非發衆之日，苟事理宜然，亦不得不爾。昔韋顧跋扈，殷后起昆吾之師；玁狁孔熾，周王興六月之伐。臣職忝樞衡，獻納是主，心之所懷，寧敢自嘿。并宜敕揚州選一猛將，遣當州之兵令赴浮山，表裏夾攻。」朝議從之。

出除使持節、散騎常侍、都督雍岐華三州諸軍事、征西將軍、雍州刺史。太和以前，朝法尤峻，貴臣蹉跌，便致誅夷。李沖之用事也，欽祚識幹，薦爲左丞，又兼黃門。意便滿足，每以孤門，往經崔氏之禍，常慮危亡，苦自陳挹，辭色懇然，發於誠至。沖謂之曰：「人生有運，非可避也，但當明白當官，何所顧畏。」自是積二十餘年，位秩隆重，而進趨之心更復不息。又以東宮師傅之資，列辭尚書，志在封侯、儀同之位，尚書令、任城王澄爲之奏聞。及爲征西、雍州，雖喜於外撫，尚以府號不優，心望加「大」，執政者頗怪之。於時，領軍于忠恃寵驕恣，崔光之徒，曲躬承奉，祚心惡之，乃遣子太尉從事中郎景尚説高陽王雍，令出忠爲州。忠聞而大怒，矯詔殺祚，時年六十七。

祚達於政事，凡所經履，咸爲稱職，每有斷決，多爲故事。名器既重，時望亦深，一朝非罪見害，遠近莫不惋惜。靈太后臨朝，遣使弔慰，追復伯爵。正光中，贈使持節、車騎將軍、儀同三司、雍州刺史，謚文貞公。

初，高祖之置中正，從容謂祚曰：「并州中正，卿家故應推王瓊也。」祚退謂密友曰〔五〕：「瓊真僞今自未辨，我家何爲減之？然主上直信李沖吹噓之說耳。」祚死後三歲而于忠死，咸以祚爲祟。

祚長子思恭，弱冠，州辟爲主簿。早卒。思恭弟慶禮以第二子延伯繼。

延伯，襲祖爵東光伯。武定中，驃騎大將軍、將作大匠。齊受禪，爵例降。

思恭弟景尚，字思和。涉歷書傳，曉星歷占候，言事頗驗。初爲彭城王中軍府參軍，遷員外郎、司徒主簿、太尉從事中郎。公彊當世，善事權寵，世號之曰「郭尖」。肅宗時，遷輔國將軍、中散大夫。轉中書侍郎，未拜而卒，年五十一。

子季方，武定中，膠州驃騎府長流參軍。

景尚弟慶禮，字叔，爲祚所愛。著作佐郎、通直郎。卒，贈征虜將軍、瀛州刺史。

子元貞，武定末，定州驃騎府長史。

張彝，字慶賓，清河東武城人。曾祖幸，慕容超東牟太守，後率户歸國。世祖嘉之，賜爵平陸侯，拜平遠將軍、青州刺史。祖準之襲，又爲東青州刺史。父靈真，早卒。

彝性公彊，有風氣，歷覽經史。高祖初，襲祖侯爵，與盧淵、李安民等結爲親友，往來朝會，常相追隨。淵爲主客令，安民與彝並爲散令。彝少而豪放，出入殿庭，步眄高上，無所顧忌。文明太后雅尚恭謹，因會次見其如此，遂召集百寮督責之，令其修悔，而猶無悛改。善於督察，每東西馳使有所巡檢，彝恒充其選，清慎嚴猛，所至人皆畏伏，儔類亦以此高之。遷主客令，例降侯爲伯，轉太中大夫，仍行主客曹事。尋爲黄門。後從駕南征，母憂解任。彝居喪過禮，送葬自平城達家，千里徒步，不乘車馬，顔貌毁瘠，當世稱之。高祖幸冀州，遣使弔慰，詔以驍騎將軍起之，還復本位。以參定遷都之勳，進爵爲侯，轉太常少卿，遷散騎常侍，兼侍中，持節巡察陝東、河南十二州，甚有聲稱。使還，以從征之勤，遷尚書。坐舉元昭爲兼郎中，黜爲守尚書。世宗初，除正尚書、兼侍中，尋正侍中。世宗親政，罷六輔，彝與兼尚書邢巒聞處分非常，出京奔走，爲御史中尉甄琛所彈，云「非虎非兕，率彼曠野」，詔書切責之。

尋除安西將軍、秦州刺史。彝務尚典式，考訪故事。及臨隴右，彌加討習，於是出入直衞，方伯威儀，赫然可觀。羌夏畏伏，憚其威整，一方肅靜，號爲良牧。其年冬，太極初就，彝與郭祚等俱以勤舊被徵。及還州，進號撫軍將軍，彝表解州任，詔不許。彝敷政隴右，多所制立，宣布新風，革其舊俗，民庶愛仰之。爲國造佛寺名曰興皇，諸有罪咎者，隨其輕重，謫爲土木之功，無復鞭杖之罰。時陳留公主寡居，彝意願尚主，主亦許之。僕射高肇亦望尚主，主意不可。肇怒，譖彝於世宗，稱彝擅立刑法，勞役百姓。詔遣直後萬貳興馳驛檢察。貳興，肇所親愛，必欲致彝深罪。彝清身奉法，求其愆過，遂無所得。見代還洛，猶停廢數年，因得偏風，手脚不便。然志性不移，善自將攝，稍能朝拜。久之，除光禄大夫，加金章紫綬。

彝愛好知己，輕忽下流，非其意者，視之蔑爾。雖疹疾家庭，而志氣彌亮。上表曰：「臣聞元天高朗，尚假列星以助明；洞庭淵湛，猶藉衆流以增大。莫不以孤照不諧其幽，獨深未盡其廣。先聖識其若此，必取物以自誡。故堯稱則天，設謗木以曉未明；舜稱盡善，懸諫鼓以規政闕。虞人獻箴規之旨，盤盂著舉動之銘，庶幾見善而思齊，聞惡以自改。眷眷於悔往之衢，孜孜於不逮之路，用能聲高百王，卓絶中古，經十氏而不渝，歷二千以孤鬱〔六〕。伏惟太祖撥亂，奕代重光。世祖以不世之才，開遏函夏；顯祖以温明之德，潤沃九區〔七〕。高祖大聖臨朝，經營云始，未明求衣，日昃忘食，開翦荆棘，徙御神縣，更新風軌，冠帶朝流。海東雜種之渠，衡南異服之帥，沙西氊頭之戎，漠北辮髪之虜，重譯納貢，請吏稱藩。積德懋於夏殷，富仁盛於周漢〔八〕，澤教既周，武功亦匝。猶且發明詔，思求直士，信是蒼生薦言之秋，祝史陳辭之日。況臣家自奉國八十餘年，紆金鏘玉，及臣四世。過以小才，藉蔭出仕，學慚專門，武闕方略，早荷先帝眷仗之恩，末蒙陛下不遺之施〔九〕。侍則出入兩都，官歷納言常伯〔一〇〕，忝牧秦藩，號兼安撫。實思碎首膏原，仰酬二朝之惠；輕塵碎石，遠增嵩岱之高。輒私訪舊書，竊觀圖史，其帝皇興起之元，配天隆家之業，修造益民之奇，龍麟雲鳳之瑞，卑宮愛物之仁，釋網改祝之澤，前歌後舞之應，囹圄寂寥之美，可爲輝風景行者，輒謹編丹青，以標睿範。至如太康好田，遇窮后迫禍；武乙逸禽，罹震雷暴酷；夏桀淫亂，南巢有非命之誅；殷紂昏酣，牧野有倒戈之陳；周厲逐獸，滅不旋踵；幽王遇惑，死亦相尋；暨於漢成失御，亡新篡奪；桓靈不綱，魏武遷鼎；晉惠闇弱，骨肉相屠，終使聰曜鴞視并州，勒虎狼據燕趙：如此之輩，罔不畢載。起元庖犧，終於晉末，凡十六代，百二十八帝，歷三千二百七年〔一一〕，雜事五百八十九，合成五卷，名曰歷帝圖，亦謗木、諫鼓、虞人、盤盂之類。脱蒙置御坐之側，時復披覽，冀或起予左右，上補未萌。伏願陛下遠惟宗廟之憂，近存黎民之念，取其賢君，棄其惡主，則微臣雖沈淪地下，無異乘雲登天矣。」世宗善之。

彝又表曰：「竊惟皇王統天，必以窮幽爲美；盡理作聖，亦假廣採成明。故詢於芻蕘，著之周什，輿人獻箴，流於夏典。不然，則美刺無以得彰，善惡有時不達。逮於兩漢魏晉，雖道有隆汚，而被繡傳檄，未始闕也。及惠帝失御，中夏崩離，劉苻專據秦西，燕趙獨制關左，姚夏繼起，五涼競立，致使九服摇摇，民無定主，禮儀典制，此焉堙滅。暨大魏應歷，撥亂登皇，翦彼鯨鯢，龕靖神縣，數紀之間，天下寧一，傳輝七帝，積聖如神。高祖遷鼎成周，永兹八百，偃武修文，憲章斯改，實所謂加五帝、登三王，民無德而名焉。猶且慮獨見之不明，欲廣訪於得失，乃命四使，觀察風謠。臣時忝常伯，充一使之列，遂得仗節揮金，宣恩東夏，周歷於齊魯之間，遍馳於梁宋之域，詢採詩頌，研撿獄情，實庶片言之不遺，美刺之俱顯〔二〕。而才輕任重，多不遂心。所採之詩，並始申目〔三〕，而值鑾輿南討，問罪宛鄧，臣復忝行軍，樞機是務。及輦駕之返，膳御未和，續以大諱奄臻，四海崩慕，遂爾推遷，不及聞徹。未幾，改牧秦蕃，違離闕下，繼以讒疾相纏，寧丁八歲。常恐所採之詩永淪丘壑，是臣夙夜所懷，以爲深憂者也。陛下垂日月之明，行雲雨之施，察臣往罪之濫，矜臣貧病之切，既蒙崇以禄養，復得拜掃丘墳，明目友朋，無所負愧。且臣一二年來，所患不劇，尋省本書，粗有髣髴。凡有七卷，今寫上呈，伏願昭覽，敕付有司，使魏代所採之詩，不堙於丘井，臣之願也。」

肅宗初，侍中崔光表曰：「彝及李韶，朝列之中唯此二人出身官次本在臣右，器能幹世，又並爲多，近來參差，便成替後。計其階途，雖應遷陟，然恐班秩猶未賜等。昔衞之公叔，引下同舉；晉之士丐，推長伯游。古人所高，當時見許。敢緣斯義，乞降臣位一階，授彼汎級，齊行聖庭，帖穆選敍。」詔加征西將軍、冀州大中正。雖年向六十，加之風疾，而自彊人事，孜孜無怠。公私法集，衣冠從事；延請道俗，修營齋講；好善欽賢，愛獎人物。南北新舊莫不多之。大起第宅，微號華侈，頗侮其疎宗舊戚，不甚存紀，時有怨憾焉。榮宦之間，未能止足，屢表在秦州預有開援漢中之勳，希加賞報，積年不已，朝廷患之。

第二子仲瑀上封事，求銓別選格，排抑武人，不使預在清品。由是衆口喧喧，謗讟盈路，立榜大巷，剋期會集，屠害其家。彝殊無畏避之意，父子安然。神龜二年二月，羽林虎賁幾將千人，相率至尚書省詬罵，求其長子尚書郎始均，不獲，以瓦石擊打公門。上下畏懼，莫敢討抑。遂便持火，虜掠道中薪蒿，以杖石爲兵器，直造其第，曳彝堂下，捶辱極意，唱呼嗸嗸，焚其屋宇。始均、仲瑀當時踰北垣而走。始均回救其父，拜伏羣小，以請父命。羽林等就加毆擊，生投之於烟火之中。及得尸骸，不復可識，唯以髻中小釵爲驗。仲瑀傷重走免。彝僅有餘命，沙門寺與其比隣，輿致於寺。遠近聞見，莫不惋駭。

彝臨終，口占左右上啓曰：「臣自奉國及孫六世，尸祿素餐，負恩唯靦，徒思竭智盡誠，終然靡効。臣第二息仲瑀所上之事，益治實多，既曰有益，寧容默爾。通呈有日，未簡神聽，豈圖衆忿，乃至於此。臣不能禍防未萌，慮絶殃兆，致令軍衆横嚻，攻焚臣宅。息始均、仲瑀等叩請流血，乞代臣死，始均即陷塗炭，仲瑀經宿方蘇。臣年已六十，宿被榮遇，垂暮之秋，忽見此苦，顧瞻災酷，古今無比。臣傷至重，殘氣假延，望景顧時，推漏就盡，頃刻待終〔四〕，臣之命也，知復何言。若所上之書，少爲益國，臣便是生以理全，死與義合，不負二帝於地下，臣無餘恨矣。一歸泉壤，長離紫庭，戀仰天顔，誠痛無已。不勝眷眷，力喘奉辭，伏願二聖加御珍膳，覆露黔首，壽保南嶽，德與日昇。臣夙被芻豢，先後銜恩，欲報之期，昊天罔極，亡魂有知，不忘結草。」彝遂卒，時年五十九。官爲收掩羽林凶彊者八人斬之，不能窮誅羣豎，即爲大赦以安衆心，有識者知國紀之將墜矣。喪還所焚宅，與始均東西分斂於小屋。仲瑀遂以創重避居滎陽，至五月，創得漸瘳，始奔父喪，詔賜布帛千匹。靈太后以其累朝大臣，特垂矜惻，數月猶追言泣下，謂諸侍臣曰：「吾爲張彝飲食不御，乃至首髮微有虧落。悲痛之苦，以至於此。」

初，彝曾祖幸，所招引河東民爲州裁千餘家，後相依合，至於罷入冀州，積三十年，析別有數萬户，故高祖比校天下民户，最爲大州。彝爲黄門，每侍坐以爲言，高祖謂之曰：「終當以卿爲刺史，酬先世誠效。」彝追高祖往旨，累乞本州，朝議未許。彝亡後，靈太后云：「彝屢乞冀州，吾欲用之，有人違我此意。若從其請，或不至是，悔之無及。」乃贈使持節、衛將軍、冀州刺史，謚文侯。

始均，字子衡，端潔好學，有文才。司徒行參軍，遷著作佐郎。世宗以彝先朝勤舊，不幸疹廢，特除始均長兼左民郎中。遷員外常侍，仍領郎。始均才幹，有美於父，改陳壽魏志爲編年之體，廣益異聞，爲三十卷。又著冠帶録及諸賦數十篇，今並亡失。初，大乘賊起於冀瀛之間，遣都督元遥討平之，多所殺戮，積尸數萬。始均以郎中爲行臺，忿軍士重以首級爲功，乃令檢集人首數千，一時焚爇，至於灰燼，用息僥倖，見者莫不傷心。及始均之死也，始末在於烟炭之間，有燋爛之痛，論者或亦推咎焉。贈樂陵太守，謚曰孝。

子暠，襲祖爵。武定中，開府主簿。齊受禪，爵例降。

暠弟晏之，武定中，儀同開府中兵參軍。

仲瑀，司空祭酒、給事中。

子台，儀同開府參軍事。

仲瑀弟珉，著作佐郎。

史臣曰：郭祚才幹敏實，有世務之長，高祖經綸之始，獨在勤勞之地，居官任事，動靜稱述。張彝風力謇謇，有王臣之氣，銜命擁旄，風聲猶在。並魏氏器能之臣乎？遭隨有命，俱嬰世禍，悲哉！始均才志未申，惜也。

校勘記

〔一〕逋逃　原作「通逃」，據三朝本、南監本、北監本、殿本改。

〔二〕妻子復應從之　「從」，三朝本、南監本、北監本、殿本、北史卷四三郭祚傳、通志卷一五〇上並作「徙」。按上下文義，疑「徙」是。

〔三〕馬道　御覽卷二一一引後魏書作「馳道」。

〔四〕今未審從舊來之旨　「從」，北史卷四三郭祚傳、通志卷一五〇上、册府卷六三五無。

〔五〕密友　三朝本、南監本、北監本、殿本、北史卷四三郭祚傳、通志卷一五〇上作「寮友」。

〔六〕經十氏而不渝歷二千以孤鬱　册府卷五二三作「經十世而不渝歷千祀以彌鬱」。按如册府，文義爲長。

〔七〕潤沃　「沃」，原作「伏」，據册府卷五二三改。

〔八〕富仁　册府卷五二三作「留仁」。

〔九〕末蒙　原作「未蒙」，據南監本、册府卷五二三改。按「末蒙」與上句「早荷」爲對文。

〔一〇〕侍則出入兩都官歷納言常伯　册府卷五二三作「陪侍兩宮官歷常伯」。

〔一一〕三千二百七年　他本及册府卷六〇七作「三千二百七十年」，册府卷五二三作「三千一百七年」。

〔二〕美剌之俱顯　「美」上册府卷五五八有「冀」字。真大成校證謂「冀美剌之俱顯」與上「庶片言之不遺」適成對文，此處脱「冀」字。按「實庶」總括下二句，亦通。

〔三〕並始申目　「申目」，册府卷五五八作「申白」。

〔四〕頃刻待終　「終」，原作一字空格，據三朝本、南監本、北監本、殿本補。

魏書卷六十五

列傳第五十三

邢巒　李平

邢巒，字洪賓〔一〕，河間鄚人也〔二〕。五世祖嘏，石勒頻徵，不至。嘏無子，巒高祖蓋，自旁宗入後。蓋孫穎，字宗敬，以才學知名。世祖時，與范陽盧玄、勃海高允等同時被徵。後拜中書侍郎，假通直常侍、寧朔將軍、平城子，銜命使於劉義隆。後以病還鄉里。久之，世祖訪穎於羣臣曰：「往憶邢穎長者，有學義，宜侍講東宮，今其人安在？」司徒崔浩對曰：「穎卧疾在家。」世祖遣太醫馳馹就療。卒，贈冠軍將軍、定州刺史，謚曰康。子脩年，即巒父也，州主簿。

巒少而好學，負帙尋師，家貧厲節，遂博覽書傳。有文才幹略，美鬚髯，姿貌甚偉。州郡表貢，拜中書博士，遷員外散騎侍郎，爲高祖所知賞。兼員外散騎常侍，使於蕭賾，還，拜通直郎，轉中書侍郎，甚見顧遇，常參座席。高祖因行藥至司空府南，見巒宅，遣使謂巒曰：「朝行藥至此，見卿宅乃住，東望德館，情有依然。」巒對曰：「陛下移構中京，方建無窮之業，臣意在與魏昇降，寧容不務永年之宅。」高祖謂司空穆亮、僕射李沖曰：「巒之此言，其意不小。」有司奏策秀、孝，詔曰：「秀、孝殊問，經權異策，邢巒才清，可令策秀。」

後兼黃門郎。從征漢北，巒在新野，後至。高祖曰：「伯玉天迷其心，鬼惑其慮，守危邦，固逆主，乃至如此。」巒曰：「新野既摧，衆城悉潰，唯有伯玉，不識危機，平殄之辰，事在旦夕。」高祖曰：「至此以來，雖未擒滅，城隍已崩，想在不遠。所以緩攻者，正待中書爲露布耳。」尋除正黃門、兼御史中尉、瀛州大中正，遷散騎常侍、兼尚書。

世宗初，巒奏曰：「臣聞昔者明王之以德治天下，莫不重粟帛，輕金寶。然粟帛安國育民之方，金玉是虛華損德之物。故先皇深觀古今，去諸奢侈。服御尚質，不貴雕鏤，所珍在素，不務奇綺，至乃以紙絹爲帳扆，銅鐵爲轡勒。訓朝廷以節儉，示百姓以憂務〔三〕，日夜孜孜，小大必慎。輕賤珠璣，示其無設，府藏之金，裁給而已，更不買積以費國資。逮景明之初，承升平之業，四疆清晏，遠邇來同，於是蕃貢繼路，商賈交入，諸所獻貿〔四〕，倍多於常。雖加以節約，猶歲損萬計，珍貨常有餘，國用恒不足。若不裁其分限，便恐無以支歲。自今非爲要須者，請皆不受。」世宗從之。尋正尚書，常侍如故。

蕭衍梁秦二州行事夏侯道遷以漢中內附，詔加巒使持節、都督征梁漢諸軍事、假鎮西將軍，進退徵攝，得以便宜從事。巒至漢中，白馬已西猶未歸順，巒遣寧遠將軍楊舉、統軍楊衆愛、汜洪雅等領卒六千討之〔五〕。軍鋒所臨，賊皆款附，唯補谷戍主何法靜據城拒守。舉等進師討之〔六〕，法靜奔潰，乘勝追奔至關城之下，蕭衍龍驤將軍關城流雜疑李侍叔逆以城降。蕭衍輔國將軍任僧幼等三十餘將，率南安、廣長、東洛、大寒、武始、除口、平溪、桶谷諸郡之民七千餘户，相繼而至。蕭衍平西將軍李天賜、晉壽太守王景胤等擁衆七千，屯據石亭。統軍韓多寶等率衆擊之，破天賜前軍趙賭，擒斬一千三百。遣統軍李義珍討晉壽，景胤宵遁，遂平之。詔曰：「巒至彼，須有板官，以懷初附，高下品第，可依征義陽都督之格也。」拜巒使持節、安西將軍、梁秦二州刺史。

蕭衍巴西太守龐景民恃遠不降，巒遣巴州刺史嚴玄思往攻之，斬景民，巴西悉平。蕭衍遣其冠軍將軍孔陵等率衆二萬，屯據深坑，冠軍將軍魯方達固南安〔七〕，冠軍將軍任僧褒、輔國將軍李畎戍石同。巒統軍王足所在擊破之，梟衍輔國將軍樂保明、寧朔將軍李伯度、龍驤將軍李思賢，賊遂保回車栅。足又進擊衍輔國將軍范峻，自餘斬獲殆將萬數。孔陵等收集遺衆，奔保梓潼，足又破之，斬衍輔國將軍符伯度，其殺傷投溺者萬有餘人。開地定民，東西七百，南北千里，獲郡十四、二部護軍及諸縣戍，遂逼涪城。巒表曰：

揚州、成都相去萬里，陸途既絶，唯資水路。蕭衍兄子淵藻，去年四月十三日發揚州，今歲四月四日至蜀。水軍西上，非周年不達，外無軍援，一可圖也。益州頃經劉季連反叛，鄧元起攻圍，資儲散盡，倉庫空竭，今猶未復，兼民人喪膽，無復固守之意，二可圖也。蕭淵藻是裙屐少年〔八〕，未洽治務，及至益州，便戮鄧元起〔九〕、曹亮宗，臨戎斬將，則是駕馭失方。范國惠津渠退敗，鏁執在獄。今之所任，並非宿將重名，皆是左右少年而已，既不厭民望，多行殘暴，民心離解，三可圖也。蜀之所恃唯劍閣，今既剋南安，已奪其險，據彼界内，三分已一。從南安向涪，方軌任意，前軍累破，後衆喪魂，四可圖也。昔劉禪據一國之地，姜維爲佐，鄧艾既出綿竹，彼即投降。及苻堅之世，楊安、朱彤三月取漢中，四月至涪城，兵未及州，仲孫逃命。桓温西征，不旬月而平。蜀地昔來恒多不守。況淵藻是蕭衍兄子，骨肉至親，若其逃亡，當無死理。脱軍剋涪城，淵藻復何宜城中坐而受困？若其出鬬，庸蜀之卒唯便刀矟，弓箭至少，假有遥射，弗至傷人，五可圖也。

臣聞乘機而動，武之善經；攻昧侮亡，春秋明義。未有捨干戚而康時，不征伐而混一。伏惟陛下纂武文之業，當必世之期，跨中州之饒，兼甲兵之盛，清蕩天區，在於今矣。是以踐極之初，壽春馳款；先歲命將，義陽剋闢。淮外謐以風清〔一〇〕，荆沔於焉肅晏。方欲偃甲息兵，候機而動，而天贊休明，時來斯速，雖欲靖戎，理不獲已。至使道遷歸誠，漢境佇拔。臣以不才，屬當戎寄，内省文吏，不以軍謀自許，指臨漢中，惟規保彊守界。事屬艱途，東西寇竊，上憑國威，下仗將士，邊帥用命，頻有薄捷。藉勢乘威，經度大劍，既克南安，據彼要險，前軍長邁，已至梓潼，新化之民，翻然懷惠，瞻望涪益，旦夕可屠。正以兵少糧匱，未宜前出，爲爾稽緩。懼失民心，則更爲寇，今若不取，後圖便難。輒率愚管，庶幾殄剋，如其無功，分受憲坐。且益州殷實，户餘十萬，比壽春、義陽三倍非匹，可乘可利，實在于茲。若朝廷志存保民，未欲經略，臣之在此，便爲無事，乞歸侍養，微展烏鳥。

詔曰：「若賊敢闚閾，觀機翦撲；如其無也，則安民保境，以悦邊心。子蜀之舉〔一一〕，更聽後敕。方將席卷岷蜀，電掃西南，何得辭以戀親，中途告退！宜勗令圖，務申高略。」巒又表曰：

昔鄧艾、鍾會率十八萬衆，傾中國資給，裁得平蜀，所以然者，鬭實力故也。況臣才絶古人，智勇又闕，復何宜請二萬之衆而希平蜀？所以敢者，正以據得要險，士民慕義，此往則易，彼來則難，任力而行，理有可剋。今王足前進，已逼涪城，脱得涪城，則益州便是成擒之物，但得之有早晚耳。且梓潼已附，民户數萬，朝廷豈得不守之也？若守也，直保境之兵則已一萬，臣今請二萬伍千，所增無幾。又劍閣天險，古來所稱，張載銘云：世亂則逆，世清斯順。此之一言，良可惜矣。臣誠知征戎危事，不易可爲，自軍度劍閣以來，鬢髮中白，憂慮戰懼，寧可一日爲心。所以勉强者，既得此地而自退不守，恐辜先皇之恩遇，負陛下之爵禄，是以孜孜，頻有陳請。且臣之意筭，正欲先圖涪城，以漸而進。若剋涪城，便是中分益州之地，斷水陸之衝，彼外無援軍，孤城自守，復何能持久哉！臣今欲使軍軍相次，聲勢連接，先作萬全之計，然後圖彼，得之則大剋，不得則自全。

又巴西、南鄭相離一千四百，去州迢遞，恒多生動。昔在南之日，以其統綰勢難，故增立巴州，鎮靜夷獠，梁州藉利，因而表罷。彼土民望，嚴、蒲、何、楊，非唯五三，族落雖在山居，而多有豪右，文學箋啓，往往可觀，冠帶風流，亦爲不少。但以去州既遠，不能仕進，至於州綱，無由厠迹。巴境民豪，便是無梁州之分，是以鬱怏，多生動靜。比建議之始〔三〕，嚴玄思自號巴州刺史，剋城以來，仍使行事。巴西廣袤一千，户餘四萬，若彼立州，鎮攝華獠，則大帖民情。從墊江已還，不復勞征，自爲國有。

世宗不從。又王足於涪城輒還，遂不定蜀。

巒既剋巴西，遣軍主李仲遷守之。仲遷得蕭衍將張法養女，有美色，甚惑之。散費兵儲，專心酒色，公事諮承，無能見者。巒忿之切齒，仲遷懼，謀叛，城人斬其首，以城降衍將譙希遠，巴西遂没。武興氐楊集起等反叛，巒遣統軍傅豎眼討平之，語在豎眼傳。巒之初至漢中，從容風雅，接豪右以禮，撫細民以惠。歲餘之後，頗因百姓去就，誅滅齊民，籍爲奴婢者二百餘口，兼商販聚斂，清論鄙之。徵授度支尚書。

時蕭衍遣兵侵軼徐兗，緣邊鎮戍相繼陷没，朝廷憂之，乃以巒爲使持節、都督東討諸軍事、安東將軍，尚書如故。世宗勞遣巒於東堂曰：「蕭衍寇邊，旬朔滋甚，諸軍舛互，規致連戍陷没。宋魯之民尤罹湯炭。誠知將軍旋京未久，膝下難違，然東南之寄，非將軍莫可。將軍其勉建殊績，以稱朕懷，自古忠臣亦非無孝也。」巒對曰：「賊雖送死連城，犬羊衆盛，然逆順理殊，滅當無遠。況臣仗陛下之神筭，奉律以摧之，平殄之期可指辰而待，願陛下勿以東南爲慮。」世宗曰：「漢祖有云『金吾擊郾，吾無憂矣』，今將軍董戎，朕何慮哉。」

先是，蕭衍輔國將軍蕭及先率衆二萬，寇陷固城；冠軍將軍魯顯文、驍騎將軍相文玉等率衆一萬，屯於孤山〔三〕；衍將角念等率衆一萬，擾亂龜蒙，土民從逆，十室而五。巒遣統軍樊魯討文玉，別將元恒攻固城，統軍畢祖朽討角念。樊魯大破文玉等，追奔八十餘里，斬首四千餘級。元恒又破固城，畢祖朽復破念等，兗州悉平。巒破賊將藍懷恭於睢口，進圍宿豫。而懷恭等復於清南造城〔一四〕，規斷水陸之路。巒身率諸軍，自水南而進，遣平南將軍楊大眼從北逼之，統軍劉思祖等夾水造筏，燒其船舫。衆軍齊進，拔柵填塹，登其城。火起中流，四面俱擊，仍陷賊城，俘斬數萬。在陳別斬懷恭，擒其列侯、列將、直閣、直後三十餘人，俘斬一萬。宿豫既平，蕭昞亦於淮陽退走，二戍獲米四十餘萬石。

世宗賜巒璽書曰：「知大龕醜虜，威振賊庭，淮外霧披，徐方卷壒，王略遠恢，混一維始，公私慶泰，何快如之！賊衍此舉，實爲傾國。比者宿豫陷殁，淮陽嬰城，凶狡侜張，規抗王旅。將軍忠規協著，火烈霜摧，電動岱陰，風掃沂嶧，遂令逋誅之寇，一朝殲夷；元鯨大憝，千里折首。殊勳茂捷，自古莫二。但揚區未安，餘燼宜盪，乘勝掎角，勢不可遺。便可率厲三軍，因時經略，中威東南，清彼江介，忘此仍勞，用圖永逸，進退規度，委之高筭。」又詔巒曰：「淮陽、宿豫雖已清復，梁城之賊，猶敢聚結，事宜乘勝，并勢摧殄。可率二萬之衆渡淮，與征南掎角，以圖進取之計。」

及梁城賊走，中山王英乘勝攻鍾離，又詔巒帥衆會之。巒表曰：「奉被詔旨，令臣濟淮與征南掎角，乘勝長驅，實是其會。但愚懷所量，竊有未盡。夫圖南因於積風，伐國在於資給，用兵治戎，須先計校。非可抑爲必勝〔一五〕，幸其無能。若欲掠地誅民，必應萬勝；

如欲攻城取邑，未見其果。得之則所益未幾，不獲則虧損必大。蕭衍傾竭江東，爲今歲之舉，疲兵喪衆，大敗而還，君臣失計，取笑天下。雖野戰非人敵，守城足有餘，今雖攻之，未易可剋。又廣陵懸遠，去江四十里，鍾離、淮陰介在淮外，假其歸順而來，猶恐無糧艱守，況加攻討，勞兵士乎？且征南軍士從戎二時，疲弊死病，量可知已。雖有乘勝之資，懼無遠用之力。若臣之愚見，謂宜修復舊戍，牢實邊方，息養中州，擬之後舉。又江東之釁，不患久無，畜力待機，謂爲勝計。」詔曰：「濟淮掎角，事如前敕，何容猶爾盤桓，方有此請！可速進軍，經略之宜聽征南至要。」

巒又表曰：「蕭衍侵境，久勞王師，今者奔走，實除邊患，斯由靈贊皇魏，天敗寇豎，非臣等弱劣所能剋勝。若臣之愚見，今正宜修復邊鎮，俟之後動。且蕭衍尚在，凶身未除，螳蜋之志，何能自息。唯應廣備以待其來，實不宜勞師遠入，自取疲困。今中山進軍鍾離，實所未解，若能爲得失之計，不顧萬全，直襲廣陵，入其內地，出其不備，或未可知。正欲屯兵，蕭密餘軍猶自在彼〔一六〕，欲言無糧，運船復至。而欲以八十日糧圖城者，臣未之前聞。且廣陵、任城可爲前戒，豈容今者復欲同之。今若往也，彼牢城自守，不與人戰，城塹水深，非可填塞，空坐至春，則士自弊苦〔一七〕。遣臣赴彼，糧何以致？夏來之兵，不齎冬服，脫遇冰雪，取濟何方？臣寧荷怯懦不進之責，不受敗損空行之罪。鍾離天險，朝貴所具，若有內應，則所不知，如其無也，必無剋狀。若其不復，其辱如何！若信臣言也，願賜臣停；若謂臣難行求回，臣所領兵統悉付中山，任其處分，臣求單騎隨逐東西。且俗諺云，耕則問田奴，絹則問織婢。臣雖不武，忝備征將，前宜可否，頗實知之，臣既謂難，何容強遣。」詔曰：「安東頻請罷軍，遲回未往，阻異戎規，殊乖至望。士馬既殷，無容停積，宜務神速，東西齊契，乘勝掃殄，以赴機會。」巒累表求還，世宗許之。英果敗退，時人伏其識略。

初，侍中盧昶與巒不平，昶與元暉俱世宗所寵，御史中尉崔亮，昶之黨也。昶、暉令亮糾巒，事成許言於世宗以亮爲侍中。亮於是奏劾巒在漢中掠良人爲奴婢。巒懼爲昶等所陷，乃以漢中所得巴西太守龐景民女化生等二十餘口與暉。化生等數人，奇色也，暉大悦，乃背昶爲巒言於世宗云：「巒新有大功，已經赦宥，不宜方爲此獄也。」世宗納之。高肇以巒有剋敵之效，而爲昶等所排，助巒申釋，故得不坐。

豫州城民白早生殺刺史司馬悦，以城南入，蕭衍遣其冠軍將軍齊苟仁率衆入據懸瓠。詔巒持節率羽林精騎以討之。封平舒縣開國伯，食邑五百户，賞宿豫之功也。世宗臨東堂，勞遣巒曰：「司馬悦不慎重門之戒，智不足以謀身，匪直喪元隸豎[八]，乃大虧王略。懸瓠密邇近畿，東南藩捍，度公之在彼[九]，憂慮尤深。早生理不獨立，必遠引吴楚，士民同惡，勢或交兵。卿文昭武烈，朝之南仲，故令卿星言電邁，出其不意。卿言早生走也守也？何時可以平之？」巒對曰：「早生非有深謀大智能構成此也，但因司馬悅虐於百姓，乘衆怒而爲之，民爲凶威所懾，不得已而苟附。假蕭衍軍入應，水路不通，糧運不繼，亦成擒耳，不能爲害也。早生得衍軍之接，溺於利欲之情，必守而不走。今王師若臨，士民必翻然歸順。圍之窮城，奔走路絶，不度此年，必傳首京師。願陛下不足垂慮。」世宗笑曰：「卿言何其壯哉！深會朕遣卿之意。知卿親老，頻勞於外，然忠孝不俱，才宜救世，不得辭也。」

於是巒率騎八百，倍道兼行，五日次於鮑口。賊遣大將軍胡孝智率衆七千，去城二百，逆來拒戰。巒擊破孝智，乘勝長驅，至於懸瓠。賊出城逆戰，又大破之，因即渡汝。既而大兵繼至，遂長圍之。詔加巒使持節、假鎮南將軍、都督南討諸軍事。征南將軍、中山王英南討三關，亦次於懸瓠，以後軍未至，前寇稍多，憚不敢進，乃與巒分兵掎角攻之。衍將齊苟仁等二十一人開門出降，即斬早生等同惡數十人。豫州平，巒振旅還京師。世宗臨東堂勞之，曰：「卿役不踰時，剋清妖醜，鴻勳碩美，可謂無愧古人。」巒對曰：「此自陛下聖略威靈，英等將士之力，臣何功之有。」世宗笑曰：「卿匪直一月三捷，所足稱奇，乃存士伯，欲功成而不處。」

巒自宿豫大捷，及平懸瓠，志行修正，不復以財賄爲懷，戎資軍實絲毫無犯。遷殿中尚書，加撫軍將軍。延昌三年，暴疾卒，年五十一。巒才兼文武，朝野瞻望，上下悼惜之。詔賻帛四百匹，朝服一襲，贈車騎大將軍、瀛州刺史。初，世宗欲贈冀州，黄門甄琛以巒前曾劾己，乃云：「瀛州巒之本邦，人情所欲。」乃從之。及琛爲詔，乃云「優贈車騎將軍、瀛州刺史」，議者笑琛淺薄。謚曰文定。

子遜，字子言。貌雖陋短，頗有風氣。解褐司徒行參軍。襲爵。後遷國子博士、本州中正。因謁靈太后，自陳：「功名之子，久抱沉屈。臣父屢爲大將，而臣身無軍功階級，臣父唯爲忠臣，不爲慈父。」靈太后慨然，以遜爲長兼吏部郎中。出爲安遠將軍、平州刺史。時北蕃多難，稽留不進，免。孝莊初，除輔國將軍、通直散騎常侍、東道軍司，討逆賊劉舉於濮陽，不剋。還，除散騎常侍，加前將軍。永安二年，坐受任元顥，除名。尋除撫軍將軍、金紫光禄大夫。出帝時，轉衞將軍、右光禄大夫。孝靜初，以本官領嘗藥典御，加車騎將軍。久之，除大司農卿，與少卿馬慶哲至相糾訟〔一〇〕。遜鋭於財利，議者鄙之。武定四年卒，年五十六。贈本將軍、光禄勳卿、幽州刺史。

子祖徽〔一一〕，開府祭酒。父喪未終，謀反，伏法。

巒弟儒，瀛州鎮遠府長史、給事中。

儒弟偉，尚書郎中。卒，贈博陵太守。子昕，在文苑傳。

偉弟季彦。

季彦弟晏，字幼平。美風儀，博涉經史，善談釋老，雅好文詠。起家太學博士、司徒東閤祭酒。世宗初，爲與廣平王懷遊宴，左遷鄭縣令，未之官。除給事中，遷司空主簿、本州中正、汝南王文學。稍遷輔國將軍、司空長史、兼吏部郎中。以本將軍出爲南兗州刺史。徵爲太中大夫、兼丞相高陽王右長史。尋以本將軍除滄州刺史。爲政清靜，吏民安之。孝昌中卒，時年五十一。贈征北將軍、尚書左僕射、瀛州刺史，謚曰文貞。晏篤於義讓，初爲南兗州刺史，例得一子解褐，乃啓其孤弟子子慎，年甫十二，而其子已弱冠矣。後爲滄州，復啓孤兄子昕爲府主簿，而其子並未從宦。世人以此多之。

子測，武定末，太子洗馬。

測弟亢，字子高，頗有文學。釋褐司空行參軍。遷廣平王開府從事中郎。兼通直散騎常侍，使於蕭衍，時年二十八。還，除平東將軍，齊文襄王大將軍府屬，又轉中外府屬。武定七年，坐事死於晉陽，年三十四。

巒叔祖祐，字宗祐。少有學尚，知名於時。徵除著作郎，領樂浪王傅。後假員外散騎常侍，使於劉彧。以將命之勤，除建威將軍、平原太守，賜爵城平男。政清刑肅，百姓安之。卒，年七十三。

子產，字神寶。好學，善屬文。少時作孤蓬賦，爲時所稱。舉秀才，除著作佐郎。假員外常侍、鄭縣子，使於蕭賾。產仍世將命，時人美之。後遷中書侍郎，俄遷太子中庶子。卒，年四十六，朝廷嗟惜焉。贈建威將軍、平州刺史、樂城子，謚曰定。

祐從子虯，字神虎。少爲三禮鄭氏學，明經有文思。舉秀才上第，爲中書議郎、尚書殿中郎。高祖因公事與語，問朝覲宴饗之禮，虯以經對，大合上旨。轉司徒屬、國子博士。高祖崩，尚書令王肅多用新儀，虯往往折以五經正禮。轉尚書右丞，徙左丞，多所糾正，臺閣肅然。時雁門人有害母者，八座奏轘之而瀦其室，宥其二子。虯駁奏云：「君親無將，將而必誅。今謀逆者戮及朞親，害親者令不及子〔二〕，既逆甚梟鏡，禽獸之不若，而使禋祀不絕，遺育永傳，非所以勸忠孝之道，存三綱之義。若聖教含容，不加孥戮，使父子罪不相及，惡止於其身，不則宜投之四裔〔三〕，敕所在不聽配匹。盤庚言『無令易種於新邑』，漢法五月食梟羹，皆欲絕其類也。」奏入，世宗從之。尋除司徒右長史，遷龍驤將軍、光祿少卿。虯母在鄉遇患，請假歸。值秋水暴長，河梁破絕，虯得一小船而渡，漏而不沒，時人異之。母喪，哀毁過禮，爲時所稱。年四十九，卒。贈征虜將軍、幽州刺史，謚曰威。虬善與人交，清河崔亮、頓丘李平並與親善。所作碑頌雜筆三十餘篇。有二子。

長子臧，在文苑傳。

臧弟子才，武定末，太常卿。

虬從子策，亦有才學。卒於齊王儀同開府主簿。

李平，字曇定，頓丘人也，彭城王嶷之長子。少有大度。及長，涉獵羣書，好禮、易，頗有文才。太和初，拜通直散騎侍郎，高祖禮之甚重。頻經大憂，居喪以孝稱。後以例降，襲爵彭城公。拜太子中舍人，遷散騎侍郎，舍人如故，遷太子中庶子。平因侍從容請自效一郡，高祖曰：「卿復欲以吏事自試也。」拜長樂太守，政務清靜，吏民懷之。車駕南伐，以平兼冀州儀同開府長史，甚著聲稱，仍除正長史，太守如故。未幾，遂行河南尹，豪右權貴憚之。世宗即位，除黄門郎，遷司徒左長史，行尹如故。尋以稱職正尹，長史如故。車駕將幸鄴，平上表諫曰：「伏見己丑詔書，雲軒鑾輅，行幸有期，鳳服龍驂，剋駕近日。將欲講武淇陽，大習鄴魏，馳驌驦於緑竹之區，騁驎驥於漳滏之壤。斯誠幽顯同忻，人靈共悦。臣之愚管，竊有惑焉。何者？嵩京創構，洛邑俶營，雖年跨十稔，根基未就。代民至洛，始欲向盡，資産罄於遷移，牛畜斃於輦運，陵太行之險，越長津之難，辛勤備經，得達京闕，富者猶損太半，貧者可以意知。兼歷歲從戎，不遑啓處，自景明已來，差得休息。事農者未積二年之儲，築室者裁有數間之屋，莫不肆力伊瀍，人急其務。寔宜安靜新人，勸其稼穡，令國有九年之糧，家有水旱之備。若乘之以羈紲，則所廢多矣。一夫從役，舉家失業。今復秋稼盈田，禾菽遍野，鑾駕所幸，騰踐必殷。未若端拱中天，坐招四海，耀武崧原，禮射伊洛，士馬無跋涉之勞，兆民有康哉之詠，可不美歟？」不從。詔以本官行相州事。世宗至鄴，親幸平第，見其諸子。尋正刺史，加征虜將軍。

平勸課農桑，修飾太學，簡試通儒以充博士，選五郡聰敏者以教之，圖孔子及七十二子於堂，親爲立讚。前來臺使頗好侵取，平乃畫「履虎尾」、「踐薄冰」於客館，注頌其下，以示誡焉。加平東將軍，徵拜長兼度支尚書，尋正尚書，領御史中尉。

冀州刺史、京兆王愉反於信都，以平爲使持節、都督北討諸軍事、鎮北將軍，行冀州事以討之。世宗臨式乾殿，勞遣平曰：「愉，朕之元弟，居不疑之地，豺狼之心，不意而發，欲上傾社稷，下殘萬姓。大義滅親，夫豈獲止。周公行之於古，朕亦當行之於今。委卿以事征之任，必令應期摧殄，務盡經略之規，勿虧推轂之寄也。何圖今日言及斯事。」因歔欷流涕。平對曰：「臣愉天迷其心，構此梟悖。陛下不以臣不武，委以總督之任，今大宥既敷，便應有征無戰。脱守迷不悟者，當仰憑天威，抑厲將士〔二四〕，譬猶太陽之消微露，巨海之蕩熒燭，天時人事，滅在昭然。如其稽顙軍門，則送之大理，若不悛待戮，則鳴鼓釁鍾，非陛下之事。」

平進次經縣，諸軍大集。夜有蠻兵數千斫平前壘，矢及平帳，平堅卧不動，俄而乃定。遂至冀州城南十六里。賊攻圍濟州軍，拔栅填塹，未滿者數尺。諸將合戰，無利而還，憚於更進。平親入行間，勸以重賞，士卒乃前，大破逆衆。愉時墜馬，乃有一人下馬授愉，止而鬭死。乘勝逐北，至於城門，斬首數萬級，遂圍城燒門。愉與百餘騎突門出走，遣統軍叔孫頭追之，去信都十里擒愉〔二五〕。冀州平，世宗遣兼給事黄門侍郎、祕書丞元梵宣旨慰勞。徵還京師，以本官領相州大中正。

平先爲尚書令高肇、侍御史王顯所恨，後顯代平爲中尉，平加散騎常侍，顯劾平在冀州隱截官口，肇又扶成其狀，奏除平名。延昌初，詔復官爵，除其定冀之勳。前來良賤之訟，多有積年不決，平奏不問真僞，一以景明年前爲限，於是諍訟止息。武川鎮民飢，鎮將任款請貸未許，擅開倉賑恤，有司繩以費散之條，免其官爵。平奏款意在濟人，心無不善，世宗原之。遷中書令，尚書如故。肅宗初，轉吏部尚書，加撫軍將軍。平高明彊濟，所在有聲，但以性急爲累。尚書令、任城王澄奏理平定冀之勳，請酬以山河之賞。靈太后乃封武邑郡開國公，食邑一千五百户，縑二千五百匹。

先是，蕭衍遣其左游擊將軍趙祖悦偷據西硤石，衆至數萬，以逼壽春。鎮南崔亮攻之，未剋，又與李崇乖貳。詔平以本官使持節、鎮軍大將軍、兼尚書右僕射爲行臺，節度諸軍，東西州將一以稟之，如有乖異，以軍法從事。詔平長子獎以通直郎從，賜平縑帛百段、紫納金裝衫甲一領，賜獎縑布六十段、絳衲襖一領。父子重列，拜受家庭，觀者榮之。於是率步騎二千以赴壽春。平巡視硤石内外，知其盈虚之所。嚴勒崇、亮，令水陸兼備，剋期齊舉。崇、亮憚之，無敢乖互。頻日交戰，屢破賊軍。安南將軍崔延伯立橋於下蔡，以拒賊之援軍。賊將王神念、昌義之等不得進救，祖悦守死窮城。平乃部分攻之。令崔亮督陸卒攻其城西，李崇勒水軍擊其東面，然後鼓噪，南北俱上。賊衆周章，東西赴戰。屠賊外城，賊之將士相率歸附。祖悦率其餘衆固保南城，通夜攻守，至明乃降。斬祖悦，送首於洛，俘獲甚衆。以功遷尚書右僕射，加散騎常侍，將軍如故。

平還京師，靈太后見於宣光殿，賜以金裝刀杖一口。時南徐州表云，蕭衍堰淮水爲患，詔公卿議之，平以爲不假兵力，終自毀壞。及淮堰破，靈太后大悦，引羣臣入宴，敕平前鳴簫管，肅宗手賜縑布百段。熙平元年冬卒，遺令薄葬。詔給東園祕器、朝服一具、衣一襲、帛七百匹。靈太后爲舉哀於東堂。贈侍中、驃騎大將軍、儀同三司、冀州刺史，謚文烈公。平自在度支，至於端副，夙夜在公，孜孜匪懈，凡處機密十有餘年，有獻替之稱。所製詩賦箴誄詠頌〔二六〕，别有集録。

平長子奬，字遵穆，襲。容貌魁偉，有當世才度。自太尉參軍事，稍遷通直郎、中書侍郎、直閤將軍、吏部郎中、征虜將軍，遷安東將軍、光禄大夫，仍吏部郎中。又以本官兼尚書，出爲撫軍將軍、相州刺史。初，元叉擅朝，奬爲其親待，頻居顯要。靈太后反政，削除官爵。孝莊初，爲散騎常侍、鎮東將軍、河南尹。奬前後所歷，皆以明濟著稱。元顥入洛，顥以奬兼尚書右僕射，慰勞徐州，羽林及城人不承顥旨，害奬，傳首洛陽。

出帝時，奬故吏通直散騎常侍宋遊道上書理奬曰：「臣聞賞善罰惡，謂之二機，有道存焉，所貴不濫。是以子胥無罪，吴人痛之；郤宛不幸，國言未息。故河南尹李奬，門居戚里，世擅名家，有此良才，是兼周用。自少及長，忠孝爲心，入朝出牧，清明流譽。襟懷放暢，風神爽發，實廊廟之瑚璉，社稷之楨幹。往歲，北海竊據，負扆當朝，王公卿士，俛眉從事。而奬闔門百口，同居京洛，既被羈縶，自拔無由。託使東南，情存避難，當時物論謂其得所。然北海未敗之日，徐州刺史元孚爲其純臣，莫之敢距，表啓相望，遲速唯命。及皇輿返正，神器斯復，輕薄之徒，共生僥倖，詭言要賞，曲道求通，濫及善人，稱爲己力。若以獎受命賊朝，語跡成罪，便與天下共當此責。于時朝旨唯命免官，亦既經恩，方加酷濫。伊昔具臣，比肩賊所，身臨河上，日尋干戈，時逢寬政，任遇不改。一介使人，獨嬰斯戮，凡在有心，孰不嗟悼！前朝所以論功者，見其邊人且相慰悦，其猶郭默生亂，劉胤懸首，事乃權宜，蓋非實録。昔鄧艾下世，段灼理其冤；馬援物故，朱勃申其屈。臣雖小人，趣事君子，有懷舊恩，義兼人故，見其若此，久欲陳辭。含言未吐，遂至今日，幽泉已閉，壟樹成行，内手捫心，顧懷愧慨。幸逢興聖，理運唯新，雖曰纂戎，事同創革。頻有大恩，被於率土，亡官失爵者悉蒙追復。而獎雜木猶存，牛車未改。士感知己，懷此無忘，輕率瞽言，干犯輦轂。伏願天鑒，賜垂矜覽，加其贈秩，慰此幽魂。」詔贈衞將軍、冀州刺史。

子構，襲。武定末，太子中舍人。齊受禪，爵例降。

構弟訓，太尉默曹參軍。

獎弟諧，字虔和。風流閑潤，博學有文辯，當時才俊，咸相欽賞。受父前爵彭城侯。自太尉參軍，歷尚書郎、徐州北海王顥撫軍府司馬，入爲長兼中書侍郎。崔光引爲兼著作郎，諧在史職，無所厯意。加輔國將軍、相州大中正、光禄大夫，除金紫光禄大夫，加衞將軍。

元顥入洛，以爲給事黃門侍郎。顥敗，除名，乃爲述身賦曰：

夫休咎相躡，禍福相生。龜筮迷其兆，聖達蔽其萌。覽成敗於前迹，料趣捨於人情。咸爭途以走利，罕外己以逃名。連從車以載禍，多厩馬以取刑。豈知夫一介獨往，乃千乘所不能傾。伊薄躬之悔吝，無性命之淑靈。藉休庸於祖武，仰餘烈於家聲。徒從師以下學，乏遊道於上京。洎方年之四五，實始筮之弱齡。爰釋巾而從吏，謬邀寵於時明。

彼□□之赫赫，乃陋周而小漢。帝文篤其成功，我武治其未亂。掩四奧而同軌，穆三辰而貞觀。威北暢而武戢，鼎南遷而文煥。異人相趨於絳闕，鴻生接武於儒館。總羣雅而同歸，果方員而殊貫。伊濫吹之所從，初竊服於宰旅。奉盛王之高義，遊兔園而容與。綴鴻鷺之末行，連英髦之茂序。

及伯舅之西伐，赫靈旗之東舉。復奉役於前轅，仍執覊於後距。迫玄冬之暮歲，歷關山之遐阻。風激沙而破石，雪浮河而漫野。樂在志其無端，悲涉物而多緒。俄宫車之晏駕，改乘轅而歸予。

屬推恩之在今，自傍枝而禔福。既獻□以命宗，叨微躬於侯服。禮空文於覞饗，賦無征於湯沐。思守位而匪懈，每屏居而自肅。忽忝命於建禮，遊丹綺之重複。信茲選之爲難，乃上應於列宿。陽源猶且自免，何稱仲治與太叔。余生□之蕭散，本寓名而爲仕。好不存於吏法，才實疎於政理。竟火燭之不事，徒博弈其賢已。竊自託於諸生，頗馳騁於文史。通人假其餘論，士林察於□理。乃妄涉於風流，遂飾輩於士子。且以自託，□□□□。

雖邇傒塵滓，而賞許雲霞。栖閑虛以築館，背城闕而爲家。帶二學之高宇，遠三市之狹邪。事雖儉而未陋，製有度而不奢。山隱勢於複石，水回流於激沙。樹先春而動色，草迎歲而發花。座有清談之客，門交好事之車。或林嬉於月夜，或水宴於景斜。肆雕章之腴旨，咀文藝之英華。羞綠芰與丹藕，薦朱李及甘瓜。雖慚洛水之名致，有類金谷之諠譁。聊自足於所好，豈留連於或號。思炯戒而自反，勗身名於所蹈。奉哲后之淵猷，讚崇麾於華奧。豈千乘之乏使，感一眄之相勞。竟不留於三月，因病滿而休告。

彼東觀之清華，乃任隆於載筆。蔡一去而貽恨，張再還而有述。忽牽短而濫官，司惇史於藏室。慚班子之繁麗，微馬生之簡實。復通籍而延寵，陪帝扃之華密。信儀鳳之所栖，乃絲文之自出。歷五載而徘徊，猶官命之不改。謝能飛於無翼，故同滯於有待。晚加秩於戎章，乃□號之斯在。

屬運道之將季，諒冠屨之無礙。奄昇御於鼎湖，忽流哀於四海。昔漢命之中微，皇統於是三絕。暨孝昌之陵陂，亦繼□而禍結。將小雅之詩廢，復三綱之道滅。思跼蹐於時昏，獨沉吟於運閉。遂退處於窮里，不外交於人世。及數反於中興，驅時雄而電逝。既籍取亂之權，方乘轉圓之勢。俄隙開而守廢，遂冠冕之毀裂。彼膏原而塗野，嗟衞肝與嵇血。

何古今之一揆，每治少而亂多。盧遁身於東掖，荀竄迹於南羅。時獲逃於□皐，仍竄宿於巖阿。首丘急於明發，東路長其如何。遽登舟而鼓枻，乃沿洛而汎河。驚寸陰於不測，競征鳥於歸波。時在所而放命，連百萬於山東。何信都之巨猾，若封豕與大風。肆吞噬於鮨距，咸邑燼而野空。徑黎陽之寇聚，迫崖壘之渢隆。躁通川而鼎沸，矢交射於舟中。備百罹於玆日，諒陳蔡之非窮。乘虎口而獲濟，陵陽侯而迅往，得投憩於濮陽，實陶衞之舊壤。望鄉村而佇立，曾不遥之河廣。聞虜馬之夕嘶，見胡塵之晝上。

王略恢而廟勝，車徒發而雷響。扇風師之猛氣，張天罼之曾綱。裁一鼓而冰銷，俄氛祲之廓蕩。昔蘧生之出奔，覩亡徵於亂政。及季子之來反，乃君立而位定。伊吾人之蕞爾，本無傒於衰盛。忻草茅而偃伏，且優遊於辰慶。復推斥於宦流，延光華於璽命。甫聞内侍之忝，復奉優加之令。何金紫之陸離，鬱貂玉之相映。

時權定之云初，尚民心之易擾。何建武之明傑，茂雄姿於天表。忽靈命之有歸，藉親均而爭紹。師出楚而飈發，旆陵江而雲矯。闢閶闔之崢嶸，端冕旒於億兆。神駕逝以流越，翠華飈而繚繞。苟命舛而數違，雖功深而祚夭。時難忽然已及，網羅周其四張。非五三之親暱，罕狥節於漢陽。彼百寮之冠帶，咸北面於西王。矧恩疎而任遠，固身存而義亡。及宸居之反正，振天綱於頹綱。甄大義以明罰，虚半列於周行。乃褫帶而來反，驅下澤於故鄉。

探宿志以内求，撫身途而自計。不詭遇以邀合，豈釣名以干世。獨皓然而任己，同虚舟之不繫。既未識其所以來，亦豈知其所以逝。於是得喪同遺，忘懷自深。遇物栖息，觸地山林。雖因西浮之迹，何異東都之心。願自託於魚鳥，永得性於飛沉。庶保此以獲没，不再罪於當今。

孝靜初，遭母憂，還鄉里。徵爲魏尹，將軍如故，以禫制未終，表辭。朝議亦以爲優，仍許其讓。蕭衍求通和好，朝廷盛選行人，以諧兼散騎常侍，爲聘使主。諧至石頭，蕭衍遣其主客郎范胥當接。諧問胥曰：「主客在郎官幾時？」胥答曰：「我本訓冑虎門，適復今任。」諧言：「國子博士不應左轉爲郎。」胥答曰：「特爲應接遠賓，故權兼耳。」諧言：「屈己濟務，誠得事宜。由我一介行人，令卿左轉。」胥答曰：「自顧菲薄，不足對揚盛美，豈敢言屈。」胥問曰：「今猶尚暖，北間當小寒於此？」諧答曰：「地居陰陽之正，寒暑適時，不知多少。」胥曰：「所訪鄴下，豈是測影之地？」諧答曰：「皆是皇居帝里，相去不遠，可得統而言之。」胥曰：「洛陽既稱盛美，何事遷鄴？」諧答曰：「不常厥邑，于茲五邦，王者無外，所在關河，復何所怪？」胥曰：「殷人否危，故遷相耿，貴朝何爲而遷？」諧答：「聖人藏往知來，相時而動，何必俟於隆替？」胥曰：「金陵王氣兆於先代，黄旗紫蓋，本出東南，君臨萬邦，故宜在此。」諧答曰：「帝王符命，豈得與中國比隆？紫蓋黄旗，終於入洛，無乃自害也？有口之説，乃是俳諧，亦何足道！」蕭衍親問諧曰：「魏朝人士，德行四科之徒凡有幾人？」諧對曰：「本朝多士，義等如林，文武賢才，布在列位，四科之美，非無其人，庸短造次，無以備啓。」衍曰：「武王有亂臣十人，魏雖人物之盛，豈得頓如卿言？」諧曰：「愚謂周稱十人，本舉佐命，至於『濟濟多士』，實是文王之詩。皇朝廊廟之才，足與周人有競。」衍曰：「若爾，文足標異、武有冠絶者，便可指陳。」諧曰：「大丞相勃海王秉文經武，左右皇極，畫一九州，懸衡四海。録尚書、汝陽王元叔昭、尚書令元世儁，宗室之秀，綰政朝端。左僕射司馬子如、右僕射高隆之，並時譽民英，勠力匡輔。侍中高岳、侍中孫騰，勳賢忠亮，宣讚王猷。自餘才美不可具悉。」衍曰：「故宜輔弼幼主，永固基業，深不可言。」江南稱其才辯。

使還，除大司農卿，加驃騎將軍，轉祕書監。遇偏風廢頓。武定二年卒，年四十九，時人悼惜之。贈驃騎大將軍、衞尉卿、齊州刺史。所著文集，別有集録行於世。

長子嶽，武定末，司徒祭酒。

嶽弟庶，尚書南主客郎。

諧弟邕，字修穆。幼而儁爽，有逸才。著作佐郎、高陽王雍友。凡所交遊皆倍年，儁秀才藻之美，爲時所稱。年二十五，卒。贈鎮遠將軍、洛州刺史，謚曰文。

史臣曰：邢巒以文武才策，當軍國之任，内參機揆，外寄折衝，其緯世之器歟？李平以高明幹略，効智於時，出入當官，功名克著，蓋贊務之英也。

校勘記

〔一〕邢巒字洪賓　「洪賓」，延昌四年邢巒墓誌、御覽卷七一〇引談藪作「山賓」。

〔二〕河間鄚人　「鄚」，原作「鄭」，據北史卷四三邢巒傳、通志卷一五〇上改。按鄚乃漢以來舊縣，見漢書卷二八上地理志上涿郡，本書卷一〇六上地形志上瀛州河間郡屬縣有「鄚」，無「鄚」。延昌四年邢巒墓誌、邢偉墓誌正作「鄚」。

〔三〕憂務　北史卷四三邢巒傳、册府卷四七二、通志卷一五〇上並作「憂矜」。

〔四〕獻貿　原作「獻賀」，據三朝本、南監本、北監本、殿本、北史卷四三邢巒傳、通志卷一五〇上改。按表文稱魏之珍寶源於「蕃貢繼路，商賈交入」，知「獻貿」是。

〔五〕氾洪雅　按本書卷八世宗紀正始二年八月，「王足遣統軍紀洪雅……破衍軍」，據本書卷七三崔延伯傳附王足傳，王足「隸邢巒伐蜀」。「紀洪雅」與本傳「氾洪雅」當是同一人。通鑑卷一四六梁紀二天監四年八月亦作「紀洪雅」。

〔六〕舉等進師討之　「舉」，原作「懸」，據册府卷三五三改。按「舉」即指上文之「楊舉」，作「懸」無義。

〔七〕魯方達　原作「曾方達」。按「魯方達」見本書卷八世宗紀正始二年、卷九八島夷蕭衍傳，梁書卷一〇鄧元起傳，是此次戰事中梁朝重要將領，當時别無「曾方達」其人。通鑑卷一四六梁紀二天監四年四月、六月亦作「魯方達」。今據改。

〔八〕裙屐少年　「裙屐」，原作「裙劇」，據北史卷四三邢巒傳、通志卷一五〇上、通鑑卷一四六梁紀二天監四年十月改。

〔九〕便戮鄧元起　「鄧元起」，原作「鄧元超」。按蕭淵藻殺鄧元起，事見南史卷五五鄧元起傳。

梁書卷一〇鄧元起傳記元起「被收付州獄，於獄自縊」，微異，但死於淵藻之手則一。「超」字訛，今據改。

〔一〇〕謚以風清　「謚」，册府卷三六四作「既」，疑是。按「既以」與下「於焉」對文，文義爲長。

〔一一〕子蜀之舉　「子蜀」，册府卷三六四、通鑑卷一四六梁紀二天監四年十一月作「平蜀」。

〔一二〕比建議之始　通鑑卷一四六梁紀二天監四年十一月作「比道遷建義之始」。按「道遷」二字或是通鑑所增，然此處「建議」疑當作「建義」。

〔一三〕相文玉等率衆一萬屯於孤山　「相文玉」，按本書卷八世宗紀正始三年七月丙寅稱「衍將桓和寇孤山，陷固城」，八月壬寅又稱「邢巒破蕭衍將桓和於孤山」。卷九八島夷蕭衍傳同，並不見所謂「相文玉」。此傳下文兩見「文玉」，通鑑卷一四六梁紀二天監五年也作「桓和」。疑「相」爲「桓」之訛，「文玉」或是和字。

〔一四〕清南　原作「淮南」，據册府卷三五三、通鑑卷一四六梁紀二天監五年七月改。按宿豫城在泗水即清水旁，「淮」字訛。

〔一五〕必勝　「勝」，原作一字空格，他本並注「闕」，據册府卷四〇四補。

〔一六〕蕭密　本書卷八世宗紀正始三年四月作「蕭容」。按此人即梁臨川王蕭宏，「密」「容」都是避孝文帝元宏諱改。參見本書卷八校記〔二二〕。

〔一七〕士自弊苦　「士」下册府卷四〇四、通鑑卷一四六梁紀二天監五年十月有「卒」字，「苦」亦作

「若」，屬下讀。

〔一八〕隸豎　原作「隸賢」，據册府卷四二八改。

〔一九〕度公之在彼　原作「兼云□公在彼」，不可解，今據册府卷四二八補改。

〔二〇〕少卿馬慶哲　「馬慶哲」，北史卷四三邢巒傳附邢遜傳、通志卷一五〇上作「元慶哲」，疑是。按本書卷一六陽平王熙傳記元熙後裔有名慶哲者，「終於司農少卿」。

〔二一〕祖微　北史卷四三邢巒傳、通志卷一五〇上作「祖徵」。

〔二二〕害親者今不及子　「今」，北史卷四三邢巒傳附邢虯傳、通志卷一五〇上作「令」，册府卷四六九作「全」。

〔二三〕不則宜投之四裔　「不」，北史卷四三邢巒傳附邢虯傳、册府卷四六九、通志卷一五〇上無。真大成校證以爲「不」承上「不加孥戮」而衍。

〔二四〕仰憑天威抑厲將士　「抑厲」，真大成校證舉本書卷五九蕭寶夤傳「今仰仗神謀，俯厲將帥」及他語證，疑爲「俯厲」之訛。

〔二五〕去信都十里擒愉　「十里」，北史卷四三李崇傳附李平傳、册府卷三五三、通志卷一五〇上作「八十里」。又，「愉」字原闕，據三朝本、南監本、殿本補。

〔二六〕詩賦箴諫詠頌　按「諫」非文體名，疑爲「誄」之訛。

魏書卷六十六

列傳第五十四

李崇　崔亮

李崇，字繼長，小名繼伯，頓丘人也，文成元皇后第二兄誕之子。年十四，召拜主文中散，襲爵陳留公，鎮西大將軍。

高祖初，爲大使巡察冀州。尋以本官行梁州刺史。時巴氐擾動，詔崇以本將軍爲荆州刺史，鎮上洛，敕發陜秦二州兵送崇至治。崇辭曰：「邊人失和，本怨刺史，奉詔代之，自然易帖。但須一宣詔旨而已，不勞發兵自防，使懷懼也。」高祖從之。乃輕將數十騎馳到上洛，宣詔綏慰，當即帖然。尋勒邊戍，掠得蕭賾人者，悉令還之。南人感德，仍送荆州之口二百許人。兩境交和，無復烽燧之警。在治四年，甚有稱績。召還京師，賞賜隆厚。

以本將軍除兗州刺史。兗土舊多劫盜，崇乃村置一樓，樓懸一鼓，盜發之處，雙槌亂擊。四面諸村始聞者撾鼓一通，次復聞者以二爲節，次後聞者以三爲節，各擊數千槌。諸村聞鼓，皆守要路，是以盜發俄頃之間，聲布百里之内。其中險要，悉有伏人，盜竊始發，便爾擒送。諸州置樓懸鼓，自崇始也。後例降爲侯，改授安東將軍。

車駕南征，驃騎大將軍、咸陽王禧都督左翼諸軍事，詔崇以本官副焉。徐州降人郭陸聚黨作逆，人多應之，搔擾南北。崇遣高平人卜冀州詐稱犯罪，逃亡歸陸。陸納之，以爲謀主。數月，冀州斬陸送之，賊徒潰散。入爲河南尹。

後車駕南討漢陽，崇行梁州刺史。氐楊靈珍遣弟婆羅與子雙領步騎萬餘，襲破武興，與蕭鸞相結。詔崇爲使持節、都督隴右諸軍事，率衆數萬討之。崇槎山分進，出其不意，表裏以襲〔一〕。羣氐皆棄靈珍散歸，靈珍衆減太半。崇進據赤土，靈珍又遣從弟建率五千人屯龍門，躬率精勇一萬據鷩硤。龍門之北數十里中伐樹塞路，鷩硤之口積大木，聚礌石，臨崖下之，以拒官軍。崇乃命統軍慕容拒率衆五千，從他路夜襲龍門，破之。崇乃自攻靈珍，靈珍連戰敗走，俘其妻子。崇多設疑兵，襲剋武興。蕭鸞梁州刺史陰廣宗遣參軍鄭猷、王思考率衆援靈珍。崇大破之，并斬婆羅首，殺千餘人，俘獲猷等，靈珍走奔漢中。高祖在南陽，覽表大悦，曰：「使朕無西顧之憂者，李崇之功也。」以崇爲都督梁秦二州諸軍事、本將軍、梁州刺史。高祖手詔曰：「今仇、隴剋清，鎮捍以德，文人威惠既宣〔一一〕，寔允遠寄，故敕授梁州，用寧邊服。便可善思經略，去其可除，安其可育，公私所患，悉令芟夷。」及靈珍偷據白水，崇擊破之，靈珍遠遁。

世宗初，徵爲右衛將軍，兼七兵尚書。尋加撫軍將軍，正尚書。轉左衛將軍、相州大中正。魯陽蠻柳北喜、魯北燕等聚衆反叛，諸蠻悉應之，圍逼湖陽。游擊將軍李暉先鎮此城，盡力捍禦，賊勢甚盛。詔以崇爲使持節、都督征蠻諸軍事以討之。蠻衆數萬，屯據形要，以拒官軍。崇累戰破之，斬北燕等，徙萬餘户於幽并諸州。世宗追賞平氏之功，封魏昌縣開國伯，邑五百户。東荆州蠻樊安聚衆於龍山，僭稱大號，蕭衍共爲脣齒，遣兵應之。諸將擊討不利，乃以崇爲使持節、散騎常侍、都督征蠻諸軍事，進號鎮南將軍，率步騎以討之。崇分遣諸將，攻擊賊壘，連戰剋捷，生擒樊安，進討西荆，諸蠻悉降。

詔以崇爲使持節、兼侍中、東道大使，黜陟能否，著賞罰之稱。轉中護軍，出除散騎常侍、征南將軍、揚州刺史。詔曰：「應敵制變，筭非一途，救左擊右，疾雷均勢。今朐山蟻寇，久結未殄，賊衍狡詐，或生詭劫，宜遣鋭兵，備其不意。崇可都督淮南諸軍事，坐敦威重，遥運聲筭。」延昌初，加侍中、車騎將軍、都督江西諸軍事，刺史如故。

先是，壽春縣人苟泰有子三歲，遇賊亡失，數年不知所在。後見在同縣人趙奉伯家，泰以狀告。各言己子，並有隣證，郡縣不能斷。崇曰：「此易知耳。」令二父與兒各在別處，禁經數旬，然後遣人告之曰：「君兒遇患，向已暴死，有教解禁，可出奔哀也。」苟泰聞即號咷，悲不自勝；奉伯咨嗟而已，殊無痛意。崇察知之，乃以兒還泰，詰奉伯詐狀。奉伯乃款引云：「先亡一子，故妄認之。」又定州流人解慶賓兄弟，坐事俱徙揚州。弟思安背役亡歸，慶賓懼後役追責，規絕名貫，乃認城外死尸，詐稱其弟爲人所殺，迎歸殯葬。頗類思安，見者莫辨。又有女巫陽氏自云見鬼，說思安被害之苦，飢渴之意。慶賓又誣疑同軍兵蘇顯甫、李蓋等所殺，經州訟之，二人不勝楚毒，各自款引。獄將決竟，崇疑而停之。密遣二人非州內所識者，爲從外來，詣慶賓告曰：「僕住在此州〔三〕，去此三百。比有一人見過寄宿，夜中共語，疑其有異，便即詰問，迹其由緒。乃云是流兵背役逃走，姓解字思安。時欲送官，苦見求及，稱有兄慶賓，今住揚州相國城內，嫂姓徐，君脫矜愍，爲往報告，見申委曲，家兄聞此，必重相報，所有資財，當不愛惜。今但見質，若往不獲，送官何晚。是故相造，指申此意。君欲見雇幾何，當放賢弟。若其不信，可見隨看之。」慶賓悵然失色，求其少停，當備財物。此人具以報，崇攝慶賓問曰：「爾弟逃亡，何故妄認他尸？」慶賓伏引。更問蓋等，乃云自誣。數日之間，思安亦爲人縛送。崇召女巫視之，鞭笞一百。崇斷獄精審，皆此類也。

時有泉水湧於八公山頂，壽春城中有魚無數，從地湧出，野鴨羣飛入城，與鵲爭巢。五月，大霖雨十有三日，大水入城，屋宇皆没，崇與兵泊於城上。水增未已，乃乘船附於女牆，城不没者二板而已。州府勸崇棄壽春，保北山。崇曰：「吾受國重恩，忝守藩岳，德薄招災，致此大水。淮南萬里，繫于吾身。一旦動脚，百姓瓦解，揚州之地，恐非國物。昔王尊慷慨，義感黄河，吾豈愛一軀，取愧千載。但憐兹士庶，無辜同死，可桴筏隨高，人規自脱。吾必守死此城，幸諸君勿言。」時州人裴絢等受蕭衍假豫州刺史，因乘大水，謀欲爲亂，崇皆擊滅之。崇以洪水爲災，請罪解任。詔曰：「卿居藩累年，威懷兼暢，資儲豐溢，足制勍寇。然夏雨汎濫，斯非人力，何得以此辭解？今水涸路通，公私復業，便可繕甲積糧，修復城雉，勞恤士庶，務盡綏懷之略也。」崇又表請解州，詔報不聽。是時非崇，則淮南不守矣。

崇沈深有將略，寬厚善御衆，在州凡經十年，常養壯士數千人，寇賊侵邊，所向摧破，號曰「卧虎」，賊甚憚之。蕭衍惡其久在淮南，屢設反間，無所不至，世宗雅相委重，衍無以措其姦謀。衍乃授崇車騎大將軍、開府儀同三司、萬户郡公，諸子皆爲縣侯，欲以構崇。崇表言其狀，世宗屢賜璽書慰勉之。賞賜珍異，歲至五三，親待無與爲比。衍每歎息，服世宗之能任崇也。

肅宗踐祚，褒賜衣馬。及蕭衍遣其游擊將軍趙祖悅襲據西硤石，更築外城，逼徙緣淮之人於城内。又遣二將昌義之、王神念率水軍泝淮而上，規取壽春。田道龍寇邊城，路長平寇五門，胡興茂寇開霍。揚州諸戍，皆被寇逼。崇分遣諸將，與之相持。密裝船艦二百餘艘，教之水戰，以待臺軍。蕭衍霍州司馬田休等率衆寇建安，崇遣統軍李神擊走之。又命邊城戍主邵申賢要其走路，破之於濡水，俘斬三千餘人。靈太后璽書勞勉。許昌縣令兼紵麻戍主陳平玉南引衍軍，以戍歸之。崇自秋請援，表至十餘。詔遣鎮南將軍崔亮救硤石，鎮東將軍蕭寶夤於衍堰上流決淮東注。朝廷以諸將乖角，不相順赴，乃以尚書李平兼右僕射，持節節度之。崇遣李神乘鬬艦百餘艘，沿淮與李平、崔亮合攻硤石。李神水軍克其東北外城，祖悅力屈乃降，語在平傳。朝廷嘉之，進號驃騎將軍、儀同三司，刺史、都督如故。衍淮堰未破，水勢日增。崇乃於硤石戍間編舟爲橋，北更立船樓十，各高三丈，十步置一籬，至兩岸，蕃板裝治，四箱解合，賊至舉用，不戰解下。又於樓船之北，連覆大船，東西竟水，防賊火栰。又於八公山之東南，更起一城，以備大水，州人號曰魏昌城。崇累表解州，前後十餘上，肅宗乃以元志代之。尋除都督冀定瀛三州諸軍事、驃騎大將軍、冀州刺史，儀同如故。不行。

崇上表曰：

臣聞世室明堂，顯於周夏；二黌兩學，盛自虞殷。所以宗配上帝，以著莫大之嚴；宣布下土，以彰則天之軌。養黄髮以詢格言，育青襟而敷典式，用能享國久長，風徽萬祀者也。故孔子稱巍巍乎其有成功，郁郁乎其有文章，此其盛矣。爰暨亡秦，政失其道，坑儒滅學，以蔽黔首。國無黌序之風，野有非時之役，故九服分崩，祚終二世。炎漢勃興，更修儒術，文景已降，禮樂復彰，化致昇平，治幾刑措。故西京有六學之美，東都有三本之盛，莫不紛綸掩藹，響流無已。逮自魏晉，撥亂相因〔四〕，兵革之中，學校不絶，遺文燦然，方軌前代。

仰惟高祖孝文皇帝稟聖自天，道鏡今古，徙馭嵩河，光宅函洛，模唐虞以革軌儀，規周漢以新品制，列教序於鄉黨，敦詩書於郡國。使揖讓之禮，橫被於崎嶇；歌詠之音，聲溢於仄陋。但經始事殷，戎軒屢駕，未遑多就，弓劍弗追。世宗統曆，聿遵先緒，永平之中，大興板築，續以水旱，戎馬生郊，雖逮爲山，還停一簣。

竊惟皇遷中縣，垂二十祀。而明堂禮樂之本，乃鬱荆棘之林；膠序德義之基，空盈牧豎之跡。城隍嚴固之重，闕塼石之工；墉堞顯望之要，少樓榭之飾。加以風雨稍侵，漸致虧墜。又府寺初營，頗亦壯美，然一造至今，更不修繕，廳宇凋朽，牆垣頹壞，皆非所謂追隆堂構，儀形萬國者也。伏聞朝議，以高祖大造區夏，道侔姬文，擬祀明堂，式配上帝。今若基宇不修，仍同丘畎，即使高皇神享，闕於國陽，宗事之典，有聲無實。此臣子所以匪寧，億兆所以失望也。

臣又聞官方授能，所以任事，事既任矣，酬之以禄。如此，上無曠官之譏，下絶尸素之謗。今國子雖有學官之名，而無教授之實，何異兔絲燕麥，南箕北斗哉！昔劉向有言：「王者宜興辟雍，陳禮樂，以風化天下。夫禮樂所以養人，刑法所以殺人，而有司勤勤請定刑法，至於禮樂，則曰未敢，是則敢於殺人，不敢於養人也。」臣以爲當今四海清平，九服寧晏，經國要重，理應先營；脱復稽延，則劉向之言徵矣。但事不兩興，須有進退。以臣愚量，宜罷尚方雕靡之作，頗省永寧土木之功，并減瑶光材瓦之力，兼分石窟鐫琢之勞，及諸事役非急者，三時農隙，修此數條。使辟雍之禮，蔚爾而復興；諷誦之音，焕然而更作。美榭高墉，嚴壯於外；槐宫棘宇，顯麗於中。道發明令〔五〕，重遵鄉飲，敦進郡學，精課經業。如此，則元、凱可得之於上序，游夏可致之於下國，豈不休歟！誠知佛理淵妙，含識所宗，然比之治要，容可小緩。苟使魏道熙緝，元首唯康，爾乃經營，未爲晚也。

靈太后令曰：「省表，具悉體國之誠。配饗大禮，爲國之本，比以戎馬在郊，未遑修繕。今四表晏寧，年和歲稔，當敕有司别議經始。」

除中書監、驃騎大將軍，儀同如故。又授右光禄大夫，出爲使持節、侍中、都督定幽燕瀛四州諸軍事、本將軍、定州刺史，儀同如故。徵拜尚書左僕射，加散騎常侍，驃騎、儀同如故。遷尚書令，加侍中。崇在官和厚，明於決斷，受納辭訟，必理在可推，始爲下筆，不徒爾收領也。然性好財貨，販肆聚斂，家資巨萬，營求不息。子世哲爲相州刺史，亦無清白狀。鄰洛市鄽，收擅其利，爲時論所鄙。

蠕蠕主阿那瓌率衆犯塞，詔崇以本官都督北討諸軍事以討之。崇辭於顯陽殿，戎服武飾，志氣奮揚，時年六十九，幹力如少。肅宗目而壯之，朝廷莫不稱善。崇遂出塞三千餘里，不及賊而還。

後北鎮破落汗拔陵反叛，所在響應。征北將軍、臨淮王彧大敗於五原，安北將軍李叔仁尋敗於白道，賊衆日甚。詔引丞相、令、僕、尚書、侍中、黄門於顯陽殿，詔曰：「朕比以鎮人搆逆，登遣都督臨淮王剋時除翦。軍屆五原，前鋒失利，二將殞命，兵士挫衂。又武川乖防，復陷凶手。恐賊勢侵淫，寇連恒朔。金陵在彼，夙夜憂惶。諸人宜陳良策，以副朕懷。」吏部尚書元脩義曰：「彊寇充斥，事須得討。臣謂須得重貴，鎮壓恒朔，總彼師旅，備衞金陵。」詔曰：「去歲阿那瓌叛逆，遣李崇令北征，崇遂長驅塞北，返旆榆關，此亦一時之盛。崇乃上表求改鎮爲州，罷削舊貫。朕于時以舊典難革，不許其請。尋李崇此表，開諸鎮非異之心〔六〕，致有今日之事。但既往難追，爲復略論此耳。朕以李崇國戚望重，器識英斷，意欲還遣崇行，總督三軍，揚旌恒朔，除彼羣盜。諸人謂可爾以不？」僕射蕭寶夤等曰：「陛下以舊都在北，憂慮金陵，臣等實懷悚息。李崇德位隆重，社稷之臣，陛下此遣，實合羣望。」崇啓曰：「臣實無用，猥蒙殊寵，位妨賢路，遂充北伐。徒勞將士，無勳而還，慚負聖朝，於今莫已。臣以六鎮幽垂，與賊接對，鳴柝聲弦，弗離旬朔。州名差重於鎮，謂實可悦彼心，使聲教日揚，微塵去塞。豈敢導此凶源，開生賊意。臣之愆負，死有餘責。屬陛下慈寬，賜全腰領。今更遣臣北行，正是報恩改過，所不敢辭。但臣年七十，自惟老疾，不堪敵場，更願英賢，收功盛日。」

於是詔崇以本官加使持節、開府、北討大都督，撫軍將軍崔暹，鎮軍將軍、廣陽王淵皆受崇節度。又詔崇子光禄大夫神軌，假平北將軍，隨崇北討。崇至五原，崔暹大敗于白道之北，賊遂并力攻崇。崇與廣陽王淵力戰〔七〕，累破賊衆，相持至冬，乃引還平城。淵表崇長史祖瑩詐增功級，盜没軍資。崇坐免官爵，徵還，以後事付淵。

後徐州刺史元法僧以彭城南叛，時除安樂王鑒爲徐州刺史以討法僧，爲法僧所敗，單馬奔歸。乃詔復崇官爵，爲徐州大都督，節度諸軍事。會崇疾篤，乃以衞將軍、安豐王延明代之。改除開府、相州刺史，侍中、將軍、儀同並如故。孝昌元年薨於位，時年七十一。

贈侍中、驃騎大將軍、司徒公、雍州刺史，謚曰武康。後重贈太尉公，增邑一千户，餘如故。

長子世哲，性輕率，供奉豪侈。少經征役，頗有將用〔八〕。自司徒中兵參軍，超爲征虜將軍、驍騎將軍。尋還後將軍，爲三關别將，討羣蠻，大破之，斬蕭衍龍驤將軍文思之等。還拜鴻臚少卿。性傾巧，善事人，亦以貨賂自達。高肇、劉騰之處勢也，皆與親善，故世號爲「李錐」。肅宗末，遷宗正卿，加平南將軍，轉大司農卿，仍本將軍。又改授太僕卿，加鎮東將軍。尋出爲相州刺史，將軍如故。世哲至州，斥逐細人，遷徙佛寺，逼買其地，廣興第宅，百姓患之。崇北征之後，徵兼太常卿。御史高道穆毁發其宅，表其罪過。後除鎮西將軍、涇州刺史，賜爵衛國子。正光五年七月卒。賻帛五百匹、朝服一襲，贈散騎常侍、衛將軍、吏部尚書、冀州刺史，子如故。

世哲弟神軌，受父爵陳留侯。自給事中，稍遷員外常侍、光禄大夫。累出征討，頗有將領之氣。孝昌中，爲靈太后寵遇，勢傾朝野，時云見幸帷幄，與鄭儼爲雙，時人莫能明也。頻遷征東將軍、武衛將軍、給事黄門侍郎，常領中書舍人。時相州刺史、安樂王鑒據州反，詔神軌與都督源子邕等討平之。武泰初，蠻帥李洪扇動諸落，伊闕已東，至於鞏縣，多被燒劫。詔神軌爲都督，破平之。尒朱榮之向洛也，復爲大都督，率衆禦之。出至河橋，值北中不守，遂便退還。尋與百官候駕於河陰，仍遇害焉。建義初，贈侍中、驃騎大將軍、司空公、相州刺史，謚曰烈。

崔亮，字敬儒，清河東武城人也。父元孫，劉駿尚書郎。劉彧之僭立也，彧青州刺史沈文秀阻兵叛之。彧使元孫討文秀，爲文秀所害。亮母房氏，攜亮依冀州刺史崔道固於歷城，道固即亮之叔祖也。及慕容白曜之平三齊，内徙桑乾，爲平齊民。時年十歲，常依季父幼孫，居家貧，傭書自業。

時隴西李沖當朝任事，亮從兄光往依之，謂亮曰：「安能久事筆硯，而不往託李氏也？彼家饒書，因可得學。」亮曰：「弟妹飢寒，豈可獨飽？自可觀書於市，安能看人眉睫乎！」光言之於沖，沖召亮與語，因謂亮曰：「比見卿先人相命論，使人胸中無復怵迫之念。今遂亡本，卿能記之不？」亮即爲誦之，涕淚交零，聲韻不異。沖甚奇之，迎爲館客。沖謂其兄子彥曰：「大崔生寬和篤雅，汝宜友之；小崔生峭整清徹，汝宜敬之。二人終將大至。」沖薦之爲中書博士。轉議郎，尋遷尚書二千石郎。

高祖在洛，欲創革舊制，選置百官，謂羣臣曰：「與朕舉一吏部郎，必使才望兼允者，給卿三日假。」又一日，高祖曰：「朕已得之，不煩卿輩也。」馳驛徵亮兼吏部郎。俄爲太子中舍人，遷中書侍郎，兼尚書左丞。亮雖歷顯任，其妻不免親事舂簸。高祖聞之，嘉其清貧，詔帶野王令。世宗親政，遷給事黄門侍郎，仍兼吏部郎，領青州大中正。亮自參選事，垂將十年〔九〕，廉慎明決，爲尚書郭祚所委〔一〇〕，每云：「非崔郎中，選事不辦。」

尋除散騎常侍，仍爲黄門。遷度支尚書，領御史中尉。自遷都之後，經略四方，又營洛邑，費用甚廣。亮在度支，別立條格，歲省億計。又議修汴蔡二渠，以通邊運，公私賴焉。侍中、廣平王懷以母弟之親，左右不遵憲法，敕亮推治。世宗禁懷不通賓客者久之。後因宴集，懷恃親使忿，欲陵突亮。亮乃正色責之，即起於世宗前，脱冠請罪，遂拜辭欲出。世宗曰：「廣平麤疎，向來又醉，卿之所悉，何乃如此也？」遂詔亮復坐，令懷謝焉。亮外雖方正，内亦承候時情，宣傳左右郭神安頗被世宗識遇，以弟託亮，亮引爲御史。及神安敗後，因集禁中，世宗令兼侍中盧昶宣旨責亮曰：「在法官何故受左右囑請？」亮拜謝而已，無以上對。轉都官尚書，又轉七兵，領廷尉卿，加散騎常侍，中正如故。徐州刺史元昞撫御失和，詔亮馳馹安撫。亮至，劾昞，處以大辟，勞賚綏慰，百姓怗然。

除安西將軍、雍州刺史。城北渭水淺不通船，行人艱阻。亮謂寮佐曰：「昔杜預乃造河梁，況此有異長河，且魏晉之日亦自有橋，吾今決欲營之。」咸曰：「水淺，不可爲浮橋，汎長無恒，又不可施柱，恐難成立。」亮曰：「昔秦居咸陽，横橋渡渭，以像閣道，此即以柱爲橋。今唯慮長柱不可得耳。」會天大雨，山水暴至，浮出長木數百根。藉此爲用，橋遂成立，百姓利之，至今猶名崔公橋。亮性公清，敏于斷決，所在並號稱職，三輔服其德政。世宗嘉之，詔賜衣馬被褥。後納其女爲九嬪，徵爲太常卿，攝吏部事。

肅宗初，出爲撫軍將軍、定州刺史。蕭衍左游擊將軍趙祖悦率衆偷據硤石。詔亮假鎮南將軍，齊王蕭寶夤鎮東將軍，章武王融安南將軍，並使持節、都督諸軍事以討之。靈太后勞遣亮等，賜戎服雜物。亮至硤石，祖悦出城逆戰，大破之。賊復於城外置二栅，欲拒官軍，亮焚擊破之，殺三千餘人。亮與李崇爲水陸之期，日日進攻，而崇不至。及李平至，崇乃進軍，共平硤石，語在平傳。靈太后賜亮璽書曰：「硤石既平，大勢全舉，淮堰孤危，自將奔遁。若仍敢遊魂，此當易以立計，擒翦蟻徒，應在旦夕。將軍推轂所憑，親對其事，處分經略，宜共協齊，必令得掃盪之理，盡彼遺燼也。隨便守禦，及分渡掠截，扼其咽喉，防塞走路，期之全獲，無令漏逸。若畏威降首者，自加蠲宥，以仁爲本，任之雅筭。一二往使别宣。」以功進號鎮北將軍。

李平部分諸軍，將水陸兼進，以討堰賊。亮違平節度，以疾請還，隨表而發。平表曰：「臣以蕭衍將湛僧珍、田道龍遊魂境内，猶未收跡，義之、神念尚住梁城，令都督崔亮權據下蔡，别將瓫生即往東岸，與亮接勢，以防橋道。臣發引向堰，舍人曹道至，奉敕更有處分，而亮已輒還京。按亮受付東南，推轂是託，誠應憂國忘家，致命爲限。而始届汝陰，磐桓不進；暨到寇所，停淹八旬；所營土山攻道，並不克就。損費糧力，坐延歲序。賴天威遠被，士卒憤激，東北騰上，垂至北門；而亮遲回，仍不肯上，臣逼以白刃，甫乃登陟。及平硤石，宜聽處分，方更肆其專恣，輕輒還歸。此而不糾，法將焉寄？按律『臨軍征討而故留不赴者死』，又云『軍還先歸者流』。軍罷先還，尚有流坐，況亮被符令停，委棄而反，失乘勝之機，闕水陸之會？緣情據理，咎深『故留』。今處亮死，上議。」靈太后令曰：「亮爲臣不忠，去留自擅，既損威稜，違我經略。雖有小捷，豈免大咎。但吾攝御萬幾，庶茲惡殺，可特聽以功補過。」及平至，亮與爭功於禁中，形於聲色。

尋除殿中尚書，遷吏部尚書。時羽林新害張彝之後，靈太后令武官得依資入選。官員既少，應選者多，前尚書李韶循常擢人，百姓大爲嗟怨。亮乃奏爲格制，不問士之賢愚，專以停解日月爲斷。雖復官須此人，停日後者終於不得；庸才下品，年月久者灼然先用。沈滯者皆稱其能。亮外甥司空諮議劉景安書規亮曰：「殷周以鄉塾貢士，兩漢由州郡薦才，魏晉因循，又置中正。諦觀在昔，莫不審舉，雖未盡美，足應十收六七。而朝廷貢秀才〔一一〕，止求其文，不取其理；察孝廉唯論章句，不及治道；立中正不考人才行業，空辨氏姓高下。至於取士之途不溥，沙汰之理未精。而舅屬當銓衡，宜須改張易調。如之何反爲停年格以限之？天下士子誰復修厲名行哉！」亮答書曰：「汝所言乃有深致。吾乘時邀幸，得爲吏部尚書。當其壯也，尚不如人，況今朽老而居帝難之任。常思同昇舉直〔二〕，以報明主之恩；盡忠竭力，不爲貽厥之累。昨爲此格，有由而然，今已爲汝所怪，千載之後，誰知我哉？可靜念吾言，當爲汝論之。吾兼、正六爲吏部郎，三爲尚書，銓衡所宜，頗知之矣。但古今不同，時宜須異。何者？昔有中正，品其才第，上之尚書，尚書據狀，量人授職，此乃與天下羣賢共爵人也。吾謂當爾之時，無遺才，無濫舉矣，而汝猶云十收六七。況今日之選專歸尚書，以一人之鑒照察天下。劉毅所云：『一吏部、兩郎中而欲究竟人物，何異以管闚天，而求其博哉。』今勳人甚多，又羽林入選，武夫崛起，不解書計，唯可彍弩前驅，指蹤捕噬而已。忽令垂組乘軒，求其烹鮮之效，未曾操刀，而使專割。又武人至多，官員至少，不可周溥。設令十人共一官，猶無官可授，況一人望一官，何由可不怨哉？吾近面執，不宜使武人入選，請賜其爵，厚其祿。既不見從，是以權立此格，限以停年耳。昔子產鑄刑書以救弊，叔向譏之以正法，何異汝以古禮難權宜哉！仲尼云：德我者亦春秋，罪我者亦春秋。吾之此指，其由是也。但令當來君子，知吾意焉。」後甄琛、元脩義、城陽王徽相繼爲吏部尚書，利其便己，踵而行之。自是賢愚同貫，涇渭無別，魏之失才，從亮始也。

轉侍中、太常卿，尋遷左光禄大夫、尚書右僕射。時劉騰擅權，亮託妻劉氏，傾身事之，故頻年之中名位隆赫，有識者譏之。轉尚書僕射，加散騎常侍。正光二年秋，疽發於背，肅宗遣舍人問疾，亮上表乞解僕射〔一三〕，送所負荷及印綬，詔不許。尋卒，詔給東園祕器、朝服一襲，賵物七百段、蠟三百斤。贈使持節、散騎常侍、車騎大將軍、儀同三司、冀州刺史，謚曰貞烈。亮在雍州，讀杜預傳，見爲八磨，嘉其有濟時用，遂教民爲碾。及爲僕射，奏於張方橋東堰穀水造水碾磨數十區，其利十倍，國用便之。亮有三子，士安、士和、士泰，並彊幹善於當世。

士安，歷尚書比部郎，卒於諫議大夫。贈左將軍、光州刺史。無子，弟士和以子乾亨繼。

乾亨，武定中，尚書都兵郎中。

士和，歷司空主簿、通直郎。從亮征硤石，以軍勳拜冠軍將軍、中散大夫、西道行臺元脩義左丞，行涇州事。蕭寶夤之在關中，高選寮佐，以爲督府長史。時莫折念生遣使詐降，寶夤表士和兼度支尚書，爲隴右行臺，令入秦撫慰，爲念生所害。

士泰，歷給事中、司空從事中郎、諫議大夫、司空司馬。肅宗末，荆蠻侵斥，以士泰爲龍驤將軍、征蠻別將，事平，以功賜爵五等男。建義初，遇害於河陰。贈都督青兗二州諸軍事、鎮東將軍、青州刺史，謚曰文肅。

子肇師，襲爵。武定末，中書舍人。

亮弟敬默，奉朝請。卒於征虜長史，贈南陽太守。

子思韶，從亮征硤石，以軍功賜爵武城子，爲冀州別駕。

敬默弟隱處〔一四〕，青州州都。亮以其賤出，殊不經紀，論者譏焉。

亮從父弟光韶，事親以孝聞。初除奉朝請。光韶與弟光伯雙生，操業相侔，特相友愛，遂經吏部尚書李沖，讓官於光伯，辭色懇至。沖爲奏聞，高祖嘉而許之。太和二十年，以光韶爲司空行參軍，復請讓從叔和，曰：「臣誠微賤，未登讓品，屬逢唐朝，恥無讓德。」和亦謙退，辭而不當。高祖善之，遂以和爲廣陵王國常侍。尋敕光韶兼祕書郎，掌校華林御書。

肅宗初，除青州治中，後爲司空騎兵參軍，又兼司徒户曹。出爲濟州輔國府司馬，刺史高植甚知之，政事多委訪焉。遷青州平東府長史，府解，敕知州事。光韶清直明斷，民吏畏愛之。入爲司空從事中郎，以母老解官歸養，賦詩展意，朝士屬和者數十人。久之，徵爲司徒諮議，固辭不拜。光韶性嚴毅，聲韻抗烈，與人平談，常若震厲。至於兄弟議論，外聞謂爲忿怒，然孔懷雍睦，人少逮之。

孝莊初，河間邢杲率河北流民十餘萬衆，攻逼州郡。刺史元儁憂不自安，州人乞光韶爲長史以鎮之。時陽平路回寓居齊土，與杲潛相影響，引賊入郭。光韶臨機處分，在難確然。賊退之後，刺史表光韶忠毅，朝廷嘉之，發使慰勞焉。尋爲東道軍司。及元顥入洛，自河以南，莫不風靡。而刺史、廣陵王欣集文武以議所從。欣曰：「北海、長樂俱是同堂兄弟，今宗祏不移，我欲受赦，諸君意各何如？」在坐之人莫不失色，光韶獨抗言曰：「元顥受制梁國，稱兵本朝，拔本塞源，以資讎敵，賊臣亂子，曠代少儔，何但大王家事！所宜切齒。等荷朝眷，未敢仰從。」長史崔景茂、前瀛州刺史張烈、前郢州刺史房叔祖、徵士張僧皓咸云：「軍司議是。」欣乃斬顥使。

尋徵輔國將軍、廷尉少卿。未至，除太尉長史，加左將軍，俄遷廷尉卿。時祕書監祖瑩以贓罪被劾，光韶必欲致之重法。太尉、城陽王徽〔一五〕，尚書令、臨淮王彧，吏部尚書李神儁，侍中李彧，並勢望當時，皆爲瑩求寬。光韶正色曰：「朝賢執事，於舜之功未聞有一，如何反爲罪人言乎！」其執意不回如此。

永安末，擾亂之際，遂還鄉里。光韶博學彊辯，尤好理論，至於人倫名教得失之間，摧而論之，不以一毫假物。家足於財，而性儉吝，衣馬弊瘦，食味麤薄。始光韶在都，同里人王蔓於夜遇盜，害其二子。孝莊詔黄門高道穆令加檢捕，一坊之内，家别搜索。至光韶宅，綾絹錢布，匱篋充積。議者譏其矯嗇。其家資産，皆光伯所營。光伯亡，悉焚其契。河間邢子才曾貸錢數萬，後送還之。光韶曰：「此亡弟相貸，僕不知也。」竟不納。刺史元弼前妻，是光韶之繼室兄女，而弼貪惏，多諸不法，光韶以親情，亟相非責，弼銜之。時耿翔反於州界，弼誣光韶子通與賊連結，囚其合家，考掠非理，而光韶與之辯爭，辭色不屈。會樊子鵠爲東道大使，知其見枉，理出之。時人勸令詣樊陳謝〔一六〕，光韶曰：「羊舌大夫已有成事，何勞往也。」子鵠亦歎尚之。後刺史侯淵代下疑懼，停軍益都，謀爲不軌。令數百騎夜入南郭，劫光韶，以兵脅之，責以謀略。光韶曰：「凡起兵者，須有名義，使君今日舉動直是作賊耳。父老知復何計？」淵雖恨之，敬而不敢害。尋除征東將軍、金紫光禄大夫，不起。

光韶以世道屯邅，朝廷屢變，閉門却掃，吉凶斷絶。誡子孫曰：「吾自謂立身無慚古烈，但以禄命有限，無容希世取進。在官以來，不冒一級，官雖不達，經爲九卿。且吾平生素業，足以遺汝，官閥亦何足言也。吾既運薄，便經三娶，而汝之兄弟各不同生，合葬非古，吾百年之後，不須合也。然贈謚之及，出自君恩，豈容子孫自求之也，勿須求贈。若違吾志，如有神靈，不享汝祀。吾兄弟自幼及老，衣服飲食未曾一片不同，至於兒女官婚榮利之事，未嘗不先以推弟。弟頃橫禍，權作松櫬，亦可爲吾作松棺，使吾見之。」卒年七十一。孝靜初，侍中賈思同申啓，稱述光韶，贈散騎常侍、驃騎將軍、青州刺史。

光韶弟光伯，尚書郎、青州別駕。後以族弟休臨州，遂申牒求解。尚書奏：「按禮：始封之君不臣諸父昆弟，封君之子臣昆弟不臣諸父，封君之孫得盡臣。計始封之君，即是世繼之祖，尚不得臣，況今之刺史，既非世繼，而得行臣吏之節，執笏稱名者乎？檢光伯請解，率禮不愆，請宜許遂，以明道教。」靈太后令從之。尋除北海太守，有司以其更滿，依例奏代。肅宗詔曰：「光伯自莅海沂，清風遠著，兼其兄光韶復能辭榮侍養，兄弟忠孝，宜有甄録，可更申三年，以厲風化。」後歷太傅諮議參軍。

前廢帝時，崔祖螭、張僧皓起逆，攻東陽，旬日之間，衆十餘萬。刺史、東萊王貴平欲令光伯出城慰勞。兄光韶曰：「城民陵縱，爲日已久，人人恨之，其氣甚盛。古人有言『衆怒如水火焉』，以此觀之，今日非可慰諭止也。」貴平彊之，光韶曰：「使君受委一方，董攝萬里，而經略大事，不與國士圖之。所共腹心，皆趨走羣小。既不能綏遏以杜其萌，又不能坐觀待其衰挫。蹙迫小弟，從爲無名之行。若單騎獨往，或見拘縶，若以衆臨之，勢必相拒敵，懸見無益也。」貴平逼之，不得已，光伯遂出城。數里，城民以光伯兄弟羣情所繫，慮人劫留，防衛者衆。外人疑其欲戰，未及曉諭，爲飛矢所中，卒。贈征東將軍、青州刺史。

子滔，武定末，殷州别駕。

史臣曰：李崇以風質英重，毅然秀立，任當將相，望高朝野，美矣。崔亮既明達後事，動有名迹，於斷年之選，失之逾遠，救弊未聞，終爲國蠹，「無所茍而已」，其若是乎？光韶居雅仗正，有國士之風矣。

校勘記

〔一〕表裏以襲　「以」，册府卷三五三作「攻」。

〔二〕文人威惠既宣　「文人」，宋本册府卷一三二作「乂人」，册府卷一三二作「爾之」。按作「文人」不可通，據文義似作「爾之」是，但恐是明人以意改。疑正文「鎮捍」下有脱文，「以德乂人」連讀，傳本「乂」訛「文」。

〔三〕住在此州　「此」，北史卷四三李崇傳、御覽卷七三四引後魏書、册府卷六九五、通志卷一五〇上並作「北」。

〔四〕撥亂　册府卷五八三作「廢亂」，疑是。但宋本册府亦作「撥亂」。

〔五〕道發明令　「道」，册府卷五八三作「更」，疑是。

〔六〕開諸鎮非異之心　册府卷一一九作「開鎮人非冀之心」。

〔七〕廣陽王淵　「廣陽」，原作「廣陵」，據三朝本、南監本、殿本改。按元淵封廣陽王，見本書卷一八廣陽王建傳附元淵傳（傳文據北史補，諱「淵」作「深」），傳稱北鎮反，「詔深爲北道大都督，受尚書令李崇節度」，亦與此合。

〔八〕頗有將用　「有」，原作「在」，據北監本、殿本改。

〔九〕亮自參選事垂將十年　「十年」，御覽卷二一六引後魏書、通典卷二三職官五作「二十年」。

〔一〇〕尚書郭祚　「郭祚」，原作「郭柜」，據北史卷四四崔亮傳改。按郭祚於宣武帝初即兼吏部尚書，後正除尚書，見本書卷六四郭祚傳，別無「郭柜」其人爲此官。

〔一一〕朝廷貢秀才　「秀」字原闕，據册府卷六三八補。按當時秀才試文，孝廉試經，此處「貢秀才」和下「察孝廉」並舉，顯脱「秀」字。

〔一二〕同昇舉直　册府卷八四九作「昇賢舉直」，文義較明白。

〔一三〕乞解僕射　「乞解」，原作墨釘，據三朝本、南監本、殿本補。

〔一四〕敬默弟隱處　「隱處」，北史卷四四崔亮傳作「敬遠」。按亮字敬儒，弟兄似以「敬」字排行，疑作「敬遠」是。或「隱處」作「隱居」解，上下有脱文。

〔一五〕城陽王徽　「城陽」，原作「陽城」，據局本乙正。按，北魏並無陽城王，元徽爵爲城陽王，見本書卷一九下城陽王長壽傳附元徽傳。

〔一六〕詣樊陳謝　「詣」，原作「諸」，據南監本、北監本、殿本改。

魏書卷六十七

列傳第五十五

崔光

崔光，本名孝伯，字長仁，高祖賜名焉，東清河鄃人也。祖曠，從慕容德南渡河，居青州之時水。慕容氏滅，仕劉義隆爲樂陵太守。父靈延，劉駿龍驤將軍、長廣太守，與劉彧冀州刺史崔道固共拒國軍。

慕容白曜之平三齊，光年十七，隨父徙代。家貧好學，晝耕夜誦，傭書以養父母。太和六年，拜中書博士，轉著作郎，與祕書丞李彪參撰國書。遷中書侍郎、給事黃門侍郎，甚爲高祖所知待。常曰：「孝伯之才，浩浩如黃河東注，固今日之文宗也。」以參贊遷都之謀，賜爵朝陽子，拜散騎常侍，黃門、著作如故，又兼太子少傅。尋以本官兼侍中、使持節，爲陜西大使，巡方省察，所經述敍古事，因而賦詩三十八篇。還，仍兼侍中，以謀謨之功，進爵爲伯。

光少有大度，喜怒不見於色，有毁惡之者，必善言以報之，雖見誣謗，終不自申曲直。皇興初，有同郡二人並被掠爲奴婢，後詣光求哀，光乃以二口贖免。高祖聞而嘉之。雖處機近，曾不留心文案，唯從容論議，參贊大政而已。高祖每對羣臣曰：「以崔光之高才大量，若無意外咎譴，二十年後當作司空。」其見重如是。又從駕破陳顯達。世宗即位，正除侍中。

初，光與李彪共撰國書，太和之末，彪解著作，專以史事任光。彪尋以罪廢。世宗居諒闇，彪上表求成魏書，詔許之，彪遂以白衣於祕書省著述。光雖領史官，以彪意在專功，表解侍中、著作以讓彪，世宗不許。遷太常卿，領齊州大中正。

正始元年夏，有典事史元顯獻四足四翼雞，詔散騎侍郎趙邕以問光，光表答曰：

臣謹按：漢書五行志：宣帝黄龍元年，未央殿路軨中，雌雞化爲雄，毛變而不鳴不將，無距。元帝初元中，丞相府史家雌雞伏子，漸化爲雄，冠距鳴將。永光中，有獻雄雞生角。劉向以爲雞者小畜，主司時起居，小臣執事爲政之象也。言小臣將乘君之威，以害政事，猶石顯也。竟寧元年，石顯伏辜，此其效也。靈帝光和元年，南宫寺雌雞欲化爲雄，一身毛皆似雄，但頭冠尚未變。詔以問議郎蔡邕，邕對曰：「貌之不恭，則有雞禍。臣竊推之，頭爲元首，人君之象也，今雞一身已變，未至於頭，而上知之，是將有其事，而不遂成之象也。若應之不精，政無所改，頭冠或成，爲患滋大。」是後張角作亂，稱「黃巾賊」，遂破壞四方，疲於賦役，民多叛者。上不改政，遂至天下大亂。今之雞狀雖與漢不同，而其應頗相類矣。向、邕並博達之士，考物驗事，信而有證，誠可畏也。

臣以邕言推之，翅足衆多，亦羣下相扇助之象，雛而未大，脚羽差小，亦其勢尚微，易制御也。臣聞災異之見，皆所以示吉凶，明君覩之而懼，乃能招福；闇主視之彌慢，所用致禍。詩、書、春秋、秦、漢之事多矣，此陛下所觀者也。今或有自賤而貴，關預政事，殆亦前代君房之匹。比者南境死亡千計，白骨横野，存有酷恨之痛，殁爲怨傷之魂。義陽屯師，盛夏未返；荆蠻狡猾，征人淹次。東州轉輸，往多無還；百姓困窮，絞縊以殞。北方霜降，蠶婦輟事。羣生憔悴，莫甚於今。此亦賈誼哭歎，谷永切諫之時。司寇行戮，君爲之不舉，陛下爲民父母，所宜矜恤。國重戎戰，用兵猶火，内外怨弊，易以亂離。陛下縱欲忽天下，豈不仰念太祖取之艱難，先帝經營劬勞也。

誠願陛下留聰明之鑒，警天地之意，禮處左右，節其貴越。往者鄧通、董賢之盛，愛之正所以害之。又躬饗加罕，宴宗或闕，時應親肅郊廟，延敬諸父。檢訪四方，務加休息，爰發慈旨，撫賑貧瘼。簡費山池，減撤聲飲，晝存政道，夜以安身。博采芻蕘，進賢黜佞。則兆庶幸甚，妖弭慶進，禎祥集矣。

世宗覽之，大悅。後數日，而茹皓等並以罪失伏法。於是禮光愈重，加撫軍將軍。

二年八月，光表曰：「去二十八日，有物出于太極之西序，敕以示臣，臣按其形，即莊子所謂『蒸成菌』者也。又云『朝菌不終晦朔』，雍門周所稱『磨蕭斧而伐朝菌』，皆指言蒸氣鬱長，非有根種，柔脆之質，凋殞速易，不延旬月，無擬斧斤。又多生墟落穢濕之地，罕起殿堂高華之所。今極宇崇麗，牆築工密，糞朽弗加，沾濡不及，而兹菌欻構，厥狀扶疎，誠足異也。夫野木生朝，野鳥入廟，古人以爲敗亡之象。然懼災修德者，咸致休慶，所謂家利而怪先，國興而妖豫。是故桑穀拱庭，太戊以昌；雊雉集鼎，武丁用熙。自比鵶鵲巢于廟殿，梟鵩鳴於宮寢，菌生賓階軒坐之正，準諸往記，信可爲誡。且南、西未靜，兵革不息，郊甸之内，大旱跨時，民勞物悴，莫此之甚。承天子育者，所宜矜恤。伏願陛下追殷二宗感變之意，側躬聳誠，惟新聖道，節夜飲之忻，彊朝御之膳，養方富之年，保金玉之性，則魏祚可以永隆，皇壽等於山岳。」

四年秋，除中書令，進號鎮東將軍。永平元年秋，將刑元愉妾李氏，羣官無敢言者。

敕光爲詔，光逡巡不作，奏曰：「伏聞當刑元愉妾李，加之屠割。妖惑扇亂，誠合此罪。但外人竊云李今懷姙，例待分産。且臣尋諸舊典，兼推近事，戮至刳胎，謂之虐刑，桀紂之主，乃行斯事。君舉必書，義無隱昧，酷而乖法，何以示後？陛下春秋已長，未有儲體，皇子襁褓，至有夭失。臣之愚識，知無不言，乞停李獄，以俟育孕。」世宗納之。

延昌元年春，遷中書監，侍中如故。二年，世宗幸東宮，召光與黄門甄琛、廣陽王淵等，並賜坐，詔光曰：「卿是朕西臺大臣，今當爲太子師傅。」光起拜固辭，詔不許。即命肅宗出，從者十餘人，敕以光爲傅之意，令肅宗拜光。光又拜辭，不當受太子拜，復不蒙許，肅宗遂南面再拜。詹事王顯啓請從太子拜，於是宫臣畢拜，光北面立，不敢答拜，唯西面拜謝而出。於是賜光繡綵一百匹，琛、淵等各有差。尋授太子少傅。三年，遷右光禄大夫，侍中、監如故。

四年正月，世宗夜崩。光與侍中、領軍將軍于忠迎肅宗於東宮，安撫内外，光有力焉。帝崩後二日，廣平王懷扶疾入臨，以母弟之親，徑至太極西廡，哀慟禁内，呼侍中、黄門、領軍、二衞，云身欲上殿哭大行，又須入見主上。諸人皆愕然相視，無敢抗對者。光獨攘衰振杖，引漢光武初崩，太尉趙憙横劍當階，推下親王故事，辭色甚厲，聞者莫不稱善，壯光理義有據。懷聲淚俱止，云：「侍中以古事裁我，我不敢不服。」於是遂還，頻遣左右致謝。

初，永平四年，以黄門郎孫惠蔚代光領著作，惠蔚首尾五載，無所厝意。至是三月，尚書令、任城王澄表光宜還史任，於是詔光還領著作。四月，遷特進。五月，以奉迎肅宗之功，封光博平縣開國公，食邑二千户。七月，領國子祭酒。八月，詔光乘步挽於雲龍門出入。尋遷車騎大將軍、儀同三司。靈太后臨朝之後，光累表遜位。于忠擅權，光依附之。及忠稍被疎黜，光并送章綬冠服茅土，表至十餘上。靈太后優答不許。有司奏追于忠及光封邑。熙平元年二月，太師、高陽王雍等奏舉光授肅宗經。初，光有德於靈太后，語在于忠傳。四月，更封光平恩縣開國侯，食邑一千户，以朝陽伯轉授第二子勗。其月，敕賜羊車一乘。

時靈太后臨朝，每於後園親執弓矢，光乃表上中古婦人文章，因以致諫曰：「孔子云：『士志於道，據於德，依於仁，遊於藝。』藝謂禮、樂、書、數、射、御。明前四業，丈夫婦人所同修者。若射、御，唯主男子事，不及女。古之賢妃烈媛，母儀家國，垂訓四海，宣教九宗，可秉道懷德〔一〕，率遵仁禮。是以漢后馬鄧，術邁祖考；羊嬪蔡氏，具體伯喈。伏惟皇太后含聖履仁，臨朝闡化，肅雍愷悌，靖徽齊穆，孝祀通於神明，和風溢于區宇。因時暇豫，清暑林園，遠窺姑射，眷言矍相，弦矢所發，必中正鵠，威靈遐暢，義震上下。文武懾心，左右悦目，吾王不遊，吾何以休，不窺重仞，安見富美。天情沖謙，動容祇愧，以爲舉非釁纖，事存無功，豈謂應乾順民，裁成輔相者哉。臣不勝慶幸，謹上婦人文章録一帙，其集具在内，伏願以時披覽，仰裨未聞。息鑾掞之勞，納閑拱之泰，頤精養壽，栖神翰林。」

是秋，靈太后頻幸王公第宅。光表諫曰：「禮記云：『諸侯非問疾弔喪而入諸臣之家，是謂君臣爲謔。』不言王后夫人，明無適臣家之義。夫人父母在，有時歸寧，親没，使卿大夫聘。春秋紀陳、宋、齊之女並爲周王后，無適本國之事。是制深於士大夫，許嫁唁兄，又義不得；衛女思歸，以禮自抑。載馳、竹竿所爲作也。漢上官皇后將廢昌邑，霍光，外祖也，親爲宰輔，后猶御武帷以接羣臣〔二〕，示男女之别，國之大節。伯姬待姆，安就炎燎；樊姜俟命，忍赴洪流。傳皆綴集，以垂來詠〔三〕。昨軒駕頻出，幸馮翊君、任城王第，雖漸中秋，餘熱尚蒸，衡蓋往還，聖躬煩倦。豐厨嘉醴，罄竭時羞，上壽弗限一觴，方丈甘踰百品，旦及日斜，接對不憩，非謂順時而遊，奉養有度。縱雲輦崇涼，御筵安暢。左右僕侍，衆過千百，扶衛跋涉，袍鉀在身，蒙曝塵日，涣汗流離，致時飢渴，餐飯不贍，賃馬假乘，交費錢帛。昔人稱陛下甚樂，臣等至苦，或其事也〔四〕。伏惟皇太后月靈炳曜，坤儀挺茂，誕育帝躬，維興魏道。德踰文母，仁邁和熹。親以天至，遠異莫間；愛由真固，非俟虚隆。紆屈鑾駕，降臨閭里，榮光帝京，士女藻悦。白首之耋，欣遇犧年；青衿之童，慶屬唐日。

千載之所難，一朝之爲易，非至明超古，忘驕釋吝，孰能若斯者哉？魏元已來，莫正斯美，興居出入，自當坦然，豈同往嫌，曲有矯避。但帝族方衍，勳貴增遷，祇請遂多，將成彝式。陛下遵酌前王，貽厥後矩，天下爲公，億兆己任。專薦郊廟，止決大政，輔養神和，簡息遊幸。以德爲車，以樂爲御，考仁聖之風，習治國之道，則率土屬賴，含生仰悦矣。臣過荷恩榮，所知必盡，嘿嘿唯唯，愚竊未敢，輕陳狂瞽，分貽憲坐。」

神龜元年夏，光表曰：「詩稱：『蔽芾甘棠，勿翦勿伐，邵伯所茇。』又云：『雖無老成人，尚有典刑。』傳曰：『思其人猶愛其樹，況用其道不恤其人。』是以書始稽古，易本山泉〔五〕，觀於天文，以察時變，觀於人文，以化成天下。孟子□實〔六〕，匡張訓說。安世記篋於汾南，伯山抱卷於河右。元始孤論，充漢帝之坐；孟皇片字，懸魏王之帳。前哲之寶重墳籍，珍愛分篆，猶若此之至也。矧迺聖典鴻經，炳勒金石，理爲國楷，義成家範，迹實世模，事則人軌，千載之格言，百王之盛烈，而令焚荒汙毀，積榛棘而弗掃，爲鼯鼬之所栖宿，童豎之所登踞者哉！誠可爲痛心疾首，拊膺扼腕。伏惟皇帝陛下，孝敬日休，自天縱睿，垂心初學，儒業方熙。皇太后欽明慈淑，臨制統化，崇道重教，留神翰林。將披雲臺而問禮，拂麟閣以招賢。誠宜遠開闕里，清彼孔堂，而使近在城闉，面接宮廟，舊校爲墟，子衿永替。豈所謂『建國君民，教學爲先』，『京邑翼翼，四方是則』也？尋石經之作，起自炎劉，繼以曹氏典論，初乃三百餘載，計末向二十紀矣。昔來雖屢經戎亂，猶未大崩侵。如聞往者刺史臨州，多構圖寺，道俗諸用，稍有發掘，基蹠泥灰〔七〕，或出於此。皇都始遷，尚可補復，軍國務殷，遂不存檢。官私顯隱，漸加剥撤。播麥納菽，秋春相因，□生蒿杞〔八〕，時致火燎，由是經石彌減，文字增缺。職忝胄教，參掌經訓，不能繕修頹墜，興復生業，倍深慚恥。今求遣國子博士一人，堪任幹事者，專主周視，驅禁田牧，制其踐穢，料閱碑牒所失次第，量厥補綴。」詔曰：「此乃學者之根源，不朽之永格，垂範將來，憲章之本，便可一依公表。」光乃令國子博士李郁與助教韓神固、劉燮等勘校石經，其殘缺者，計料石功，并字多少，欲補治之。於後，靈太后廢，遂寢。

二年八月，靈太后幸永寧寺，躬登九層佛圖。光表諫曰：「伏見親昇上級，佇蹕表剎之下，祗心圖構，誠爲福善。聖躬玉趾，非所踐陟，臣庶恇惶，竊謂未可。按禮記：『爲人子者，不登高，不臨深。』古賢有言：策畫失於廟堂，大人屢於中野。漢書：上欲西馳下峻坂，爰盎攬轡停輿曰：『臣聞千金之子不垂堂，百金之子不倚衡，如有車敗馬驚，柰高廟太后何？』又云：上酎祭宗廟，出，欲御樓船〔九〕。薛廣德免冠頓首，曰：『宜從橋，陛下不聽臣，臣以血汙車輪。』樂正子春，曾參弟子，亦稱至孝，固自謹慎，堂基不過一尺，猶有傷足之愧。永寧累級，閣道回隘，以柔懦之寶體，乘至峻之重峭，萬一差跌，千悔何追？禮，將祭宗廟，必散齋七日，致齋三日，然後入祀，神明可得而通。今雖容像未建，已爲神明之宅。方加雕繢，飾麗丹青，人心所祗，銳觀滋甚，登者既衆，異懷若面。縱一人之身恒盡誠潔，豈左右臣妾各竭虔仰〔一〇〕？不可獨昇，必有扈侍，懼或忘慎，非飲酒茹葷而已。昨風霾暴興，紅塵四塞，白日晝昏，特可驚畏。春秋：宋、衞、陳、鄭同日而災；伯姬待姆，致焚如之禍。去皇興中，青州七級亦號崇壯，夜爲上火所焚。雖梓慎、裨竈之明，尚不能逆剋端兆。變起倉卒，預備不虞。天道幽遠，自昔深誡。墟墓必哀，廟社致敬，望塋悽慟，入門聳慄，適墓不登隴，未有昇陟之事。傳云：『公既視朔，遂登觀臺。』其下無天地先祖之神，故可得而乘也。內經：寶塔高華，堪室千萬。唯盛言香花禮拜，豈有登上之義。獨稱三寶階，從上而下，人天交接，兩得相見，超世奇絕，莫可而擬。恭敬拜跽，悉在下級。遠存矚眺，周見山河，因其所眄，增發嬉笑。未能級級加虔，步步崇慎，徒使京邑士女，公私湊集。上行下從，理勢以然，迄於無窮，豈長世競慕一登而可抑斷哉〔一一〕？蓋心信爲本，形敬乃末，重實輕根，靖寔躁君，恭己正南面者，豈月乘峻極，旬御層階。今經始既就，子來自勸，基構已興，雕絢漸起，紫山華臺，即其宮也。伏願息躬親之勞，廣風靡之化，因立制防，班之條限，以遏囂汙，永歸清寂。下竭肅穆之誠，上展瞻仰之敬，勿踐勿履，顯固億齡，融教闡悟，不其博歟。」

九月，靈太后幸嵩高，光上表諫曰：「伏聞明後當親幸嵩高，往還累宿。鑾遊近甸〔二〕，存省民物，誠足爲善。雖漸農隙，所獲栖畝，飢貧之家指爲珠玉，遺秉滯穟，莫不寶惜。步騎萬餘，來去經踐，駕輦雜遝，競騖交馳，縱加禁護，猶有侵耗，士女老幼，微足傷心。秋末久旱，塵壤委深，風霾一起，紅埃四塞。轘關峭嶮，山路危狹，聖駕清道，當務萬安。乘履澗壑，蒙犯霜露，出入半旬，途越數百，飄曝彌日，仰虧和豫。七廟上靈，容或未許；億兆下心，寔用悚慄。且藏蟄節遠，昆蟲布列，蠉蠕之類，盈於川原，車馬輾蹈，必有殘殺〔三〕。慈矜好生，應垂未測，誠恐悠悠之議，將謂爲福興罪。厮役困於負檐，爪牙窘於賃乘，供頓候迎，公私擾費。厨兵幕士，衣履敗穿，晝暄夜淒，罔所覆藉，監帥驅捶，泣呼相望。霜旱爲災，所在不稔，飢饉荐臻，方成儉弊。爲民父母，所宜存恤，靖以撫之，猶懼離散，乃於收斂初辰，致此行舉，自近及遠，交興怨嗟。伏願遠覽虞舜，恭己無爲；近遵老易，不出户牖。罷勞形之遊，息傷財之駕，動循典防，納諸軌儀，委司責成，寄之耳目。人神幸甚，朝野抃悦。」靈太后不從。

正光元年冬，賜光几杖、衣服。二年春，肅宗親釋奠國學，光執經南面，百寮陪列。司徒、京兆王繼頻上表以位讓光。夏四月，以光爲司徒、侍中、國子祭酒，領著作如故。光表固辭歷年，終不肯受。八月，獲禿鶖鳥於宮内，詔以示光。光表曰：「蒙示十四日所得大鳥，此即詩所謂『有鶖在梁』，解云『秃鶖也』。貪惡之鳥，野澤所育，不應入殿庭。昔魏氏黄初中，有鵜鶘集于靈芝池，文帝下詔以曹恭公遠君子，近小人，博求賢俊，太尉華歆由此遜位而讓管寧者也。臣聞野物入舍，古人以爲不善，是以張竦惡鵂，賈誼忌鵩。鵜鶘暫集而去，前王猶爲至誠，況今親入宫禁，爲人所獲，方被畜養，晏然不以爲懼。準諸往義，信有殊矣。且饕餮之禽，必資魚肉，菽麥稻粱，時或餐啄，一食之費，容過斤鎰。今春夏陽旱，穀糴稍貴，窮窘之家，時有菜色。陛下爲民父母，撫之如傷，豈可棄人養鳥，留意於醜形惡聲哉？衛侯好鶴，曹伯愛雁，身死國滅，可爲寒心。陛下學通春秋，親覽前事，何得口詠其言，行違其道！誠願遠師殷宗，近法魏祖，修德延賢，消災集慶。放無用之物，委之川澤，取樂琴書，頤養神性。」肅宗覽表大悦，即棄之池澤。

詔召光與安豐王延明議定服章。三年六月，詔光乘步挽至東西上閤。九月，進位太保，光又固辭。光年耆多務，疾病稍增，而自彊不已，常在著作，疾篤不歸。四年十月，肅宗親臨省疾，詔斷賓客，中使相望，爲止聲樂，罷諸遊眺。拜長子勵爲齊州刺史。十一月，疾甚，敕子姪等曰：「諦聽吾言。聞曾子有云：人之將死，其言也善，啓予手，啓予足，而今而後，吾知免夫。吾荷先帝厚恩，位至於此，史功不成，殁有遺恨。汝等以吾之故，並得名位，勉之！勉之！以死報國。脩短命也，夫復何言。速可送我還宅。」氣力雖微，神明不亂。至第而薨，年七十三。肅宗聞而悲泣，中使相尋，詔給東園溫明祕器、朝服一具、衣一襲、錢六十萬、布一千匹、蠟四百斤，大鴻臚監護喪事。車駕親臨，撫屍慟哭。御輦還宮，流涕於路，爲減常膳，言則追傷。每至光坐講讀之處，未曾不改容悽悼。五年正月，贈太傅、領尚書令、驃騎大將軍、開府、冀州刺史，侍中如故。又敕加後部鼓吹、班劍，依太保、廣陽王故事，謚文宣公。肅宗祖喪建春門外，望轜哀感，儒者榮之。

初，光太和中，依宮商角徵羽本音而爲五韻詩，以贈李彪，彪爲十二次詩以報光。光又爲百三郡國詩以答之，國別爲卷，爲百三卷焉。

光寬和慈善，不逆於物，進退沈浮，自得而已。常慕胡廣、黄瓊之爲人，故爲氣槩者所不重。始領軍于忠以光舊德，甚信重焉，每事籌決，光亦傾身事之。元叉於光亦深宗敬。及郭祚、裴植見殺，清河王懌遇禍，光隨時俛仰，竟不匡救，於是天下譏之。自從貴達，罕所申薦。曾啓其女壻彭城劉敬徽，云敬徽爲荆州五隴戍主，女隨夫行，常慮寇抄，南北分張，乞爲徐州長史、兼別駕，暫集京師。肅宗許之。時人比之張禹。光初爲黄門，則讓宋弁；爲中書監，讓汝南王悦；爲太常，讓劉芳；爲少傅，讓元暉、穆紹、甄琛；爲國子祭酒，讓清河王懌、任城王澄；爲車騎、儀同，讓江陽王繼，又讓靈太后父胡國珍。皆顧望時情，議者以爲矯飾。崇信佛法，禮拜讀誦，老而逾甚，終日怡怡，未曾恚忿。曾於門下省晝坐讀經，有鴿飛集膝前，遂入於懷，緣臂上肩，久之乃去。道俗讚詠詩頌者數十人。每爲沙門朝貴請講維摩、十地經，聽者常數百人，即爲二經義疏三十餘卷。識者知其疎略，以貴重爲後坐疑於講次。凡所爲詩賦銘讚詠頌表啓數百篇，五十餘卷，別有集。光十一子，勱、勗、勔、勸、劼、勀、勍、劬、勩、⿰鄉力、勉。

勱，字彥德，器學才行最有父風。舉秀才，中軍彭城王參軍、祕書郎中，以父光爲著作，固辭不拜。歷員外郎、騎侍郎〔一四〕、太尉記室、散騎侍郎，以繼母憂去職。神龜中，除司空從事中郎。正光二年，拜中書侍郎。領軍將軍元叉爲明堂大將，以勱爲長史。與從兄鴻俱知名於世。四年十月，父光疾甚，詔拜征虜將軍、齊州刺史。以父寢疾，衣不解帶。及光薨，肅宗每加存慰。五年春，光葬於本鄉，又詔遣主書張文伯宣弔焉。孝昌元年十二月，詔除太尉長史，仍爲齊州大中正，襲父爵。建義初，遇害河陰，時年四十八。贈侍中、衞將軍、儀同三司、青州刺史。

子挹，襲。武定末，太尉。屬齊受禪，爵例降。

挹弟損，儀同開府主簿。

勗，武定末，征虜將軍、安州刺史、朝陽伯。齊受禪，例降。

勔，字彥儒，亦有父風。司空記室、通直散騎侍郎、寧遠將軍、清河太守，帶槃陽鎮將。

爲逆賊崔景安所害。贈征虜將軍、齊州刺史。

子權，太尉參軍事。

劼，武定中，中書郎。

光弟敬友，本州治中。頗有受納，御史案之，乃與守者俱逃。後除梁郡太守，會遭所生母憂，不拜。敬友精心佛道，晝夜誦經。免喪之後，遂菜食終世。恭寬接下，修身厲節。自景明已降，頻歲不登，飢寒請丐者，皆取足而去。又置逆旅於肅然山南大路之北，設食以供行者。延昌三年二月卒，年五十九。

子鴻，字彥鸞。少好讀書，博綜經史。太和二十年，拜彭城王國左常侍。景明三年，遷員外郎、兼尚書虞曹郎中。敕撰起居注。遷給事中，兼祠部郎，轉尚書都兵郎中。詔太師、彭城王勰以下公卿朝士儒學才明者三十人，議定律令於尚書上省，鴻與光俱在其中，時論榮之。永平初，豫州城人白早生，殺刺史司馬悅，據懸瓠叛。詔鎮南將軍邢巒討之，以鴻爲行臺鎮南長史。徙三公郎中，加輕車將軍。遷員外散騎常侍，領郎中。

延昌二年，將大考百寮，鴻以考令於體例不通，乃建議曰：「竊惟王者爲官求才，使人以器，黜陟幽明，揚清激濁，故績效能官，才必稱位者朝昇夕進，年歲數遷，豈拘一階半級，闕以常寮等位者哉〔一五〕？二漢以降，太和以前，苟必官須此人，人稱此職，或超騰昇陟，數歲而至公卿，或長兼、試守稱允而遷進者，披卷則人人而是，舉目則朝貴皆然。故能時收多士之譽，國號豐賢之美。竊見景明以來考格，三年成一考，一考轉一階。貴賤内外萬有餘人，自非犯罪，不問賢愚，莫不上中，才與不肖，比肩同轉。雖有善政如黄龔，儒學如王鄭，史才如班馬，文章如張蔡，得一分一寸必爲常流所攀，選曹亦抑爲一槩，不曾甄別。琴瑟不調，改而更張，雖明旨已行，猶宜消息。」世宗不從。

三年，鴻以父憂解任，甘露降其廬前樹。十一月，世宗以本官徵鴻。四年，復有甘露降其京兆宅之庭樹〔一六〕。復加中堅將軍，常侍、領郎如故。遷中散大夫、高陽王友，仍領郎中。其年爲司徒長史。正光元年，加前將軍。修高祖世宗起居注。光撰魏史，徒有卷目，初未考正，闕略尤多。每云此史會非我世所成，但須記録時事，以待後人。臨薨言鴻於肅宗。五年正月，詔鴻以本官修緝國史。孝昌初，拜給事黄門侍郎，尋加散騎常侍、齊州大中正。鴻在史甫爾，未有所就，尋卒。贈鎮東將軍、度支尚書、青州刺史。

鴻弱冠便有著述之志，見晉魏前史皆成一家，無所措意。以劉淵、石勒、慕容儁、苻健、慕容垂、姚萇、慕容德、赫連屈孑、張軌、李雄、吕光、乞伏國仁、禿髮烏孤、李暠、沮渠蒙遜、馮跋等，並因世故，跨僭一方，各有國書，未有統一，鴻乃撰爲十六國春秋，勒成百卷，因其舊記，時有增損褒貶焉。鴻二世仕江左，故不録僭晉、劉、蕭之書。又恐識者責之，未敢出行於外。世宗聞其撰録，遣散騎常侍趙邕詔鴻曰：「聞卿撰定諸史，甚有條貫，便可隨成者送呈，朕當於機事之暇覽之。」鴻以其書有與國初相涉，言多失體，且既未訖，迄不奏聞。鴻後典起居，乃妄載其表曰：

臣聞帝王之興也，雖誕應圖籙，然必有驅除，蓋所以翦彼厭政，成此樂推。故戰國紛紜，年過十紀，而漢祖夷殄羣豪，開四百之業。歷文景之懷柔蠻夏，世宗之奮揚威武，始得涼、朔同文，牂、越一軌。於是談、遷感漢德之盛，痛諸史放絶，乃鈐括舊書，著成太史，所謂緝茲人事，光彼天時之義也。

昔晉惠不競，華戎亂起，三帝受制於姦臣，二皇晏駕於非所，五都蕭條，鞠爲煨燼。趙燕既爲長虵，遼海緬成殊域，窮兵鋭進，以力相雄，中原無主，八十餘年。遺晉僻遠，勢略孤微，民殘兵革，靡所歸控。皇魏龍潛幽代，世篤公劉，内修德政，外抗諸僞，并冀之民，懷寶之士，襁負而至者日月相尋，雖邠岐之赴太王，謳歌之歸西伯，實可同年而語矣。太祖道武皇帝以神武之姿，接金行之運，應天順民，龍飛受命。太宗必世重光，業隆玄默。世祖雄才叡略，闡曜威靈，農戰兼修，掃清氛穢。歲垂四紀，而寰宇一同。儋耳、文身之長，卉服、斷髪之酋，莫不請朔率職，重譯來庭。隱愍鴻濟之事之始末，乃亦頗有，但不得此書，懼簡略不成。久思陳奏，乞敕緣邊求採，但愚賤無因，不敢輕輒。

散騎常侍、太常少卿、荆州大中正臣趙邕，忽宣明旨，敕臣送呈。不悟九皐微志，乃得上聞，奉敕欣惶，慶懼兼至。今謹以所訖者，附臣邕呈奏。臣又别作序例一卷，年表一卷，仰表皇朝統括大義，俯明愚臣著録微體。徒竊慕古人立言美意，文致疎鄙，無一可觀，簡御之日，伏深慚悸。

鴻意如此，然自正光以前，不敢顯行其書。自後以其伯光貴重當朝，知時人未能發明其事，乃頗相傳讀。亦以光故，執事者遂不論之。鴻經綜既廣，多有違謬：至如太祖天興二年，姚興改號鴻始，而鴻以爲改在元年〔一七〕；太宗永興二年，慕容超擒於廣固，鴻又以爲事在元年；太常二年，姚泓敗於長安，而鴻亦以爲滅在元年。如此之失，多不考正。

子子元，祕書郎。後永安中，乃奏其父書，曰：「臣亡考故散騎常侍、給事黄門侍郎、前將軍、齊州大中正鴻，不殞家風，式纘世業，古學克明，在新必鏡，多識前載，博極羣書，史才富洽，號稱籍甚。年止壯立，便斐然懷著述意。正始之末，任屬記言，撰緝餘暇，乃刊著趙、燕、秦、夏、涼、蜀等遺載，爲之贊序，褒貶評論。先朝之日，草構悉了，唯有李雄蜀書，搜索未獲，闕兹一國，遲留未成。去正光三年，購訪始得，討論適訖，而先臣棄世。凡澤，三樂擊壤之歌，百姓始得陶然蘇息，欣於堯舜之世。

自晉永寧以後，雖所在稱兵，競自尊樹，而能建邦命氏成爲戰國者，十有六家。善惡興滅之形，用兵乖會之勢，亦足以垂之將來，昭明勸戒。但諸史殘缺，體例不全，編録紛謬，繁略失所，宜審正不同，定爲一書。伏惟高祖以大聖應期，欽明御運，合德乾坤，同光日月，建格天之功，創不世之法，開鑿生民，惟新大造。陛下以青陽繼統，叡武承天。應符屈己，則道高三五；頤神至境，則洞彼玄宗。剖判百家，斟酌六籍，遠邁石渠，美深白虎。至如導禮革俗之風，昭文變性之化，固以感彼禽魚，穆茲寒暑。而況愚臣沐浴太和，懷音正始，而可不勉彊難革之性，砥礪木石之心哉？誠知敏謝允南，才非承祚，然國志、史考之美，竊亦輒所庶幾。始自景明之初，搜集諸國舊史，屬遷京甫爾，率多分散，求之公私，驅馳數歲。又臣家貧祿薄，唯任孤力，至於紙盡，書寫所資，每不周接，暨正始元年，寫乃向備。謹於吏按之暇，草構此書。區分時事，各繫本録；破彼異同，凡爲一體；約損煩文，補其不足。三豕五門之類，一事異年之流，皆稽以長曆，考諸舊志，删正差謬，定爲實録。商校大略，著春秋百篇。至三年之末，草成九十五卷。唯常璩所撰李雄父子據蜀時書，尋訪不獲，所以未及繕成，輟筆私求，七載于今。此書本江南撰録，恐中國所無，非臣私力所能終得。其起兵僭號，十六國，名爲春秋，一百二卷，近代之事最爲備悉。未曾奏上，弗敢宣流。今繕寫一本，敢以仰呈。儻或淺陋，不回睿賞，乞藏祕閣，以廣異家。」子元後謀反，事發逃竄，會赦免。尋爲其叔鵾所殺。

光從祖弟長文，字景翰。少亦徙於代都，聰敏有學識。太和中，除奉朝請。遷洛，拜司空參軍事，營構華林園。後兼員外散騎常侍，爲宕昌使主。還，授給事中、本國中正、尚書庫部郎。正始中，大修器械，爲諸州造仗都使。齊州太原太守、雍州撫軍府長史，以廉慎稱。遷輔國將軍、中散大夫，轉太府少卿，丞相、高陽王雍諮議參軍，太中大夫。永安中，以老拜征虜將軍、平州刺史。還家專讀佛經，不關世事。年七十九，天平初卒。贈使持節、征東將軍、齊州刺史，謚曰貞。

子慈懋，字德林。永熙初，征虜將軍、徐州征東府長史。

長文從弟庠，字文序。有幹用。初除侍御史、員外散騎侍郎、給事中。頻使高麗，轉步兵校尉，又轉司空掾，領左右直長。出除相州長史，還，拜河陰、洛陽令，以彊直稱。遷東郡太守。元顥寇逼郡界，庠拒不從命，棄郡走還鄉里。孝莊還宮，賜爵平原伯，拜潁川太守。二年五月，爲城民王早、蘭寶等所害〔一八〕。後贈驃騎將軍、吏部尚書、齊州刺史。子罕襲爵。齊受禪，例降。

光族弟榮先，字隆祖，涉歷經史。州辟主簿。子鐸，有文才。冠軍將軍、中散大夫。鐸弟覬，寧遠將軍、羽林監。

史臣曰：崔光風素虛遠，學業淵長。高祖歸其才博，許其大至，明主固知臣也。歷事三朝，師訓少主，不出宮省，坐致台傅，斯亦近世之所希有。但顧懷大雅，託迹中庸，其於容身之譏，斯乃胡廣所不免也。鴻博綜古今，立言爲事，亦才志之士乎？

校勘記

〔一〕秉道懷德　「德」字原闕，旁注「疑」，據册府卷三二六補，並删所注「疑」字。

〔二〕武帷　册府卷三二六、通志卷一五〇下作「武帳」。按事見漢書卷六八霍光傳，也作「武帳」。

〔三〕以垂來詠　「詠」，北史卷四四崔光傳、册府卷三二六、通志卷一五〇下並作「訓」。

〔四〕或其事也　「或」，原作「惑」，據南監本、局本、北史卷四四崔光傳、册府卷三二六、通志卷一五〇下改。按三國志卷二五辛毗傳記魏明帝以射雉爲樂，辛毗刺稱：「於陛下甚樂，而於羣下甚苦。」崔光以與靈太后遊樂類比，「或」是。

〔五〕易本山泉　「泉」，原作「火」，據册府卷六〇三改。按「山下出泉」，見易蒙象辭，「火」字訛。

〔六〕孟子□實　「□」，原作一字空格，三朝本注「闕一字」，南監本、北監本、殿本注「闕」，册府卷六〇三作「覈」。按「覈實」語不見孟子，或是用盡心下「盡信書則不如無書，吾於武成取二三策而已」語意，然無確證。

〔七〕基蹠　原作「基蹗」，據册府卷六〇三改。按「蹗」是行貌，「基蹗」無義。「蹠」是履踐，「基蹠」猶言「基趾」。

〔八〕□生蒿杞　「□」，原作一字空格，三朝本注「闕一字」，南監本、北監本、汲本、殿本、局本注「闕」，册府卷六〇三作「閉」。按册府或是據文義補，今代以方圍。

〔九〕上酎祭宗廟出欲御樓船　「宗」字原闕，據册府卷三二六補。按漢書卷七一薛廣德傳本作「祭宗廟」，「宗」字不宜省。又，「出」下册府有「便門」二字，與漢書正合。

〔一〇〕左右臣妾　「臣」，原作一字空格，三朝本注「闕一字」，北監本、汲本、殿本注「闕」，南監本、局本作「侍」，今據册府卷三二六補。

〔一一〕豈長世競慕一登而可抑斷哉　「豈」，原作一字空格，據三朝本、南監本、殿本補。按補「豈」字，文義亦頗不接。底本空格較一字稍大，近於二字，疑所脫爲「豈不」二字。

〔三〕鑾遊近甸　「甸」，原作「旬」，據南監本、局本、册府卷三二六改。

〔三〕必有殘殺　「殘」，原作「類」，據册府卷三二六改。

〔四〕歷員外郎騎侍郎　張森楷云：「上『郎』字疑當作『散』。」按下載崔勵後官「散騎侍郎」，前亦是「員外」，後遷正，與此合，張説是。

〔五〕常寮等位　「常」，原作一字空格，三朝本注「闕一字」，南監本、北監本、汲本、殿本注「闕」，今據册府卷六三五補。

〔六〕復有甘露降其京兆宅之庭樹　「京兆」，疑爲「京師」之訛。按傳不言崔氏有任官或卜居京兆者，本書卷一一二下靈徵志下，延昌三年十月「齊州上言甘露降」，四年七月「甘露降於京師」，與本傳所記二次甘露一一對應。

〔七〕姚興改號鴻始而鴻以爲改在元年　「鴻始而」三字原闕，據北史卷四四崔光傳附崔鴻傳、册府卷五六二、通志卷一五〇下補。按無此三字，語義不全，疑後人誤以爲「鴻始」之「鴻」爲崔鴻，讀不可通，遂徑删三字。「鴻始」，據晉書卷一一七姚興載記上實爲「弘始」，當是魏收避獻文帝諱改「弘」作「鴻」。

〔八〕二年五月爲城民王早蘭寶等所害　「二年」上疑有脱文。按「二年」上不著年號，承上文似是爲莊帝某二年崔庠在潁川太守任上遇害。本書卷一一出帝紀永熙二年五月：「東徐州城民王早、簡實等殺刺史崔庠，據州入蕭衍。」是永熙二年崔庠在東徐州刺史任上遇害。北史卷四四崔光傳附崔庠傳、通志卷一五〇下此句上有「頗有政績永熙初除東徐州刺史」十三字，敍事完整，疑即此處脱文。

魏書卷六十八

列傳第五十六

甄琛　高聰

甄琛，字思伯，中山毋極人，漢太保甄邯後也。父凝，州主簿。

琛少敏悟，閨門之內，兄弟戲狎，不以禮法自居。頗學經史，稱有刀筆，而形貌短陋，尠風儀。舉秀才。入都積歲，頗以弈棊棄日，至乃通夜不止。手下蒼頭，常令秉燭，或時睡頓，大加其杖，如此非一。奴後不勝楚痛，乃白琛曰：「郎君辭父母，仕宦京師，若爲讀書執燭，奴不敢辭罪，乃以圍棊，日夜不息，豈是向京之意？而賜加杖罰〔一〕，不亦非理！」琛惕然慚感，遂從許叡、李彪假書研習〔二〕，聞見益優。

太和初，拜中書博士，遷諫議大夫，時有所陳，亦爲高祖知賞。轉通直散騎侍郎，出爲本州征北府長史，後爲本州陽平王頤衞軍府長史。世宗踐祚，以琛爲中散大夫、兼御史中尉，轉通直散騎常侍，仍兼中尉。琛表曰：

王者道同天壤，施齊造化，濟時拯物，爲民父母。故年穀不登，爲民祈祀。乾坤所惠，天子順之；山川祕利，天子通之。苟益生民，損躬無吝，如或所聚，唯爲賑恤。是以月令稱：山林藪澤，有能取蔬食禽獸者，皆野虞教導之；其迭相侵奪者，罪之無赦。此明導民而弗禁，通有無以相濟也。周禮雖有川澤之禁，正所以防其殘盡，必令取之有時。斯所謂鄣護雖在公，更所以爲民守之耳。且一家之長，惠及子孫，一運之君，澤周天下，皆所以厚其所養，以爲國家之富。未有尊居父母，而醯醢是吝；富有萬品，而一物是規。今者，天爲黔首生鹽，國與黔首鄣護，假獲其利，是猶富專口斷不及四體也。且天下夫婦歲貢粟帛。四海之有，備奉一人；軍國之資，取給百姓。天子亦何患乎貧，而苟禁一池也。

古之王者，世有其民〔三〕，或水火以濟其用，或巢宇以誨其居，或教農以去其飢，或訓衣以除其弊。故周詩稱「教之誨之，飲之食之」，皆所以撫覆導養，爲之求利者也。臣性昧知理，識無遠尚，每觀上古愛民之迹，時讀中葉驟税之書，未嘗不歎彼遠大，惜此近狹。今僞弊相承，仍崇關鄽之税；大魏恢博，唯受穀帛之輸。是使遠方聞者，罔不歌德。昔亶父以棄寶得民，碩鼠以受財失衆。君王之義，宜其高矣；魏之簡税，惠實遠矣。語稱出内之吝，有司之福；施惠之難，人君之禍。夫以府藏之物，猶以不施而爲災，況府外之利，而可吝之於黔首？且善藏者藏於民，不善藏者藏於府。藏於民者民欣而君富，藏於府者國怨而民貧。國怨則示化有虧，民貧則君無所取。願弛茲鹽禁，使沛然遠及，依周禮置川衡之法，使之監導而已。」

詔曰：「民利在斯，深如所陳。付八座議可否以聞。」

司徒、録尚書、彭城王勰，兼尚書邢巒等奏：「琛之所列，富乎有言，首尾大備，或無可貶。但恐坐談則理高，行之則事闕，是用遲回，未謂爲可。竊惟古之善爲治者，莫不昭其勝途，悟其遠理，及於救世，升降稱時。欲令豐無過溢，儉不致弊，役養消息，備在厥中，節約取足，成其性命。如不爾者，焉用君爲？若任其生産，隨其啄食，便是芻狗萬物，不相有矣〔四〕。自大道既往，恩惠生焉，下奉上施，卑高理睦。然恩惠既交，思拯之術廣，恒恐財不賙國，澤不厚民。故多方以達其情，立法以行其志。至乃取貨山川，輕在民之貢；立税關市，裨十一之儲。收此與彼，非利己也；回彼就此，非爲身也。所謂集天地之産，惠天地之民，藉造物之富，賑造物之貧。徹商賈給戎戰，賦四民贍軍國，取乎用乎，各有義已。禁此淵池，不專太官之御；斂此匹帛，豈爲後宮之資。既潤不在己，彼我理一，猶積而散之，將焉所吝？且税之本意，事有可求，固以希濟生民，非爲富賄藏貨。不爾者，昔之君子何爲然哉？是以後來經圖，未之或改。故先朝商校，小大以情，降鑒之流，疑興復鹽禁。然自行以來，典司多怠，出入之間，事不如法，遂令細民怨嗟，商販輕議，此乃用之者無方，非興之者有謬。至使朝廷明識，聽瑩其間〔五〕，今而罷之，懼失前旨。一行一改，法若易棊〔六〕，參論理要，宜依前式。」詔曰：「司鹽之税，乃自古通典，然興制利民，亦代或不同，苟可以富氓益化，唯理所在。甄琛之表，實所謂助政毗治者也，可從其前計，使公私並宜，川利無擁。尚書嚴爲禁豪彊之制也。」

詔琛參八座議事。尋正中尉，常侍如故。遷侍中，領中尉。琛俛眉畏避，不能繩糾貴遊，凡所劾治，率多下吏。於時趙脩盛寵，琛傾身事之。琛父凝爲中散大夫，弟僧林爲本州別駕，皆託脩申達。至脩姦詐事露，明當收考，今日乃舉其罪。及監決脩鞭，猶相隱惻，然告人曰：「趙脩小人，背如土牛，殊耐鞭杖。」有識以此非之。脩死之明日，琛與黄門郎李憑以朋黨被召詣尚書，兼尚書元英、邢巒窮其阿附之狀。琛曾拜官，諸賓悉集，巒乃晚至，琛謂巒曰：「卿何處放蛆來，今晚始顧？」雖以戲言，巒變色銜忿，及此，大相推窮。司徒公、録尚書、北海王詳等奏曰：「臣聞黨人爲患，自古所疾；政之所忌，雖寵必誅，皆所以存天下之至公，保靈基於永業者也。伏惟陛下纂聖前暉，淵鑒幽慝，恩斷近習，憲軌唯新，大政蔚以增光，鴻猷於焉永泰。謹案：侍中、領御史中尉甄琛，身居直法，糾擿是司，風邪響黷，猶宜劾糾，況趙脩奢暴，聲著内外，侵公害私，朝野切齒。而琛嘗不陳奏，方更往來，綢繆結納，以爲朋黨，中外影響，致其談譽。令布衣之父，超登正四之官；七品之弟，越陟三階之禄。虧先皇之選典，塵聖明之官人。又與武衛將軍、黄門郎李憑相爲表裏，憑兄叨封，知而不言。及脩釁彰，方加彈奏。生則附其形勢，死則就地排之，竊天之功以爲己力，仰欺朝廷，俯罔百司，其爲鄙詐，於茲甚矣。不實不忠，寔合貶黜。謹依律科徒，請以職除。其父中散，實爲叨越，雖皇族帝孫，未有此例，既得不以倫，請下收奪。李憑朋附趙脩，是親是仗，交遊之道，不依恒度，或晨昏從就，或吉凶往來，至乃身拜其親，妻見其子，每有家事，必先請託。緇點皇風，塵鄙正化。此而不糾，將何以肅整阿諛，獎厲忠槩！請免所居官，以肅風軌。」奏可。琛遂免歸本郡，左右相連死黜者三十餘人。

始，琛以父母年老，常求解官扶侍，故高祖授以本州長史。及貴達，不復請歸，至是乃還供養。數年，遭母憂。母鉅鹿曹氏，有孝性，夫氏去家，路踰百里，每得魚肉菜果珍美口實者，必令僮僕走奉其母，乃後食焉。琛母服未闋，復喪父。琛於塋兆之内，手種松栢，隆冬之月，負掘水土。鄉老哀之，咸助加力。十餘年中，墳成木茂。與弟僧林誓以同居没齒。專事産業，躬親農圃，時以鷹犬馳逐自娱。朝廷有大事，猶上表陳情。

久之，復除散騎常侍、領給事黄門侍郎、定州大中正。大見親寵，委以門下庶事，出參尚書，入厠帷幄。琛，高祖時兼主客郎，迎送蕭賾使彭城劉纘，琛欽其器貌，常歎詠之。纘子晰爲朐山戍主，晰死，家屬入洛。有女年未二十，琛已六十餘矣，乃納晰女爲妻。婚日，詔給厨費，琛深所好悦，世宗時調戲之。盧昶敗於朐山，詔琛馳驛檢按。

遷河南尹，加平南將軍，黄門、中正如故。琛表曰：

詩稱「京邑翼翼，四方是則」者，京邑是四方之本，安危所在，不可不清。是以國家居代，患多盜竊，世祖太武皇帝親自發憤，廣置主司，里宰皆以下代令長及五等散男有經略者乃得爲之。又多置吏士，爲其羽翼，崇而重之，始得禁止。今遷都已來，天下轉廣，四遠赴會，事過代都，五方雜沓，難可備簡，寇盜公行，劫害不絶，此由諸坊混雜，釐比不精，主司闇弱，不堪檢察故也。凡使人攻堅木者，必爲之擇良器。今河南郡是陛下天山之堅木，盤根錯節，亂植其中。六部里尉即攻堅之利器，非貞剛精鋭，無以治之。今擇尹既非南金，里尉鉛刀而割，欲望清肅都邑，不可得也。里正乃流外四品，職輕任碎，多是下才，人懷苟且，不能督察，故使盜得容姦，百賦失理。邊外小縣，所領不過百户，而令長皆以將軍居之。京邑諸坊，大者或千户、五百户，其中皆王公卿尹，貴勢姻戚，豪猾僕隸，蔭養姦徒，高門邃宇，不可干問。又有州郡俠客，蔭結貴遊，附黨連羣，陰爲市劫，比之邊縣，難易不同。今難彼易此，實爲未愜。王者立法，隨時從宜，改弦易調，明主所急。先朝立品，不必即定，施而觀之，不便則改。今閑官靜任，猶聽長兼，況煩劇要務，不得簡能下領？今請取武官中八品將軍已下幹用貞濟者，以本官俸恤，領里尉之任，各食其禄，高者領六部尉，中者領經途尉，下者領里正。不爾，請少高里尉之品，選下品中應遷之者，進而爲之。則督責有所，輦轂可清。

詔曰：「里正可進至動品，經途從九品，六部尉正九品諸職中簡取，何必須武人也？」琛又奏以羽林爲遊軍，於諸坊巷司察盜賊。於是京邑清靜，至今踵焉。

轉太子少保，黃門如故。大將軍高肇伐蜀，以琛爲使持節、假撫軍將軍，領步騎四萬爲前驅都督。琛次梁州獠亭，會世宗崩，班師。高肇既死，以琛，肇之黨也，不宜復參朝政，出爲營州刺史，加安北將軍。歲餘，以光禄大夫李思穆代之，時年六十五矣，遂停中山，久之乃赴洛。除鎮西將軍、涼州刺史，猶以琛高氏之昵也，不欲處之於內。尋徵拜太常卿，仍以本將軍出爲徐州刺史。及入辭肅宗，琛辭以老，詔除吏部尚書，將軍如故。未幾，除征北將軍、定州刺史，衣錦晝遊，大爲稱滿。治體嚴細，甚無聲譽。崔光辭司徒之授也，琛與光書，外相抑揚，內實附會也。光亦揣其意，復書褒美以悦之。徵爲車騎將軍、特進，又拜侍中。以其衰老，詔賜御府杖，朝直杖以出入。

正光五年冬卒。詔給東園祕器、朝服一具、衣一襲、錢十萬、物七百段、蠟三百斤。贈司徒公、尚書左僕射，加後部鼓吹。太常議謚「文穆」。吏部郎袁翻奏曰：「案禮：謚者，行之迹也；號者，功之表也；車服者，位之章也。是以大行受大名，細行受細名。行生於己，名生於人，故闔棺然後定謚。皆累其生時美惡，所以爲將來勸戒，身雖死，使名常存也。凡薨亡者，屬所即言大鴻臚，移本郡大中正，條其行迹功過，承中正移言公府，下太常部博士評議，爲謚列上。謚不應法者，博士坐如選舉不以實論。若行狀失實，中正坐如博士。自古帝王莫不殷勤重慎，以爲褒貶之實也。今之行狀，皆出自其家，任其臣子自言君父之行，無復相是非之事。臣子之欲光揚君父，但苦迹之不高，行之不美，是以極辭肆意，無復限量。觀其狀也，則周孔聯鑣，伊顏接衽；論其謚也，雖窮文盡武，罔或加焉。然今之博士與古不同，唯知依其行狀，又先問其家人之意，臣子所求，便爲議上，都不復斟酌與奪，商量是非。致號謚之加，與汎階莫異，專以極美爲稱，無復貶降之名，禮官之失，一至於此！案甄司徒行狀，至德與聖人齊蹤，鴻名共大賢比跡，『文穆』之謚，何足加焉。但比來贈謚，於例普重，如甄琛之流，無不複謚。謂宜依謚法『慈惠愛民曰孝』，宜謚曰孝穆公。自今已後，明勒太常、司徒有行狀如此，言辭流宕，無復節限者，悉請裁量，不聽爲受。必準人立謚，不得甚加優越。復仍踵前來之失者，付法司科罪。」從之。琛祖載，肅宗親送，降車就輿，弔服哭之，遣舍人慰其諸子。

琛性輕簡，好嘲謔，故少風望。然明解有幹具，在官清白。自高祖、世宗咸相知待，肅宗以師傅之義而加禮焉。所著文章，鄙碎無大體，時有理詣，磔四聲、姓族廢興、會通緇素三論，及家誨二十篇，篤學文一卷，頗行於世。

琛長子侃，字道正。郡功曹，釋褐祕書郎。性險薄，多與盜劫交通。隨琛在京，以酒色夜宿洛水亭舍，毆擊主人，爲司州所劾，淹在州獄，琛大以慚慨。廣平王懷爲牧，與琛先不協，欲具案窮推。琛託左右以聞，世宗遣白衣吴仲安敕懷寬放，懷固執治之。久乃特旨出之。侃自此沉廢，卒於家。

侃弟楷，字德方。粗有文學，頗習吏事。太平中〔七〕，上高祖頌十二篇，文多不載，優詔報之。琛啓除祕書郎。世宗崩未葬，楷與河南尹丞張普惠等飲戲，免官。任城王澄爲司徒，引爲功曹參軍〔八〕。稍遷尚書儀曹郎，有當官之稱。

肅宗末，定州刺史、廣陽王淵被徵還朝，時楷丁憂在鄉，淵臨發，召楷兼長史〔九〕，委以州任。尋值鮮于脩禮、毛普賢等率北鎮流民反於州西北之左人城，屠村掠野，引向州城。

州城之内，先有燕恒雲三州避難之户，皆依傍市鄽，草廬攢住。脩禮等聲云欲收此輩，共爲舉動。既外寇將逼，恐有内應，楷見人情不安，慮有變起，乃收州人中麤豪者皆殺之〔一〇〕，以威外賊，固城民之心。及刺史元固〔一一〕、大都督楊津等至，楷乃還家。後脩禮等忿楷屠害北人，遂掘其父墓，載棺巡城，示相報復。

孝莊時，徵爲中書侍郎。尒朱榮之死，帝以其堪率鄉義，除試守常山太守，賜絹一百匹。出帝初，除征東將軍、金紫光禄大夫，遷衞將軍、右光禄大夫。齊文襄王取爲儀同府諮議參軍。天平四年卒，年四十六。贈驃騎將軍、祕書監、滄州刺史。

楷弟寬，字仁規。自員外散騎侍郎、本州別駕，稍遷太尉從事中郎、治書侍御史。武定初，謝病還鄉，卒於家。

僧林，終於鄉里。

琛從父弟密，字叔雍。清謹少嗜欲，頗涉書史。太和中，奉朝請。密疾世俗貪競，乾没榮寵，曾作風賦以見意。後參中山王英軍事，英鍾離敗退，鄉人蘇良没於賊手，密盡私財以贖之。良既歸，傾資報密，密一皆不受，謂良曰：「濟君之日，本不求貨，豈相贖之意也？」

歷太尉鎧曹，遷國子博士。肅宗末，通直散騎常侍、冠軍將軍。時賊帥葛榮侵擾河北，裴衍、源子邕敗没，人情不安，詔密爲相州行臺，援守鄴城。莊帝以密全鄴之勳，賞安市縣開國子，食邑三百户。遷平東將軍、光禄大夫，領廷尉少卿，尋轉征東將軍、金紫光禄大夫。孝靜初，車騎將軍、廷尉卿，在官有平直之譽。出爲北徐州刺史，將軍如故。興和四年卒。贈驃騎將軍、儀同三司、瀛州刺史，謚曰靖。

長子儉，字元恭。官至前將軍、太中大夫。卒。

儉弟頤，有才學，亦早卒。

琛同郡張纂，字伯業。祖珍，字文表，慕容寶度支尚書。太祖平中山，入國。世祖時，拜中書侍郎。真君元年，關右慰勞大使。二年，拜使持節、鎮西將軍、涼州刺史。卒，贈征東將軍、燕州刺史，謚曰穆。

纂頗涉經史，雅有氣尚，交結勝流。太和中，釋褐奉朝請，稍遷伏波將軍、任城王澄鎮北府騎兵參軍，帶魏昌縣令，吏民安之。後爲北中府司馬，久之，除樂陵太守。在郡多所受納，聞御史至，棄郡逃走，於是除名，乃卒。天平初，贈使持節、都督冀定二州諸軍事、驃騎將軍、定州刺史。

纂叔感，字崇仁。有器業，不應州郡之命。

子宣軌，少孤，事母以孝聞。歷郡功曹、州主簿。延昌中，釋褐奉朝請、冀州征東府長流參軍，轉相州中軍府録事參軍，定州别駕。後除鎮遠將軍、員外散騎常侍，出爲相州撫軍府司馬。宣軌性通率，輕財好施。屬葛榮圍城，與刺史李神有固守之効。永安中，以功賜爵中山公。中興初，坐事，死於鄴。子子瑜。

纂從弟元賓，太和十六年，出身奉朝請，遷員外郎、給事中。正光中，除中堅將軍、射聲校尉。永安三年卒。永熙中，外生高敖曹貴達，啓贈持節、撫軍將軍、瀛州刺史。

子辨，天平中，司徒行參軍。

高聰，字僧智，本勃海蓨人。曾祖軌，隨慕容德徙青州，因居北海之劇縣。父法昂，劉駿車騎將軍王玄謨甥也。少隨玄謨征伐，以軍功至員外郎。早卒。

聰生而喪母，祖母王撫育之。大軍攻剋東陽，聰徙入平城，與蔣少遊爲雲中兵户，窘困無所不至。族祖允視之若孫，大加賙給。聰涉獵經史，頗有文才，允嘉之，數稱其美，言之朝廷，云：「青州蔣少遊與從孫僧智，雖爲孤弱，然皆有文情。」由是與少遊同拜中書博士。積十年，轉侍郎，以本官爲高陽王雍友，稍爲高祖知賞。

太和十七年，兼員外散騎常侍，使於蕭昭業。高祖定都洛陽，追詔聰等曰：「比於河陽敕卿，仍届瀍洛，周視舊業，依然有懷，固欲先之營之，後乃薄伐。且以賾喪甫爾，使通在昔，乘危幸凶，君子弗取。是用輟兹前圖，遠期來會，爰息六師，三川是宅，將底居成周，永恢皇宇。今更造璽書，以代往詔，比所敕授，隨宜變之，善勗皇華，無替指意。」使還，遷通直散騎常侍、兼太府少卿，轉兼太子左率。

聰微習弓馬，乃以將用自許。高祖鋭意南討，專訪王肅以軍事。聰託肅願以偏裨自効，肅言之於高祖，故假聰輔國將軍，統兵二千，與劉藻、傅永、成道益、任莫問俱受肅節度，同援渦陽。而聰躁怯少威重，所經淫掠無禮，及與賊交，望風退敗。與藻等同囚於懸瓠，高祖恕死，徙平州爲民。行届瀛州，屬刺史王質獲白兔將獻，託聰爲表。高祖見表，顧謂王肅曰：「在下那得復有此才，而令朕不知也？」肅曰：「比高聰北徙，此文或其所製。」高祖悟曰：「必應然也，何應更有此輩？」

世宗初，聰復竊還京師。六輔之廢，聰之謀也。世宗親政，除給事黃門侍郎，加輔國將軍。遷散騎常侍，黃門如故。世宗幸鄴，還於河内懷界，帝親射矢一里五十餘步。侍中高顯等奏：「伏見親御弧矢，臨原弋遠，弦動羽馳，矢鏃所逮[一二]，三百五十餘步。臣等伏惟陛下聖武自天，神藝夙茂，巧會騶虞之節，妙盡矍圃之儀。威稜攸疊，虓兕懾氣，才猛所振，勍憝弭心，足以肅截九區，赫服八宇矣。盛事奇迹，必宜表述，請勒銘射宫，永彰聖藝。」詔曰：「此乃弓弧小藝，何足以示後葉，而喉脣近侍苟以爲然，亦豈容有異，便可如請。」遂刊銘於射所，聰爲之詞。

趙脩嬖幸，聰深朋附。及詔追贈脩父，聰爲碑文，出入同載，觀視碑石。聰每見脩，迎送盡禮。聰又爲脩作表，陳當時便宜，教其自安之術，由是迭相親狎。脩死，甄琛、李憑皆被黜落，聰亦深用危慮。而聰先以疎宗之情，曲事高肇，竟獲自免，肇之力也。脩之任勢，聰傾身事之，及脩之死，言必毁惡。茹皓之寵，聰又媚附，每相招命，言笑攜撫，公私託仗，無所不至。每稱皓才識明敏，非趙脩之儔。乃因皓啓請青州鎮下治中公廨，以爲私宅，又乞水田數十頃，皆被遂許。及皓見戮，聰以爲死之晚也。其薄於情義，類皆如此。

侍中高顯出授護軍，聰轉兼其處，於時顯兄弟疑聰間構而求之。聰居兼十餘旬，出入機要，言即真，無遠慮。藉貴因權，耽於聲色，賄納之音，聞於遐邇。中尉崔亮知肇微恨，遂面陳聰罪，世宗乃出聰爲平北將軍、并州刺史。聰善於去就，知肇嫌之，側身承奉，肇遂待之如舊。聰在并州數歲，多不率法，又與太原太守王椿有隙，再爲大使、御史舉奏，肇每以宗私相援，事得寢緩。世宗末，拜散騎常侍、平北將軍。

肅宗踐祚，以其素附高肇，出爲幽州刺史，將軍如故。尋以高肇之黨，與王世義、高綽、李憲、崔楷、蘭氛之爲中尉元匡所彈，靈太后並特原之。聰遂停廢于家，斷絶人事，唯修營園果，以聲色自娱。久之，拜光禄大夫，加安北將軍。聰心望中書令，然後出作青州，願竟不果。正光元年夏卒，年六十九。靈太后聞其病，遣主書問之，聰對使者歔欷慟泣。及聞其亡，嗟悼良久，言：「朕既無福，大臣殞喪。且其與朕父南征，契闊戎旅，特可感念。」賵布帛三百匹、冰一車。贈撫軍將軍、青州刺史，謚曰獻。聰有妓十餘人，有子無子皆注籍爲妾，以悦其情。及病，不欲他人得之，並令燒指吞炭，出家爲尼。聰所作文筆二十卷，别有集。

子長雲，字彦鴻。起家祕書郎、太尉主簿，稍遷輔國將軍、中散大夫。建義初，於河陰遇害。贈安東將軍、兖州刺史。

長雲弟叔山〔三〕，字彦甫。司徒行參軍，稍遷寧朔將軍、越騎校尉。卒，贈太常少卿。

史臣曰：甄琛以學尚刀筆，早樹聲名，受遇三朝，終至崇重。高聰才尚見知，名位顯著。而異軌同奔，咸經於危覆之轍，惜乎！

校勘記

〔一〕賜加杖罰　「賜」，御覽卷七五三引後魏書作「肆」。

〔二〕許叡　北史卷四〇甄琛傳、通志卷一四九作「許赤彪」，御覽卷七五三引後魏書、册府卷八九七作「許赤虎」。按許叡別無所見，許赤虎附本書卷四六許彥傳，稱其涉獵經史，孝文帝延興中爲著作佐郎，與此傳之「許叡」時、事相合，當即同一人。疑此處本亦作「許赤虎」，其人或名「叡」，字「赤虎」，唐人避諱或改「虎」作「彪」，或從其本名，遂以致異。

〔三〕世有其民　「有」，册府卷四九三作「育」。

〔四〕不相有矣　「有」，原作「自」，不可通，據南監本、北監本、殿本改。按册府卷四九三作「由」。

〔五〕聽瑩其間　册府卷四九三作「興議其間」。

〔六〕法若易棊　「易棊」，册府卷四九三、通鑑卷一四六梁紀二天監五年三月作「弈棊」，疑是。

〔七〕太平　北魏無此年號，按下云「世宗崩」，疑是「永平」之訛。

〔八〕功曹參軍　原作「公曹參軍」，據北監本、殿本改。按不聞有「公曹參軍」之職，時公府、王府、將軍府例置功曹參軍，見本書卷一一三官氏志所載太和前、後官品令。

〔九〕召楷兼長史　「兼」上原有「不」字，據北史卷四〇甄琛傳附甄楷傳，册府卷七一六、七二一删。

〔一〇〕收州人中麤豪者　「州」上北史卷四〇甄琛傳附甄楷傳、通志卷一四九並有「三」字，據前後文，疑是。

〔一二〕刺史元固　「元固」，原作「元冏」，據册府卷七二一改。按本書卷五八楊播傳附楊津傳見定州刺史元固。孝昌三年元固墓誌，稱他曾官「定州刺史」，孝昌三年九月卒，漢魏南北朝墓誌集釋以爲即此人。

〔一三〕矢鏃所逮　「矢」，原作一字空格，據三朝本、南監本、殿本補。

〔一三〕長雲弟叔山　「長雲」，原倒作「雲長」，據上文及北監本、殿本乙正。